Das Jenaer Studium der Rechte im Dritten Reich

Rechtshistorische Reihe

Band 442

PETER LANG
EDITION

Stefan Wolf

Das Jenaer Studium der Rechte im Dritten Reich

Zwischen Tradition und nationalsozialistischer Ideologie

PETER LANG
EDITION

Bibliografische Information der Deutschen Nationalbibliothek
Die Deutsche Nationalbibliothek verzeichnet diese Publikation in der Deutschen Nationalbibliografie; detaillierte bibliografische Daten sind im Internet über http://dnb.d-nb.de abrufbar.

Zugl.: Jena, Univ., Diss., 2012

Die vorliegende Arbeit wurde von
Prof. Dr. Gerhard Lingelbach
zur Aufnahme in die Reihe empfohlen.

Umschlagabbildung:
Justitia. Allegorie der Gerechtigkeit.
Druck aus dem 17. Jahrhundert.

Gedruckt auf alterungsbeständigem,
säurefreiem Papier.

27
ISSN 0344-290X
ISBN 978-3-631-64075-3

meinen Eltern

Danksagung

Die vorliegende Arbeit wurde im Wintersemester 2012/13 von der Rechtswissenschaftlichen Fakultät der Friedrich-Schiller-Universität Jena als Dissertation angenommen.

Frau Prof. Dr. Elisabeth Koch bin ich für die jahrelange thematische Begleitung und die Vielzahl der wertvollen Anregungen zu großem Dank verpflichtet. Ebenso dafür, dass sie mir unmittelbar nach meinem Rechtsreferendariat die Gelegenheit bot, an ihrem Lehrstuhl als wissenschaftlicher Mitarbeiter die Arbeit fortzusetzen und dort große Teile fertigzustellen.

Besonderen Dank schulde ich auch Prof. Dr. Gerhard Lingelbach, der den Anstoß für das Thema gab, es stets interessiert verfolgte und mit Ratschlägen und für Fragen allzeit zur Verfügung stand.

Nicht zuletzt danken möchte ich meiner Schwester für die erste Durchsicht des Manuskriptes und vor allen Dingen meinen Eltern, für die vielfältige und stets liebevolle Unterstützung beim Gelingen der Arbeit sowie für ihre Geduld. Ihnen widme ich dieses Buch.

München, im Januar 2013

Inhaltsverzeichnis

Einleitung

Die Geschichte der Juristenausbildung ist eine Geschichte ständiger Reformen. Das Aporem eines in Umfang und Inhalt allseits anerkannten Studiums der Rechtswissenschaften stellt angesichts der ungeheuren Stofffülle und der damit verbundenen Unübersichtlichkeit der Prüfungsanforderungen seit über einhundert Jahren ein beliebtes Dauerdiskussionsthema dar. Der Wechsel von föderativen Staatsstrukturen zu einem zentralistisch ausgerichteten Einheitsstaat im Jahre 1933 führte auch in der Juristenausbildung zu erneuten Veränderungen. Erstmals wurde durch eine reichsweit einheitliche Rechtsausbildung das Studium standardisiert und zugleich versucht, es aus seinen traditionellen Bahnen durch die von den Nationalsozialisten geschaffenen Regelungen von Justizausbildungs- und Studienordnung zu lösen.

Vergleicht man die Studienpläne von 1931 und 1935, so ist ein in Aufbau und Inhalt vollkommen neu strukturiertes Studium augenscheinlich. Fächerbezeichnungen und Gliederungen differieren in außerordentlicher Weise. Es stellt sich daher die Frage, welchen konkreten Änderungen die Fachausbildung unterworfen war und welche Auswirkungen diese in der Praxis zeitigten.

Folgte – plakativ formuliert – nach der Revolution auf der Straße auch eine Revolution in den Hörsälen?

Die folgende Untersuchung gliedert sich in zwei Teile. Im ersten Abschnitt erfolgt eine Schilderung der Entwicklung des Studiums der Rechtswissenschaften im Dritten Reich mit den Justizausbildungsordnungen von 1934 und 1939, der Studienordnung von 1935 und der Kriegsreform von 1944.

Der zweite Teil geht der Frage nach, wie die durch die Ausbildungsreform eingetretenen Veränderungen in der Praxis Fuß fassten und inwieweit sie Einfluss auf Vorlesungen und Prüfungen nahmen.

Dabei wurden exemplarisch die Rechts- und Wirtschaftswissenschaftliche Fakultät der Friedrich-Schiller-Universität Jena und das Prüfungsamt I am Thüringischen Oberlandesgericht Jena ausgewählt.

Das erste Kapitel

A. Die Juristenausbildung im Dritten Reich

Die Juristenausbildung im Dritten Reich hatte ihre rechtlichen Grundlagen in den Regelungen der Justizausbildungsordnung (JAO) vom 22. Juli 1934 aus dem Reichsministerium der Justiz und der *Eckhardtschen* Studienordnung vom 18. Januar 1935 aus dem Reichsministerium für Wissenschaft, Erziehung und Volksbildung sowie ihren jeweiligen Anpassungen vom 04. Januar 1939 und vom 10. Juli 1944.

Hierbei stellte die JAO die erste reichsweit geltende Ausbildungsordnung dar und sorgte auch auf diesem Gebiet für Rechtseinheit. Zuvor hatte lediglich § 2 GVG[1] bestimmt, dass die Befähigung zum Richteramt, als Idealziel der juristischen Ausbildung, durch die Ablegung zweier Prüfungen erreicht werde.[2] Dem hatte ein dreijähriges Studium der Rechtswissenschaft an einer Hochschule vorauszugehen, an welches sich nach einer ersten Prüfung ein dreijähriger Vorbereitungsdienst anschloss, der mit dem zweiten Examen sein Ende fand. Sämtliche weiteren Regelungsgegenstände, insbesondere auch die inhaltliche Ausgestaltung, verblieben bis zur Überleitung der Rechtspflege auf das Reich im Jahre 1934 im Kompetenzbereich der deutschen Länder.[3]

I. Am Vorabend der „nationalen Revolution“

Die Juristenausbildung stand im Zeitpunkt der Machtübernahme durch die Nationalsozialisten – wenig überraschend – erheblich in der Kritik.[4] Die einzelnen

---

1 Gerichtsverfassungsgesetz.

2 Vgl. §§ 2 und 3 GVG, RGBl. 1898 I, 371.

3 Die verschiedenen Regelungen in den einzelnen Ländern, deren Ergebnisse sich zwar praktisch annäherten, standen einer einheitlichen und gleichmäßigen juristischen Vorbildung im Reich entgegen. Vgl. Tilka, Prüfung und Ausbildung der Juristen im Reich, S. 2. Der Freistaat Thüringen machte mit der „Verordnung vom 8. Februar 1921 zur Einführung der Thüringer juristischen Prüfungsordnung“ von seiner Kompetenz in juristischen Ausbildungsfragen regen Gebrauch. Bis 1934 wurde diese Verordnung fünf, zum Teil erheblichen, Änderungen unterworfen. Hieran zeigt sich die Volatilität der juristischen Ausbildung in den zwanziger Jahren des 20. Jahrhunderts.

4 Die Kritik an der Juristenausbildung dürfte so alt sein, wie die Ausbildung an sich. Ende der zwanziger Jahre waren die stärksten Kritikpunkte beispielhaft „der Positivismus mit seiner barbarischen Stoffüberfülle, die Mißbräuche des Spezialistentums,

Länder hatten sich im Hinblick auf Lehrmethode und Lehrinhalt kaum auf gemeinsame Standards in der Heranziehung künftiger Juristen einigen können. Der durchaus bestehende Reformwille zur Erlangung einer Rechtseinheit auf dem Gebiet des juristischen Ausbildungswesens und zur Sicherstellung allgemeiner studentischer Freizügigkeit im Reich – zusätzlich befeuert durch das Sonderproblem der Überfüllung der Hochschulen Ende der zwanziger Jahre – erfuhr keine tragfähige konsensuale Kanalisierung. Verhandlungen der Länder untereinander und mit dem Reich führten lediglich zu einer am 20. September 1930 getroffenen Vereinbarung, die von vielen als „recht dürftiges Ergebnis" gegeißelt wurde.[5] Es folgte ein preußischer Alleingang mit einer eigenen Studienordnung, die, u.a. mit der Einführung einer obligatorischen Zwischenprüfung, zwangsläufig Strahlwirkung auf das ganze Reich ausüben musste.[6] Sowohl ob der Art und Weise ihrer Umsetzung, nämlich als staatlich oktroyierter Studienplan, wie auch inhaltlich[7], erregte sie das Missfallen vor allem der nichtpreußischen Rechtsfakultäten im Reich, die nicht müde wurden, die Bewahrung tradierter universitärer Verhaltensweisen sowie Gestaltungs- und Mitspracherechte einzufordern.

Die Rechts- und Wirtschaftswissenschaftliche Fakultät der Thüringischen Landesuniversität Jena befand sich in der Reformfrage zwischen Skylla und Charybdis. Einerseits durch eine sogenannte Prüfungsgemeinschaft eng an Preußen gekoppelt[8], erkannte man andererseits die Ziele der nichtpreußischen Fakultäten als die eigenen an.[9]

---

die unmittelbare Rücksicht auf das für einen bestimmten Beruf oder für das Examen [...] Gültige und Brauchbare, die Beschränkung des für selbständige Arbeit benötigten freien Spielraumes durch Stundenpläne und reine Schulungseinrichtungen, die Auferlegung bestimmter Lehrmethoden, aber auch die Überfremdung mit dem Lehrbetrieb oder dem Prüfungswesen ferner stehenden Praktikern, wie die Überschätzung des rein Technischen und Typischen, das Eindringen Minderbegabter oder im Elementaren jedes wissenschaftlichen Arbeitens ungenügend Vorbereiteten." Vgl. Schwister, DJZ 1933, 61 (66).

5 Gerland, Problematik, S. 11.

6 Die meisten der deutschen Rechtsfakultäten waren in Preußen angesiedelt.

7 In Preußen wollte man einer stofflichen Ausweitung des Rechtsstudiums durch eine (weitere) Zurückdrängung der rechtshistorischen Fächer und durch eine Herabsetzung von Stundenzahlen für verschiedene Vorlesungen begegnen. Zudem erlaubte die katastrophale Finanzlage in den meisten Ländern keine Neuanstellungen und Anschaffungen, die für eine Reform nach preußischem Vorbild nötig gewesen wären.

8 Die Fakultät rekrutierte einen Großteil ihrer Studenten aus der unmittelbaren Umgebung. Dort gab es mit Göttingen und Halle zwei preußische und mit Leipzig eine säch-

II. Die Überleitung der Rechtspflege auf das Reich

Infolge der Machtübernahme der Nationalsozialisten und der Beseitigung des föderativen Staatsaufbaues wurden die Rechtspflege und die Justizverwaltung der Länder auf das Reich übergeleitet (sog. „Verreichlichung“).[10] Den dadurch entstehenden Wegfall der partikularstaatlichen Interessenpolitik begriff man als Chance, die längst überfälligen Reformen endlich sinnvoll angehen zu können.[11] In den juristischen Printmedien setzte ein regelrechter Wettstreit um die richtigen Rezepte gegen die Problemfelder des Rechtsstudiums ein, wobei die Lösungsansätze aus der Umbruchphase 1929-1933 nahtlos weitergedacht wurden. Einigkeit herrschte in der Bewertung der preußischen Zwischenprüfung als Fehlschlag und in der Feststellung der Hochschullehrer, dass eine „gesunde Reform“ nur in Zusammenarbeit mit den Fakultäten zustande kommen könne.[12]

Hierfür war man nun auch zu Konzessionen bereit. Universitäre Grundsätze wie die Freizügigkeit der Studierenden und die akademische Freiheit wurden aufgeweicht. In den stürmischen Reformzeiten vor 1933 noch als Bollwerk der Hochschullehrer im Kampf gegen die Einführung staatlich oktroyierter

---

sische Alternative, welche der Jenaer Fakultät in Anziehungskraft und Ansehen in nichts nachstanden. Jena sicherte sich seinen Bestand unter anderem dadurch, dass man dieselben Standards und Abschlüsse wie in Preußen anbot. Dadurch bestand für Thüringen eine besondere Veranlassung, die erste juristische Prüfung stets nach preußischem Vorbild zu regeln. Aufgrund dieser geographischen Nähe drohte der Fakultät nun bereits der frühzeitige Verlust ihrer Studenten an ihre preußischen Konkurrenten oder an Großstadtfakultäten.

9 Der Missachtung auch verfassungsrechtlicher Grundsätze durch das preußische Vorgehen trat man ebenso energisch wie engagiert entgegen, wie z.B. die Auswahl des Jenaer Rechtsprofessors *Rudolf Hübner* in den Delegiertenkreis anlässlich von Verhandlungen mit dem Reich zeigt. Für diese Konfliktbereitschaft gegenüber staatlichen Ministerien sprach auch die Finanzkrise in Thüringen Ende der zwanziger Jahre, die zu Einsparungen im Universitätsbereich führte. Bereits 1928 hatte der Freistaat Besoldungsneuregelungen erlassen und Teile der Prüfungsgebühren als Verwaltungskosten einbehalten. Damit konnte man sich an vormals getroffene Absprachen mit den Professoren nicht mehr halten. Vgl. UAJ, K 458, Bl. 178.

10 Das „Erste Gesetz zur Überleitung der Rechtspflege auf das Reich“ vom 16.02.1934 enthielt eine Generalvollmacht an den Reichsminister der Justiz „alle Bestimmungen zu treffen, die durch den Übergang der Justizhoheit auf das Reich erforderlich werden.“ Vgl. Art. 5, RGBl. 1934 I, S. 91.

11 Jonas, DJ 1934. 995 (996).

12 Schwister, DJZ 1933, 1057 (1061).

Studienreformen in Anschlag gebracht, war nun die „Beschränkung der Freizügigkeit in den ersten drei Semestern (zwangsweise nötig übrigens nur für das 2. und 3. Semester) […] nicht schwer zu nehmen"; auch werde „die akademische Freiheit […] durch einen zweistündigen Schulzwang in der Woche nicht gefährdet!".[13]

In der Reformdebatte meldeten sich immer häufiger vor allem junge, teils noch in der Ausbildung befindliche Juristen und studentisch-politische Gremien zu Wort. Ihnen gemein war die Forderung nach einer verstärkten politischen Bildung im Studium.[14] Die fortdauernden Diskussionen, die allmählich zur Klage „Studienreform und kein Ende!"[15] führten, beendete dann die Justizausbildungsordnung vom 22. Juli 1934.

III. Die Justizausbildungsordnung vom 22.07.1934

Die in Art. 5 des „Ersten Gesetzes zur Überleitung der Rechtspflege auf das Reich" verfügte Generalvollmacht setzte den damaligen Reichsminister der Justiz *Franz Gürtner* in Stand, erstmals eine reichsweit geltende, einheitliche Juristenausbildung zu konzipieren.

Nur ca. fünf Monate später wurde die, wohl maßgeblich auf den zu dieser Zeit als Staatssekretär im Reichsministerium der Justiz tätigen *Roland Freisler* zurückgehende, Justizausbildungsordnung (JAO) für das Reich erlassen.[16] Sie fügte sich keilförmig in das bestehende System ein, regelte die Voraussetzungen der beiden notwendigen Prüfungen neu und führte insoweit zu einer Änderung des GVG. Das gesamte Prüfungswesen wurde unter der Aufsicht des Reichsministers der Justiz beim Präsidenten des neugegründeten Reichs-Justizprüfungsamtes in Berlin zusammengefasst. Abweichende landesrechtliche Regelungen wurden wegen der neuen Gesetzgebungskompetenz des Reiches obsolet.

---

13 Stoll, DJZ 1933, S. 125.

14 Statt vieler: Wild, DJZ 1933, Sp. 1307-1311.

15 Schwister, DJZ 1933, 61.

16 *Roland Freislers* Schrift „Werden des Juristen im Dritten Reich" zeigte bereits in großen Linien die Abkehr vom bisherigen Ausbildungswesen hin zur „Charakterformung", die „das Erste und Wichtigste der Heranbildung des werdenden Juristen sein" müsse. Freislers Überlegungen lassen sich sowohl in der JAO wie auch in Eckhardts Studienreform wiederfinden. Außerdem wird er in diesem Zusammenhang von Lange zitiert, Vgl. Lange, Grundfragen (1942), S. 15.

1. Das Ziel der JAO

Die schnelle Umsetzung einer einheitlichen Juristenausbildung hatte ihre Ursache in der aktuellen Lage der rechtswissenschaftlichen Fakultäten sowie in dem Bestreben, durch ideologische Umformung des Rechtssystems, eine Festigung der „nationalen Revolution“ zu erreichen. Der geplante innere Konsens zwischen Volk und Staat sollte verhindern, dass „die schlechtgeführte Feder [...] verdirbt, was die Fäuste erobert haben“.[17] War bis dato „alleiniger Gegenstand der Ausbildung und Prüfung das fachliche Wissen, die Entwicklung des Verstandes und des Gedächtnisses unter besonderer Berücksichtigung des Rechtswissens“ sollte nunmehr zu diesem Fachwissen „die Bildung des Charakters, die Stärkung des Körpers, die Weckung des Gefühls der Volksverbundenheit“ hinzutreten und „die Gewinnung einer gründlichen Allgemeinbildung“ erreicht werden.[18] Hierzu zählte auch „das deutsche Volk und namentlich seine künftige Führerschicht in politische Form zu bringen“. Hierfür sollte die „Erziehungsaufgabe“ im Studienbetrieb „viel stärker“ hervortreten.[19]

---

17 DJZ 1934, 740.

18 Vgl. Tilka, Prüfung und Ausbildung der Juristen im Reich, S. 3. Zur Exemplifizierung beschrieb die Tageszeitung der Arbeitsfront Der Deutsche 1934 folgenden Zwischenfall im Referendarexamen: „Ein Kandidat wurde nach dem Kali-Gesetz gefragt. Er wusste mit allen Einzelheiten der juristischen Materie glänzend Bescheid, bis es einem der prüfenden Herren einfiel, die harmlose Frage zu stellen, was denn eigentlich Kali sei. Darauf betretenes Schweigen, die Kommission schlug rücksichtsvoll ein anderes Thema an, um dem Kandidaten, der in Bezug auf Paragraphenwissen hervorragend war, nicht die gute Note zu verderben. So etwas wird künftig wohl kaum mehr vorkommen [...]“ Zitiert aus „Der Deutsche“, DJ 1934, S. 1109

19 Vgl. Schwister, DJZ 1933, 1057 (1058). Daher heißt es in der Präambel der JAO: „Ziel der Ausbildung des Juristen ist die Heranziehung eines in seinem Fach gründlich vorgebildeten, charakterlich untadelhaften Diener des Rechts, der im Volk und mit ihm lebt und ihm bei der rechtlichen Gestaltung seines Lebens ein unbestechlicher und zielsicherer Helfer und Führer sein will und kann. Um dies zu erreichen, muß die Ausbildung den ganzen Menschen ergreifen, Körper und Geist zu gutem Zweiklang bringen, den Charakter festigen und den Willen stärken, die Volksgemeinschaft im jungen Menschen zu unverlierbarem Erlebnis gestalten, ihm eine umfassende Bildung vermitteln und auf dieser Grundlage ein gediegenes fachliches Können aufbauen.“ JAO vom 22. Juli 1934, RGBl. 1934 I, S. 727. Die Offenlegung des Normzwecks in einem Gesetzesvorspruch war aufgrund der Wertebezogenheit des Denkens im Dritten Reich sehr verbreitet. Vgl. Dietze, Der Gesetzesvorspruch, S. 12, vgl. auch Mährlein, Volksgeist und Recht, S. 151.

Dabei war die JAO aber auf Festlegungen zum Ablauf des ersten juristischen Staatsexamens beschränkt, weil der Kompetenzbereich des Reichsministeriums der Justiz und damit der Justizverwaltung nur die Ausbildung der Juristen im Vorbereitungsdienst betraf. Ziel der JAO war damit eigentlich die Ausbildung der Gerichtsreferendare, die nach dem Abschluss des Hochschulstudiums im Landes- bzw. Reichsdienst eingestellt werden mussten. Das Studium selbst, als erste juristische Ausbildungsstufe, lag im Kompetenzbereich des neu gegründeten Reichsministeriums für Wissenschaft, Erziehung und Volksbildung, und damit seit dem 30. April 1934 in der Hand des zuständigen Reichsministers *Bernhard Rust.*

Mit den Regelungen der JAO zum Ablauf des ersten juristischen Staatsexamens, insbesondere hinsichtlich der Prüfungsfächer, griff man aber zugleich entscheidend in die inhaltliche Ausgestaltung des Studiums ein.

2. Aufbau, Inhalt und Methode des Rechtsstudiums nach der JAO

Die Justizausbildungsordnung ließ die äußere Gestaltung des Ausbildungsganges mit Universitätsstudium, Referendarprüfung, Vorbereitungsdienst und Assessorenprüfung unberührt. Sie setzte vielmehr inhaltlich kurz vor der Referendarprüfung an und regelte in 24 Paragraphen (Teil 1) im Wesentlichen die Voraussetzungen und den Ablauf der ersten juristischen Staatsprüfung. Grundbaustein wurde die in Preußen bestehende Juristenausbildungsordnung vom 11. August 1923[20], deren Regelungen schon in einem großen Teil des Deutschen Reiches galten.[21]

a) Das ordnungsgemäße Studium

Nach § 3 JAO hatte der Bewerber für die erste juristische Staatsprüfung ein mindestens sechs Semester andauerndes „ordnungsgemäßes" Universitätsstu-

---

20 zuletzt geändert am 27. März 1934, vgl. DJ 1934, S. 408 (I 12696).

21 Vgl. Schaffstein, DJZ 1935, 39 ff. Dort wo sie bisher nicht galten, äußerte man auch erhebliche Kritik an der JAO und der „machtgierigen preußischen Bürokratie". So seien die Bedürfnisse der süddeutschen Staaten völlig außen vor gelassen worden. Die Justizausbildungsordnung sei ein Versuch auf dem Gebiet der Justiz z.B. Württemberg zu „einer preußischen Kolonie zu machen". Eine Ministerkonferenz in Dresden am 12.02.1934 hatte in drei Arbeitsgruppen (Preußen, Sachsen, Süden) über Ausbildung und Prüfung umfangreiche Darstellungen ausgearbeitet, die jedoch letzten Endes völlig nutzlos waren, Vgl. Pientka, Juristenausbildung, S. 54f mwN.

dium des Rechts nachzuweisen.[22] Hierzu mussten als Mindestanforderungen sämtliche Prüfungsfächer an der Universität belegt und an diversen Übungen gewissenhaft teilgenommen werden. Hinzu kam eine Teilnahmeempfehlung an mindestens einer Arbeitsgemeinschaft und an mindestens einem Seminar.

Neu war die Einführung einer Studienhöchstdauer von zehn Semestern. Sinn dieser Obergrenze war die Ausschließung des „ewigen, verbummelten Studenten" vom „staatlichen Ausbildungsdienst", der „den Mut zur Prüfung nicht aufbringt, seinen Angehörigen auf der Tasche liegt und oft das Ansehen der Studentenschaft" gefährde.[23] Das Universitätsstudium wurde nach der neuen Weltanschauung als Wohltat des Staates gegenüber dem Bürger begriffen, der im Gegenzug eine Indienststellung der eigenen Leistungsfähigkeit für den Staat verlangte.

aa) Die Prüfungsfächer

Im Mittelpunkt des Studiums sollte eine gründliche, gewissenhafte Fachausbildung stehen (§ 4 Abs. 1 JAO). Ein „ordnungsgemäßes" Fachstudium umfasste daher gemäß § 5 JAO

- das Recht des deutschen Staates und seiner Entwicklung, einschließlich der Grundzüge der öffentlichen Verwaltung[24];

---

22 Vgl. § 3 Abs. 1 JAO vom 22. Juli 1934. Die Semesterregelung findet sich schon im letzten preußischen Reformversuch vom 14.06.1932; vgl. Erlass des preuß. Justizministers über die erste juristische Prüfung v. 14. Juni 1932, in: Der junge Jurist 1933, S. 250 (251). Sie entsprach auch der gängigen Praxis, lediglich in den Ländern Württemberg, Baden, Hessen, Oldenburg und Bremen war ein Studium von mindestens 7 Semestern vorgeschrieben. Vgl. Jonas, DJ 1934, 995 (996).

23 Vgl. Palandt/Richter, Kommentar zur JAO, S. 45. Eine Einrichtung, die vom Jenaer Dekan im Juli 1940 als „sehr bewährt" gelobt wurde. Vgl. Schreiben vom 11.07.1941, UAJ, K 531. Bei der Berechnung der Höchstdauer konnten jene Zeiträume ausgenommen werden, „in denen der Student durch besonders zeitraubende Betätigung für Volk und Staat, durch Krankheit, ungünstige wirtschaftliche Verhältnisse oder einen anderen wichtigen Grund an einem ordnungsgemäßen Studium verhindert gewesen" war. Vgl. Tilka, Die Prüfung und Ausbildung der Juristen im Reich, S. 5.

24 Es umfasste die allgemeine Staatsrechtslehre und das Verhältnis Kirche und Staat (Staatskirchenrecht), zudem die geschichtliche Entwicklung des Reiches. Eine Einschränkung galt für das Gebiet der öffentlichen Verwaltung, in dem wegen der länderspezifischen Abweichungen nur noch Grundzüge besprochen werden sollten. Vgl. Palandt/Richter, Kommentar zur JAO, S. 53. Auch war das Völkerrecht als Prüfungsfach ausgenommen. Vgl. Tilka, Prüfung und Ausbildung der Juristen im Reich, S. 10.

- das Recht der deutschen Familie, einschließlich der Grundzüge des Erbrechts[25];
- das Recht der geistigen und künstlerischen Schöpfung[26];
- das Recht der Herrschaft über die Sachgüter[27];
- das Recht der vertraglichen Beziehungen[28];
- das Recht des deutschen Bauern[29];
- das Recht der Arbeit und der Grundzüge des Rechts der Wirtschaft[30];

---

25 Es beinhaltete im Wesentlichen das 4. und 5. Buch des BGB sowie das Gesetz gegen Missbräuche bei der Eheschließung und Kindesannahme vom 23.11.1933 (RGBl. I, S. 979). Ferner sollte auf Änderungen und Pläne des bestehenden Rechtszustandes eingegangen werden. Vgl. Palandt/Richter, Kommentar zur JAO, S. 53.

26 Es bedeutete eine völlige Neuerung. Bislang war das Urheber- und Erfinderrecht lediglich als Nebenfach nur sporadisch für Prüfungszwecke in Betracht gekommen. Vgl. Tilka, Prüfung und Ausbildung der Juristen im Reich, S. 10. Hierin sollten Grundkenntnisse über Wesen und Bedeutung des geistigen Eigentums und den Schutzmechanismen des Staates vermittelt werden. Weiter sollten das Literaturuhrhebergesetz, das Verlagsgesetz, das Kunstschutzgesetz, das Patentgesetz und die beiden Musterschutzgesetze angesprochen werden. Palandt/Richter, Kommentar zur JAO, S. 54.

27 Es verstand sich als 3. Buch des BGB inklusive der Beschränkungen für den Verkehr mit Grundstücken. Zum normalen Sachenrecht kamen noch Grundzüge im Grundbuchrecht, Heimstättenrecht, Erbbaurecht, Berg-, Jagd-, Fischerei- und Wasserrecht hinzu. Vgl. Palandt/Richter, Kommentar zur JAO, S. 54.

28 Es beinhaltete das gesamte Schuldrecht des BGB. Weiter waren nun noch Sondergesetze zum Schutz von Mietern, Pächtern und Abzahlungskäufern, die Gefährdungshaftung beim Betrieb von Eisenbahnen und Kraftfahrzeugen und das Versicherungsrecht Vorlesungsbestandteil. Vgl. Palandt/Richter, Kommentar zur JAO, S. 54. Strittig war zunächst, ob auch außervertragliche Schuldverhältnisse wie Deliktsrecht und Gefährdungshaftung, Bereicherungsrecht sowie Geschäftsführung ohne Auftrag Lehr- und Prüfungsgegenstand sein sollten. Während manche hierin eine erhebliche Erleichterung für die Studierenden erblickten, sprach sich die h.M. für eine erweiterte Auslegung des Wortlauts von § 5 JAO aus. Vgl. Tilka, Prüfung und Ausbildung der Juristen im Reich, S. 10.

29 Es wurde als neues Rechtsgebiet sogleich Prüfungsfach. Es umfasste in Grundzügen das Reichserbhofgesetz, das Reichssiedlungsgesetz, die Organisation des Reichsnährstandes und die Gesetzgebung zur Regelung des Marktes mit landwirtschaftlichen Erzeugnissen. Vgl. Palandt/Richter, Kommentar zur JAO, S. 54/55.

30 Es sollte die Regelungen des „Gesetzes zur Ordnung der nationalen Arbeit“ sowie arbeitsrechtliche Bestimmungen des BGB, des HGB und der Gewerbeordnung näher bringen. Hinzu kamen das Arbeitsschutzrecht und das Sozialversicherungsrecht. Das „Recht der Wirtschaft“ beinhaltete jedenfalls das Handels- und Wechselrecht, das sogenannte Recht der Organisationsformen (GmbH, Genossenschaft, Kartell) und das

- das deutsche Strafrecht[31];
- die Grundzüge des gerichtlichen Verfahrensrechts[32].

Erkennbar war eine sprachliche Veränderung der einzelnen Zweige des Fachstudiums. Diese waren nicht länger an die entsprechenden Gesetzgebungswerke gekoppelt. Sprach man früher z.B. vom Allgemeinen Teil des BGB, vom Sachenrecht o.ä., so wählten die Verfasser der JAO stattdessen bestimmte Wirtschaftskreise und Lebensvorgänge als Vorlesungsgruppierungen.

Keine Erwähnung in den Prüfungsfächern der JAO fanden die Rechtsgeschichte, das römische Recht oder die Rechtsphilosophie. Dennoch stand auch ihre Tauglichkeit als Prüfungsgebiet außer Frage. So rechtfertigte sich die Nichterwähnung mit dem Selbstverständnis, dass die wissenschaftliche Beschäftigung mit einem Rechtsgebiet *per se* das Studium der dazugehörigen Rechtsgeschichte inkludiere.[33] Insgesamt war daher eine Integration der Rechtsgeschichte in die jeweiligen Fachvorlesungen angedacht, um einen „organischen Zusammenhang" herzustellen.[34]

Weil die Rechtsgeschichte die Funktion eines Mittels zum besseren Verständnis der Gegenwart übernehmen sollte, verlor selbst die in Konflikt mit dem Parteiprogramm der Nationalsozialistischen Deutschen Arbeiterpartei (NSDAP) geratene, römische Rechtsgeschichte nicht ihren Wert.[35] Selbst für

---

Bank- und Börsenrecht, wobei der Fokus jeweils nur auf die „Grundlinien" und „besonders wichtige Bestimmungen" gelegt wurde. Vgl. Palandt/Richter, Kommentar zur JAO, S. 55, ebenso Tilka Prüfung und Ausbildung der Juristen im Reich, S. 11. Ein fächerübergreifender Bezug z.B. zum „Recht der vertraglichen Beziehungen" zur „Herrschaft über die Sachgüter" oder zum Staatsrecht, wurde zumindest in der Literatur begrüßt. Vgl. Wagner, Justizausbildungsordnung, S. 53/54. Genauere staatliche Festlegungen gab es nicht, auch weil die inhaltliche Ausgestaltung der Vorlesungsgruppierung Sache der Unterrichtsverwaltung und damit außerhalb des Reichsjustizministeriums angesiedelt war. Vgl. Jonas, DJ 1934, 995 (996).

31 Lehrgegenstand waren die Regelungen des StGB sowie der einschlägigen strafrechtlichen Nebengesetze.

32 Unter „Verfahrensrecht" wurden die wesentlichen Grundsätze im Straf- und Zivilprozess sowie das Zwangsversteigerungsrecht und das Konkurs- und Vergleichsverfahren erläutert. Eine vertiefte Ausbildung sollte dem Vorbereitungsdienst vorbehalten bleiben.

33 Vgl. Dr. R., DJ 1934, 1110.

34 Vgl. Stuckart, Nationalsozialistische Rechtserziehung, S. 43.

35 Palandt/Richter, Kommentar zur JAO, S. 56. In Punkt 19 des 25-Punkte-Programms der NSDAP vom 20.02.1920 wurde die Ersetzung des „der materialistischen Weltordnung dienende[n] römische[n] Recht[s] durch ein deutsches Gemeinrecht" gefordert.

exponierte Nationalsozialisten wie *Hans Frank* war sie ein „glänzendes Vorbild“ dafür, „wie ein Volk mit strengster Folgerichtigkeit sich ein in seinem Rechtsgefühl und seiner Eigenart entsprechendes bodenständiges Recht schaffen und dieses Recht zu einem stolzen Rechtssystem ausgestalten“ könne.[36]

Zwar wurde erwartet, dass die „Vorherrschaft des römischen Rechts“ im Studien- und Prüfungsbetrieb durch eine eingehende und verstärkte Berücksichtigung der deutschen Rechtsgeschichte und des deutschen Privatrechts durchbrochen werde[37], dennoch blieb das römische Recht als „methodische Grundlegung“ und „juristische Weltsprache“[38] nicht zuletzt wegen dessen „allseits anerkannten Bildungswerts“ weiterhin unverzichtbar.[39]

bb) Die Hebung der Allgemeinbildung

Neben einer gründlichen Fachausbildung wurde vom Prüfungskandidaten verlangt, dass er sich „einen Überblick über das gesamte Geistesleben der Nation“ verschaffe. Dazu gehörte die Kenntnis der deutschen, römischen und griechischen Geschichte[40] sowie die „ernsthafte Beschäftigung mit dem Nationalsozialismus und seinen weltanschaulichen Grundlagen, mit dem Gedanken der Verbindung von Blut und Boden, von Rasse und Volkstum, mit dem deutschen Gemeinschaftsleben und mit den großen Männer des deutschen Volkes“.[41] Auf dieser „allgemeinen völkischen Bildung“ sollte der Student sein fachliches Wissen und Können aufbauen. Damit brach die JAO mit der Entwicklung der letzten Jahrzehnte, in denen gerade auf dem Gebiet der Rechtswissenschaften eine immer stärker werdende Spezialisierung verzeichnet wurde. Der Raum für solche allgemeinbildende Vorlesungen sollte durch eine Einengung des Unterrichts im römischen Recht und durch die Einführung einer Wahlfreiheit in vermeintlich weniger wichtigen Rechtsmaterien erreicht werden.[42]

cc) Übungen und Seminare

Neben der Partizipation am Universitätsunterricht sah die JAO die „gewissenhafte Teilnahme“ an Übungen vor. „Gewissenhafte Teilnahme“ war weniger

---

36 Frank, DR 1933, 23.

37 Frank, DR 1933, S. 23 (24).

38 Schreiben der Universität Frankfurt/Main vom 31.7. 1929, UAJ, K 549 Bl. 161ff.

39 Schwister, DJZ 1933, 1057 (1061/1062).

40 Hier taucht zwar die Rechtsgeschichte als Lehrbereich einzeln auf, wird aber nicht als eigenständiges Lehrfach verstanden.

41 Vgl. § 4 Abs. 2 S. 2 JAO.

42 Vgl. Rumpf, DR 1933, 150 (151).

als eine erfolgreiche Teilnahme und setzte konzeptionell nur eine Art „fleißige Mitarbeit“ voraus.[43]

Gemäß § 5 der Ersten Durchführungsordnung musste der Bewerber mindestens an fünf mit schriftlichen Arbeiten verbundenen Übungen teilgenommen haben, wobei eine aus dem Bereich des deutschen Staats- und Verwaltungsrechtes entstammen musste. Schriftliche Arbeiten konnten sowohl Aufsichtsarbeiten als auch Hausarbeiten darstellen.

Die Arbeit im wissenschaftlichen Seminar wurde als Höhepunkt der universitären Ausbildung aufgefasst. Eine Teilnahme war daher, entgegen des Wortlautes der JAO, nicht nur „erwünscht“, sondern vielmehr gefordert.[44]

dd) Die Arbeitsgemeinschaften

Nach § 3 Abs. 2 JAO wurde weiter der Nachweis einer „tätigen“ Teilnahme an mindestens einer Arbeitsgemeinschaft empfohlen. Von den Fachschaften eingerichtet, wollten sich diese vermehrt mit der „Rechtserneuerung“ beschäftigen. Beschränkte sich die Fachschaftsarbeit in den zwanziger Jahren vornehmlich auf die „Veranstaltung von Festen“, sollte sich nunmehr hier der „Totalitätsanspruch des Nationalsozialismus“ bei den Studierenden durchsetzen.[45] Bereits Anfang der dreißiger Jahre hatten an vielen Universitäten nationalsozialistische Studentenbünde die Führung der Studentenschaft übernommen. Im Rahmen der „Deutschen Studentenschaft“, die bereits seit dem Grazer Studententag 1931 vom Nationalsozialistischen Deutschen Studentenbund (NSDStB) geführt wurde, versuchte man mit Hilfe der Fachschaften „aus eigener Kraft den Typ des neuen politischen Studenten zu formen.“[46]

Hierbei wurde die nationalsozialistische Rechtsauffassung als feststehendes Fixum betrachtet, die jeder Erörterung unzugänglich war. Es galt konkrete Einzelfragen unter nationalsozialistischer Einstellung zu reflektieren.[47] Die rechtspolitische Arbeitsgemeinschaft entsprach damit keiner Vorlesung, Übung oder Seminar, da hier weder eine Vermittlung elementarer Kenntnisse einzel-

43 Jonas, DJ 1934, 995 (997). Wohl allgemeiner Konsens war trotz dessen, als Mindestmaß die Notenstufe „ausreichend“ einzufordern. Vgl. Tilka, Prüfung und Ausbildung der Juristen im Reich, S. 15.

44 Tilka, Prüfung und Ausbildung der Juristen im Reich, S. 16.

45 Kutscher, DJZ 1934, 737 (737).

46 Schneider, DJZ 1934, 607 (608).

47 Nach einer Kritik des geltenden Rechts wurden die sogenannten „neuen“ Gesetze (wie z.B. das Erbhofgesetz, das Gesetz zur Ordnung der nationalen Arbeit etc.) als Leitlinie herangezogen. Vgl. zum Ganzen Kutscher, DJZ 1934, 737 (738).

ner Rechtsgebiete noch die Vertiefung der Gesetzesanwendung im Vordergrund stand. Stattdessen sollten zeitgemäße Vorträge, gemeinsame Veranstaltungen, wie der Besuch von Ausstellungen und Strafanstalten, dazu kurze Referate und Aussprachen den Inhalt maßgeblich bestimmen.

Geführt wurden die Arbeitsgemeinschaften in der Regel von den Studierenden selbst.[48] Die Befähigung dazu erhielten sie in eigenen NS-Schulungslagern.[49] Insgesamt wurden die Arbeitsgemeinschaften als offener Gegenpol zu den kernuniversitären Veranstaltungen des Universitätspersonals installiert, weil nur eine „nationalsozialistische Professorenschaft" zur einer „Erziehung im nationalsozialistischen Denken" in der Lage wäre, wovon man sich allerdings zunächst „noch sehr weit entfernt" wähnte.[50]

ee) Das Gerichtspraktikum

Zu einem ordnungsgemäßen Studium gehörte weiter auch die Ableistung eines sechs bis achtwöchigen Gerichtspraktikums bei einem Amtsgericht (§ 6 Abs. 1 JAO). Auch hier war der Wortlaut der JAO ergänzend auszulegen: die geschriebene „Erwartung" musste „im praktischen Ergebnis" als „Befehl" verstanden werden.[51]

Die in Preußen schon seit 1919[52] praktizierte Ausbildung bei Gericht war bisher reichsweit recht zurückhaltend gehandhabt worden und bestand in einer Reihe von Ländern lediglich als fakultative Einrichtung.[53] Zeitlich sollte das Gerichtspraktikum zum einen in den Semesterferien, zum anderen frühestens nach dem dritten Studienhalbjahr, jedoch noch vor Belegung der Prozessrechtsvorlesungen durchgeführt werden.[54]

---

48 Gelegentlich auch von besonders engagierten Dozenten, jedenfalls der jüngeren Generation.

49 Schoch, DJZ 1934, 865 (866/867).

50 Kutscher, DJZ 1934, 737 (737).

51 Vgl. Tilka, Prüfung und Ausbildung der Juristen im Reich, S. 20.

52 Vgl. AV vom 15. Juli 1919 – JMBl. S. 372.

53 Vgl. Palandt/Richter, Kommentar zur JAO, S. 59. Im Zuge der Reformdebatten wurde immer wieder eine mehrmonatige praktisch-technische Vorausbildung bei Gericht angeregt, die entweder vor Studienbeginn erfolgen (sog. Vorpraxis) oder das Studium unterbrechen sollte (sog. Zwischenpraxis). Beiden Bestrebungen erteilte die neue JAO eine Absage. Jonas, DJ 1934, 995 (996).

54 Vgl. Tilka, Prüfung und Ausbildung der Juristen im Reich, S.21, der den Zeitraum zwischen dem 3. und 4. Semester bevorzugte. Dagegen Wagner, Justizausbildungsordnung, S. 36/37, der empfahl, die Prozessrechtsvorlesungen ans Ende des Studiums zu legen, um mehr Zeit für die Ableistung des Praktikums zu schaffen.

Ziel des Praktikums war es „dem Studenten eine Vorstellung von dem Geschäftsbetrieb, dem Grundbuch, den Akten und Registern [zu] verschaffen und ihm Gelegenheit [zu] geben, Gerichtsverhandlungen als Zuhörer beizuwohnen.“[55] Es ging um eine Art Anschauungsunterricht über die täglichen Amtsgeschäfte bei Gericht. Daher wurde als Ausbildungsstelle auch nicht der Richter selbst, sondern die Geschäftsstelle festgelegt (§ 6 Abs. 2 JAO).[56]

ff) Methodik

Eine Festlegung hinsichtlich der in den Vorlesungen zu verwendenden Lehrmethode, als Streitentscheid für die seit Jahren tobende Auseinandersetzung um die beste Vermittlungstechnik, traf die JAO nicht. Um die „Verbindung mit dem Leben des Volkes“ nicht zu verlieren, wurde daher jegliche „Verlebendigung der Vorlesungsform“ – namentlich die konversatorische Methode – begrüßt.[57] Allerdings sollte die Akzentverschiebung, wonach die Bezeichnung der Lehrfächer nicht mehr nach den entsprechenden Gesetzeswerken vorgenommen worden war, auch in der Lehrmethode sichtbar werden. Der Jurist müsse mit der Fähigkeit versehen werden, „den göttlichen Gedanke, dem der Mensch in seinem ‚Gesetze‘ nur unvollkommenen Ausdruck zu verleihen imstande“ sei und das „in den Gesetzesworten [...] versteckte, manchmal sogar fast begrabene wirkliche, überirdische echte Recht“ finden und „zum Leben [...] erwecken“.[58] Dabei müsse es nicht mehr um bloße Gesetzesanwendung gehen, sondern um die Ausübung von Gerechtigkeit. Für „überspitzte Rechtstüfteleien“ hätte der Nationalsozialismus kein Verständnis.[59] Das Erkennen des „moralischen“ Rechts als „ewiges“, d.h. national und kulturell begründetes

55 Vgl. § 6 Abs. 2 JAO.

56 Die Studierenden wurden vom aufsichtsführenden Richter des Amtsgerichts „durch Handschlag“ zur Verschwiegenheit verpflichtete. Vgl. § 12 Abs. 1 Erste Durchführungsverordnung.

57 Vgl. Schwister, DJZ 1933, 1057 (1061). Vgl. Palandt/Richter, Kommentar zur JAO, S. 49.

58 Wagner, Justizausbildungsordnung, S. 44.

59 „Der Hauseigentümer, der unbarmherzig und skrupellos arme Volksgenossen um Nichtigkeit willen obdachlos macht, hat den Schutz des Staates in diesem seinem Treiben verwirkt, denn er verstößt gegen die Grundgesetze der Volksgemeinschaft, selbst wenn er in seinem Tun den Schein eines Gesetzesparagraphen für sich hat.“ Vgl. Göring, DJ 1934, 1427 ff.

Recht[60], sollte die Hauptaufgabe der Vermittlungstechnik darstellen und letztlich zu einer „Sonderschulung von Blick und Gefühl" anleiten.[61]

gg) Arbeitsdienst, Leibesübungen und Frauenstudium

Die Ableistung des Arbeitsdienstes wie es § 2 JAO vorschrieb, war nicht Teil der juristischen Ausbildung, aber Voraussetzung für die Meldung zum ersten juristischen Staatsexamen.[62] Ebenfalls nicht Bestandteil der Ausbildung, aber Pflichtfach für die ersten drei Semester eines jeden Studierenden, war die körperliche Ertüchtigung.[63]

Dem Wortlaut der JAO folgend, war kein Frauenstudium vorgesehen. Nach § 2 Abs. 1 S. 1 JAO sei es Sache des Mannes, das Recht zu wahren. Daraus wurde geschlossen, dass der Zugang von Frauen zum Jurastudium und zu den juristischen Prüfungen generell gesperrt war.[64] Die wohl h.M. nahm trotz der sprachlichen Wendungen der JAO[65] einen solchen Ausschluss dagegen nicht an.[66] Allerdings wurde ein Jurastudium nicht empfohlen, weil die Zulassung zum Gerichtsassessor und zur Übernahme in den Justizdienst trotz des Gesetzes über die Zulassung von Frauen zu den Ämtern und Berufen der Rechtspflege vom 14. Juli 1922 (RGBl. I, 573), zumindest in Preußen, nicht erwartet werden konnte.[67]

b) Die erste juristische Staatsprüfung

Die erste juristische Staatsprüfung gliederte sich in drei Teilbereiche.

aa) Die häusliche Arbeit

Die Auswahl für die Aufgabe traf der Präsident des neugeschaffenen Reichs-Justizprüfungsamtes und sicherte so die gleichmäßige Prüfungsweise im ganzen Reich. Gemäß § 12 Abs. 1 JAO musste die Hausarbeit aus einem Prüfungs-

---

60 „Das Blut spricht seine Sprache." Vgl. Göring, DJ 1934, 1427 (1430).

61 Wagner, Justizausbildungsordnung, S. 44.

62 Vgl. zum Arbeitsdienst: Stamm, DR 1935, 432 ff., Hamburger-Lohse, DJZ 1934, 610.

63 Erlasse des Preußischen Ministers fWEuV v. 21.4.1934 und 28.4.1934, HUB-A UK Nr. 766, Bl. 424, 428. Zit. nach Lösch, Der nackte Geist, S. 291, Siehe auch Präambel der JAO und die Formulierung „Körper und Geist zu gutem Zweiklang" zu bringen.

64 So Wagner, Justizausbildungsordnung, S. 35.

65 Z.B. „Selbstzucht und Einordnung geübt und sich körperlich gestählt haben", „wie es einem jungen deutschen Manne zukommt" bzw. Arierbescheinigung der Ehefrau etc.

66 Vgl. Tilka, Prüfung und Ausbildung der Juristen im Reich, S.24.

67 Vgl. Palandt/Richter, Kommentar zur JAO, § 2 S. 39.

fach entstammen und sollte einen einfachen Rechtsfall aus dem täglichen Leben darstellen, der unter Berücksichtigung von Schrifttum und Rechtsprechung „in geordneter Gedankenweise sprachlich gewandt“ zu beurteilen war. Man meinte, dass die Hausarbeit „am leichtesten“ die unfähigen Prüflinge – „Schwätzer und unklare Köpfe“ – aussondern könne und dem gut vorgebildeten Studierenden die sichere Gelegenheit bieten würde, sich auszuzeichnen.[68] Als Bearbeitungszeit waren drei Wochen angesetzt.

Das Anfertigen einer Hausarbeit war insoweit eine Neuerung der JAO als sie bis dahin nicht in jedem deutschen Land gefordert worden war. So kannten die Staatsprüfungen z.B. in Bayern, Sachsen, Württemberg, Baden, Hessen und Braunschweig diese Art der Prüfung nicht.[69] In Preußen, und damit auch in Thüringen, verlangte man zwar von jeher eine häusliche Arbeit, allerdings mit einer anderen inhaltlichen Ausrichtung. Dort standen den Studierenden für eine wissenschaftliche (!) Bearbeitung sechs Wochen zur Verfügung. Im Endeffekt entsprach damit die häusliche Arbeit nach der neuen JAO lediglich den Anforderungen einer Übung während des Studiums.

bb) Die Aufsichtsarbeiten

Am Sitz des Prüfungsamtes wurden im Anschluss an die Hausarbeit fünf schriftliche Arbeiten angefertigt. Die Bearbeitungszeit betrug jeweils vier Stunden. Inhaltlich sollten rechtlich und tatsächlich einfache Fälle dargestellt und die „Fähigkeit zur Erörterung von Rechtsfragen“ abgeprüft werden.[70] Eine wissenschaftliche Erörterung wurde nicht erwartet, dagegen Wert auf klare und logische Gedankengänge, eine Vorstellung von den Vorgängen des realen Lebens sowie Urteilsfähigkeit gelegt.

---

68 In den Aufsichtsarbeiten könne das Prüfungsglück schon einmal einen „unverdienten Erfolg“ verschaffen und die Aufregung in der mündlichen Prüfung schon „eher einmal das richtige Bild“ vom Prüfling verdunkeln. Vgl. Palandt/Richter, Kommentar zur JAO, § 12 Anm. 2, S. 79. Weiter sollte die Hausarbeit die Gelegenheit bieten den „weiten Überblick über das ganze Recht“ auszuweisen, wobei jedoch der „praktische Blick für die Lebenserscheinungen, das geschulte Gefühl für die Gerechtigkeit und Billigkeit und damit die Fähigkeit richtiger Rechtsanwendung“ als „höchste Stufe akademischer Rechtsausbildung“ hervortreten sollten. Vgl. Wagner, Justizausbildungsordnung, S. 56/57.

69 Vgl. Wagner, Justizausbildungsordnung, S. 57; auch Jonas, DJ 1934, 995 (997).

70 Vgl. § 13 Abs. 3 JAO 1934.

Gegenstand der Aufsichtsarbeiten waren vier juristische und eine geschichtliche Fragestellung. Sie fanden reichsweit jeweils zeit- und inhaltsgleich statt (§ 13 Abs. 6 JAO).

Hinsichtlich der geschichtlichen Aufgabe, die nach dem Vorbild der preußischen Ausbildungsverordnung vom 27. Juni 1934 gestaltet wurde und eine weitere Neuerung darstellte, standen den Rechtskandidaten drei verschiedene Themen zunächst zur viertelstündigen Auswahl.[71]

cc) Die mündliche Prüfung

Die mündliche Prüfung, die sich an die Aufsichtsarbeiten anschloss (§ 14 Abs. 1 S.1 JAO), wurde vor einem fünfgliedrigen Ausschuss des Prüfungsamtes abgelegt. Den Vorsitz führte ein Richter oder Staatsanwalt. Des Weiteren gehörten zwei Universitätslehrer dem Gremium an. Gemäß § 14 Abs. 2 JAO sollte der Vorsitzende des Prüfungsausschusses spätestens am Tage vor der Prüfung mit jedem einzelnen Kandidaten ein Vorgespräch führen und so helfen, etwaige Prüfungsängste abzubauen.

Die Prüfung dauerte vier Stunden und war durch eine mindestens halbstündige Mittagspause unterbrochen. Inhaltlich sollte neben den Prüfungsfächern auch der Stand der Allgemeinbildung abgeprüft werden. § 14 Abs. 4 S. 2 JAO stellte klar, dass es sich bei der mündlichen Prüfung um eine reine „Verständnisprüfung" handelte. Entscheidend war demnach, dass der Rechtskandidat den „großen Überblick" über das gesamte Rechtsgebiet habe, der ihn befähige, im praktischen Vorbereitungsdienst seine Kenntnisse in selbständiger Arbeit zu vervollständigen.[72] Daneben war Allgemeinwissen vor allem auf den Gebieten der Geschichte, der Rassenkunde, der Sozialwissenschaften und der Philosophie gefordert.[73]

Die mündliche Prüfung galt als der wichtigste Teil des Staatsexamens. Nach der JAO wurde selbst dann nicht auf ihn verzichtet, wenn sämtliche schriftliche Arbeiten misslungen waren.[74] In der Schlussberatung mussten die Mitglieder des Prüfungsausschusses eine selbständige Beurteilung treffen und das Gesamtergebnis dem Vorsitzenden mitteilen. Gemäß dem nationalsozialistischen Führerprinzip – für das Prüfungswesen kodifiziert in § 16 JAO – oblag

71 Dagegen bestimmte die sächsische „Verordnung über die erste Staatsprüfung" vom Oktober 1933 noch, dass eine Aufsichtsarbeit „einen Rechtsgedanken der nationalsozialistischen Idee" zum Gegenstand haben sollte. Vgl. Tilka, DJZ 1933, 1577 ff.

72 Palandt/Richter, Kommentar zur JAO, § 14 Anm. 6, S. 92.

73 Vgl. § 4 Abs. 2 JAO.

74 Palandt/Richter, Kommentar zur JAO, § 14 Anm. 1, S. 89.

die endgültige Bewertung aller Arbeiten, sowohl des schriftlichen wie auch des mündlichen Prüfungsteils, allein dem Vorsitzenden des Prüfungsausschusses.[75] Alle anderen vorherigen Stellungnahmen dienten lediglich seiner Beratung und Information. Der Vorsitzende war es letztlich, der entschied, inwieweit sich der Rechtskandidat die „nötigen Fähigkeiten für den erwählten Beruf" angeeignet hatte und daher mit Erfolg den praktischen Vorbereitungsdienst bestehen konnte.[76]

dd) Die Notenvergabe

Die Vereinheitlichung des ersten juristischen Staatsexamens brachte endlich auch eine einheitliche Notenvergabe. Waren die Prüfungsnoten bisher in den Ländern verschieden gewesen oder hatte man unter gleichen Begriffen verschiedene Prädikate verstanden, so sollten nun – zumindest die schriftlichen Teile – einheitlich beurteilt werden.[77]

Das Bedürfnis nach einem starren Benotungssystems der schriftlichen Teile bestand auch deshalb, weil nicht alle Mitglieder des Prüfungsausschusses die Prüfungsarbeiten korrigierten. Unmittelbar vor der mündlichen Prüfung fand jedoch eine Vorberatung aller Prüfer statt, in der sich über den Leistungsstand der Kandidaten und den Eindruck aus dem Vorgespräch ausgetauscht wurde. Im Rahmen dieser Unterrichtung empfahl sich eine Leistungsfeststellung, mit der alle Prüfer etwas anfangen konnten.[78]

---

75 Nach *Schaffstein* empfehle sich dieses „Führerprinzip [...] in der Referendarprüfung nicht". Es würde das bewährte Gleichgewicht zwischen Theoretikern und Praktikern stören. Vgl. Schaffstein, DJZ 1934, 516.

76 Palandt/Richter, Kommentar zur JAO, § 19 Anm. 2, S. 98; Tilka, Prüfung und Ausbildung der Juristen im Reich, S. 40.

77 Die neuen Notenstufen waren: 1. ausgezeichnet (eine ganz ungewöhnliche Leistung), 2. lobenswert (eine besonders anzuerkennende Leistung), 3. gut (eine den Durchschnitt erheblich überragende Leistung), 4. befriedigend (eine über dem Durchschnitt stehende Leistung), 5. ausreichend (eine Leistung, die durchschnittlichen Anforderungen entspricht), 6. unzulänglich (eine mit groben Fehlern behaftete, nicht mehr brauchbare Leistung), 7. ungenügend (eine völlig unbrauchbare Leistung). Vgl. § 18 Abs. 1 JAO. Eine Benotung mit Zwischennoten (z.B. „fast gut", „allenfalls noch ausreichend") war unzulässig. Palandt/Richter, Kommentar zur JAO, § 18 Anm. 1, S. 97.

78 Vgl. Jonas, DJ 1934, 995 (998).

Bei der Bewertung der mündlichen Prüfungsleistung waren die Prüfer dagegen nicht an die Notenskala gebunden. Sie unterlag freier Würdigung.[79]

ee) Wiederholung, Täuschung, Anfechtung und Übergangsregelungen

Eine nicht bestandene erste juristische Staatsprüfung konnte einmal wiederholt werden, § 21 JAO.[80] Eine dritte Zulassung war nicht mehr möglich.[81] Täuschungsversuche und sonstige Ordnungsverstöße führten zum Ausschluss von der Prüfung, § 23 JAO.

Mit Ausnahme der Notenentscheidung stand dem Rechtskandidaten als Rechtsbehelf gegen sämtliche Entscheidungen des Prüfungsamtes eine Anrufung des Präsidenten des Reichs-Justizprüfungsamtes zu; dieser entschied dann endgültig.[82]

3. Ergebnis und Bewertung

Die am 22. Juli 1934 erlassene JAO beinhaltete Modifizierungen in der bisherigen Ausbildung. Insgesamt suchte man dreier Sonderaufgaben im Sinne der nationalsozialistischen Bewegung gerecht zu werden:[83]

a) Rechtsvereinheitlichung

Mit der JAO verwirklichte das Reichsministerium der Justiz die jahrzehntelang anvisierte Einheit der Juristenausbildung. Ihr Erlass verdrängte als Akt delegierter Reichsgesetzgebung sämtliche ihr entgegenstehenden Länderbestim-

---

79 Dies deshalb, weil die Beurteilung der Persönlichkeit und des Gesamteindruckes nicht zwangsläufig mit einer konkreten Notenbezeichnung korrelieren würde Vgl. Jonas, DJ 1934, 995 (997).

80 Soweit der Vorsitzende des Prüfungsausschusses den Wiederholungsversuch für zweckmäßig hielt, § 21 Abs. 3 JAO. Zwischen dem Nichtbestehen der Prüfung und der Zulassung zur Wiederholung musste eine Zeitspanne von sechs Monaten liegen. Der Prüfling hatte dieses Halbjahr an der Universität zu verbringen und mindestens an einer weiteren mit schriftlichen Arbeiten verbundenen Übung teilzunehmen.

81 Vgl. AV. vom 27.07.1933, DJ 1933, S. 527. Die JAO 1934 beendete damit auch den preußischen Sonderweg, wonach Prüflinge, die „nur deshalb Mißerfolg gehabt [hatten], weil sie ihre ganze Kraft für den Kampf um die nationale Erhebung eingesetzt und deshalb nicht die erforderliche Zeit für die notwendige fachliche Vorbildung gehabt [hatten]“ auf Antrag zu einer nochmaligen Wiederholung zugelassen werden konnten. Vgl. AV. des Preußischen Justizministers vom 16.10.1933, DJ 1933, 527.

82 Vgl. § 24 JAO.

83 Vgl. Palandt/Richter, JAO 1934, S. V.

mungen. Mit der Überleitung der Rechtspflege – insbesondere des gesamten Prüfungswesens – auf das Reich war die JAO der notwendige und sinnfällige Ausdruck der Reichsjustizhoheit auf dem Gebiet der Ausbildung. Die reichsweit einheitlichen Prüfungsbedingungen führten zu einer Gleichheit für alle Kandidaten und stellten deren Freizügigkeit im ganzen Reich sicher.

b) Rechtserneuerung

Neben einer einheitlichen Regelung im Reich, sollten bereits erste nationalsozialistische Ziele verwirklicht werden und zu einer entsprechenden Umgestaltung der einzelnen Ausbildungsschritte führen. Obgleich die inhaltliche Ausgestaltung und die Studienplanung im Kompetenzbereich des Reichsministeriums für Wissenschaft, Erziehung und Volksbildung lagen, konnte die JAO maßgeblich darauf Einfluss nehmen, weil die erste juristische Staatsprüfung nun endgültig als staatliche Eingangsprüfung konzipiert wurde.[84] Durch die Festlegung der Aufnahmekriterien in den Vorbereitungsdienst wurde mittelbar dem späteren Lehrplan vorgegriffen.

Die semantische Neufassung der Fachvorlesungen anhand von Lebensgebieten und Hauptaufgaben des Rechts wurde wegweisend für die Neugestaltung des nationalsozialistischen Rechtsunterrichts. Eine Erklärung für diesen Wechsel in den Formulierungen lieferte die Gesetzesbegründung nicht. Die bewusste Abweichung vom bisher Üblichen kann aber als sichtbares Zeichen einer veränderten Rechtsauffassung verstanden werden, um die Unabhängigkeit der Lebensvorgänge von der getroffenen rechtlichen Regelung zu symbolisieren. Man hing dem Gedanken an, dass nicht das Gesetz, sondern die darin liegende rechtliche Regelung das Entscheidende sei. Die Einteilung der Studienfächer nach Lebensgebieten (Recht des Staates, Recht der Familie, Recht des Bauern etc.) und Hauptaufgaben des Rechts (Schutz der geistigen Schöpfung und schöpferischen Gestaltung, Recht der vertraglichen Beziehungen, Schutz der Gemeinschaft etc.) führte aber zu einer Unsicherheit, weil sie neben fachlichen Lücken auch sprachlich wenig überzeugende Wendungen bereitstellte. Im Zivilrecht deutete sie die Abtrennung des bäuerlichen Grundstücksrechts und des Familienrechts vom Verkehrsrecht an, indem sie beiden Komplexen eigene Prüfungsfächer zuwies. Sie behielt aber die Unterscheidung zwi-

---

84 Erste Hinweise in diese Richtung lieferte auch die seit Oktober 1933 in Sachsen geltende „Verordnung über die erste juristische Staatsprüfung". Sie bestimmte eine Abkehr von der akademischen Abschlussprüfung, in dem nun auch Praktikern der Weg in die Prüfungskommissionen offenstand. Für Thüringen und Preußen galt diese Regelung schon länger. Vgl. Tilka, DJZ 1933, 1577 ff.

schen Schuld- und Sachenrecht bei, wie sie später durch die *Eckhardtsche* Studienreform in Frage gestellt werden sollte.

Die Reihenfolge der Prüfungsfächer, die bereits weltanschauliche Aspekte nahelegte – schließlich ging das Recht der Gemeinschaft, des Staates und der Familie, dem Recht des Einzelnen voraus – war eher zufällig gewählt. Eine Wertung der einzelnen Fächer war nicht beabsichtigt.

Die Verwendung von „Grundzügen“, die ihre Funktion als Beschränkungen nicht zu erfüllen vermochten, führte allerdings zwangsläufig zu einer Einteilung der Studienfächer in Haupt- und Nebenfächer. Es entstand eine gewisse Rangordnung unter den Rechtsgebieten, die Verwaltungsrecht, Erbrecht, Verfahrens- und Wirtschaftsrecht in die zweite Reihe rückten. Dieser Eindruck verstärkte sich durch die Primatenstellung des Staatsrechtes und die Mittelstellung des zivilen Vertragsrechts.

Sprachliche Ungenauigkeiten bestanden auch hinsichtlich der Teilnahme an Arbeitsgemeinschaften, Seminaren und Übungen. Weil es einer Gesetzesbegründung im nationalsozialistischen Führerstaat nicht bedurfte, kam der im amtlichen Auftrage verfassten Kommentierung von *Otto Palandt* und *Heinrich Richter* eine wesentliche Schlüsselrolle bei der Auslegung der einzelnen Bestimmungen zu. Sie schufen damit eine „herrschende Meinung“. Zweifelsfragen entschieden sie anhand der damals üblichen Prüfungs- und Ausbildungspraxis in Preußen, was sich auch deshalb anbot, weil die preußische Justizausbildungsordnung ohnehin für die JAO Pate stand.

Der über das Erfordernis eines „ordnungsgemäßen Studiums“ aufgestellte Stoffplan brachte für die Studierenden nicht die erhoffte Entlastung. Die von einigen Zeitgenossen angesprochene „radikale Streichung von Nebenfächern“[85], „wohlwollende Mäßigung“[86], und „weise Eindämmung des Lernstoffs im Fachstudium“[87], ließ sich im Ergebnis nicht nachvollziehen. Die allenthalben beschworene Einschränkung, dass nun „in erster Linie“ eine „Verständnisprüfung“ erfolgen sollte, war hinsichtlich der weiteren stofflichen Fülle bloßes Blendwerk. Die in der Bezeichnung „Grundzüge“ liegende Beschränkung des Studienstoffes führte durch die wenig klar konturierte Abgrenzung der Lehrinhalte nicht zu einer – wohl beabsichtigten – stofflichen Entlastung für die Studierenden. Weil die JAO auf Ausbildung eines mit „umfassender Bildung“ versehenen Rechtswahrers abzielte, erwartete man auch in den nicht direkt benannten Fachbereichen zumindest Grundkenntnisse, die man im

85 Vgl. Haußleiter, DJ 1934, 1109 (1110).

86 Vgl. Wagner, Justizausbildungsordnung, S. 82.

87 Vgl. Wagner, Justizausbildungsordnung, S. 48.

Zweifel unter dem Postulat einer gediegenen Allgemeinbildung fasste. Immer wieder betonte man, dass die Anforderungen an die studierende Jugend im Nationalsozialismus keineswegs gesenkt werden sollten. Daher war es nicht schwierig, nahezu alle juristischen Fachbereiche in irgendeiner Weise dem „ordnungsgemäßen Studium" iSd JAO zuzuordnen. Der lediglich nominelle Wegfall von Fächern wie z.B. der gerichtlichen Medizin, dem Finanz- und Steuerrecht, Kirchenrecht oder Völkerrecht wurde dadurch kompensiert.

Die Stoffverteilung orientierte sich daher vielmehr an den Prüfungsfächern in Preußen vor 1933 und installierte mit dem Postulat einer „gediegenen Allgemeinbildung" sogar eine zweite Lehrsäule neben dem eigentlichen Fachstudium. Dies führte zu einer bedeutenden Erweiterung des Arbeitsspektrums der Studierenden, während andererseits die Fachsäule keine wesentliche Reduzierung erfuhr. So konnten auch Fragestellungen aus nicht juristischen Prüfungsfächern zum Gegenstand der Prüfung gemacht werden, soweit deren Lösung ein „gebildeter deutscher Mann"[88] zu überblicken imstande sein sollte, – was wiederum einen weiten Spielraum eröffnete und den Weg zu einer „ernsthaften Beschäftigung" mit dem Nationalsozialismus und seinen weltanschaulichen Grundlagen wies. Damit fand die ab Anfang der dreißiger Jahre verstärkt in die Reformdiskussion eingebrachte Politisierung der Universität Eingang ins Ausbildungs- und Prüfungswesen. Die Stärkung der Allgemeinbildung und vor allem die Beschäftigung mit dem Nationalsozialismus und seinen Grundlagen traten gleichwertig neben den Erwerb materieller Rechtskenntnisse.

Die zweifache Benennung der Geschichte – einmal integriert in die Fachvorlesungen und einmal als große allgemeinbildende Sondervorlesungen – signalisierte die wiedererkannte Bedeutung der historischen Lehrfächer für den Rechtsunterricht. Für die deutsche Rechtsgeschichte war das folgerichtig, weil durch die Rückbesinnung der nationalsozialistischen Weltanschauung auf die Lebensordnung der Germanen nachhaltige Kenntnisse über die germanische frühzeitliche Lebensweise gebraucht wurden.

Die Auffassung einer integrativen rechtshistorischen Vermittlung in den jeweiligen Kernvorlesungen versuchte den Niedergang der rechtsgeschichtlichen Vorlesungen insgesamt zu beenden und führte so zu deren Renaissance.[89] Für die Beibehaltung eigenständiger, rechtsgeschichtlicher Vorlesungen sah die JAO keine Veranlassung. Mit ihnen hätte man zudem den durch die Ver-

---

88 Vgl. § 4 Abs. 2 JAO.

89 Unter anderem auch deshalb, weil durch die Historisierung zugleich eine Politisierung nach einem, dem Nationalsozialismus gemäßen Geschichtsbild möglich wurde. Grothe, Zwischen Geschichte und Recht, S. 190ff.

drängung in den zwanziger Jahren geschaffenen zeitlichen Gestaltungsspielraum wieder beseitigt. Dies war aber im Hinblick auf die an sich gewollte Stoffentlastung bei gleichbleibenden Prüfungsanforderungen nicht opportun. Der durch die JAO gewählte Mittelweg einer Integration in die Fachvorlesung trug daher nicht nur der zeitlichen Entlastung Rechnung, sondern verlieh zugleich dem Wunschbild einer neuen, ganzheitlichen Vermittlungsmethode der Lehrfächer plastische Form.

Mit der Umsetzung des Führerprinzips in der Staatsprüfung verschärfte sich die Problematik mangelnder Transparenz der Prüfungsergebnisse. Dies deshalb, weil die Einzelnoten der schriftlichen Arbeiten nicht zwingend das Gesamtergebnis bildeten und die mündliche Prüfung als wichtigster Teil aufgefasst wurde. Eine Berücksichtigung der politischen Einstellung bei der Feststellung des Gesamteindruckes mag zwar gleichfalls hierfür ins Feld geführt werden[90], jedoch darf dabei nicht übersehen werden, dass seit Anbeginn der Juristenausbildung stets auch außerfachliche Kriterien und subjektive Einstellungen einen gewissen Einfluss auf das Prüfungsergebnis ausübten.[91]

Die Verlautbarungen zum Frauenstudium entsprachen der Zeit. Der ohnehin geringe Anteil weiblicher Jurastudenten im Reich reduzierte sich von 6,2 % im Sommersemester 1932 über 4,9 % im Sommersemester 1933 auf 3,8 % im Wintersemester 1933/34 und halbierte sich damit nahezu. Dies ist deshalb interessant, weil im gleichen Zeitraum der Gesamtanteil der weiblichen Studierenden verhältnismäßig konstant blieb[92] und auch die Frauen in der ersten juristischen Prüfung statistisch wesentlich günstigere Ergebnisse erzielten als die Männer.[93]

c) Menschenerziehung

Idealziel der künftigen Ausbildung war nicht der nationalsozialistisch versierte Jurist, sondern der „rechtskundige Nationalsozialist", der das Recht „sicher

---

90 Frassek, ZRG GA 1994, S. 565.

91 Vgl. Schwister, DJZ 1933, 1139 (1139): „Wenigstens die große, praktische Staatsprüfung gab, wie schon in der DJZ häufig hervorgehoben worden ist, auch schon in ihrer früheren Gestalt die Gelegenheit, charakterliche Eigenschaften, wie Entschlusskraft, Geistesgegenwart, Schlagfertigkeit, Auffassungsvermögen, Gründlichkeit und Genauigkeit, Tiefe und Frische, Gewandtheit und Redefertigkeit, praktisches Verständnis und Phantasie, Judiz und Reife des Urteils, zu erproben und festzustellen."

92 18,6 % im Sommersemester 1932; 18,3 % im Sommersemester 1933; 17,1 % im Wintersemester 1933/34 Vgl. Roesner, DJ 1934, 1324 f.

93 Palandt, DJ 1934, 254.

erfühlte" und „instinktmäßig" anwendete, weil zwischen der „Grundeinstellung des Staatsführers und der einzelnen Richter" schließlich eine „volle Gleichheit" bestünde.[94] Die neue Rechtsausbildung sollte eine „Synthese aus Denken und Gesinnung, aus Erkenntnis und praktischer Erfahrung" sein.[95] Zentrales Anliegen der JAO war daher die „Charaktererziehung" des Studierenden im Sinne der neuen Weltanschauung. Die Prüfungsanforderungen wurden nicht länger nur in der positiven Gesetzeskenntnis und der Fähigkeit zu logischer Konstruktion gesehen, sondern um das Wissen der geistesgeschichtlichen, politischen und völkischen Entwicklungszusammenhänge der Rechtsordnung ergänzt, worin man schließlich das neue Wesen und die Aufgabe der Rechtswissenschaft im nationalsozialistischen Staat erblickte.[96] Diese „Erziehung zur Gemeinschaft und in der Gemeinschaft"[97] wurde als Zulassungsvoraussetzung für die erste juristische Staatsprüfung nachweisbar gemacht. Ihr dienten neben weltanschaulichen Sondervorlesungen im Rahmen einer verstärkten Allgemeinbildung auch „neue Schulungsarten" wie Leibesübungen/Wehrsport, Arbeitsdienst oder Fachschaftsarbeit. Die damit verbundene Mehrbelastung für die Studierenden wurde zwar erkannt, aber im Sinne der Heranbildung des „politischen" Juristen hingenommen. Bezüglich der Fachschaftsarbeit lässt sich feststellen, dass die Instrumentalisierung des nationalsozialistisch orientierten studentischen Nachwuchses für politische Zwecke von der Studentenschaft selbst ausging. Sie übernahm die Aufgabe der Politisierung der Universität und wurde letztlich durch die JAO nur nachträglich legitimiert.

d) Zeitgenössische Bewertung

Die Verkündung der Justizausbildungsordnung vom 22. Juli 1934 wurde in der Wissenschaft wie der Praxis weitgehend begrüßt.[98] So schrieb der Präsident des Oberlandesgerichts Jena am 07. August 1934 an das Thüringische Justiz-

---

94 Vgl. Gruchmann, Justiz im Dritten Reich, S. 1138/39 mwN.

95 Vgl. Stuckart, Nationalsozialistische Rechtserziehung, S. 41.

96 Schaffstein, DJZ 1934, 516, vgl. Haußleiter, DJ 1934, 1109 (1110). Auch *Walz*: „Im Gegensatz zu den früheren Ordnungen stellt die neue Reichsjustizausbildungsordnung bewußt auf die Totalität der Persönlichkeit ab und verlangt vom heranwachsenden Diener des Rechts Verwurzelung in der Volksgemeinschaft als grundlegende Voraussetzung, da der Verwirklichung der Volksgemeinschaft letzten Endes alle Rechtsgestaltung und Rechtsanwendung zu dienen bestimmt ist." Vgl. Walz, Völkerrecht und Reichsjustizausbildung, S. 48 in: Die Lage des ÖR.

97 Vgl. Tilka, Prüfung und Ausbildung der Juristen im Reich, S. 8.

98 Vgl. statt vieler: NRWHStA, RW 265, Nr. 21502, Bl. 2.

ministerium, dass die „Ausbildungsordnung […] eine gute, den neuen Gedanken entsprechende Grundlage für die Heranziehung eines tatkräftigen, festen, voll im Leben stehenden Nachwuchses" gebe.[99] Die JAO führte die jahrelangen Reformbestrebungen einem verwertbaren Ergebnis zu und brachte die lange ersehnte Rechtseinheit.

Die „wohlgefügte, für viele Generationen tragfähige Brücke zum juristischen Meistertume"[100] war sie indes nicht. Dies lag daran, dass die sich ihr anschließende Studienordnung bereits eigene Wege ging.

IV. Die *Eckhardtsche* Studienreform

Durch die Konzeption der ersten juristischen Staatsprüfung als Eingangsprüfung in den Vorbereitungsdienst, verblieb dem Reichsministerium für Wissenschaft, Erziehung und Volksbildung „nur" noch der Erlass einer an die JAO angelehnten Studienordnung. Sie sollte den Universitätsunterricht den neuen Gedanken anpassen. Zentraler Ausgangspunkt der am 18. Januar 1935 erlassenen Studienordnung für das rechtswissenschaftliche Studium war die Hochschullehrertagung des Bundes Nationalsozialistischer Deutscher Juristen (BNSDJ) vom 20. und 21. Dezember 1934. Zu dieser Veranstaltung, die unter Beteiligung *Freislers* und *Franks* in Berlin stattfand, hatte *Carl Schmitt* als Leiter der Reichsfachgruppe Hochschullehrer im BNSDJ auf Veranlassung *Karl August Eckhardts,* zuständiger Hauptreferent im Reichministerium für Wissenschaft, Erziehung und Volksbildung, eingeladen.[101]

1. Vorarbeiten

Im Vorfeld der Hochschullehrertagung im Dezember hatte *Schmitt* mit Hilfe zweier Rundschreiben die Mitglieder des BNSDJ aufgerufen, Anregungen und Vorschläge in Form von Thesen mit knapper Begründung einzureichen und versprach eine direkte Weiterleitung an *Eckhardt*. Am 16. November 1934 verkündete der Berliner Dekan *Heymann*, anlässlich der 5. Vollsitzung der Akademie für Deutsches Recht am 13. November 1934, dass die von *Eckhardt* geplanten Änderungen im Strafrecht „gering", im öffentlichen Recht „mittel" und im Zivilrecht und der Rechtsgeschichte „groß" seien.[102]

---

99 Schreiben des Chefpräsidenten an das Thüringische Justizministerium vom 07.08.1934, ThHStAW, ThürOLG, Nr. 632.

100 Wagner, Justizausbildungsordnung, S. 127.

101 Vgl. Eckert, Juristenausbildung, S. 398.

102 Vgl. UAJ, K 510, Bl. 32 ff.

Obwohl das erste Rundschreiben *Schmitts* weniger als einen Monat vor der eigentlichen Tagung in Umlauf gebracht wurde, ging eine hohe Anzahl an Diskussionspapieren bei ihm ein. Diese zeigen nicht nur den hohen Stellenwert der Reformdebatte, sondern zugleich eine zerrissene Hochschullehrerlandschaft.

Neben denjenigen, die das in der JAO postulierte Ziel durch einen Studienplan erreichen wollten, der „von einer inneren Ordnung und von festen Zielen beherrscht“ werde, wie sie die „grossen Gesetzgebungswerke“ bieten würden[103], gab es jene wie *Karl Siegert* oder *Wolfgang Siebert,* die eine „Erneuerung der juristischen Fakultäten im nationalsozialistischen Sinne“ einforderten. Während die einen die Veranstaltungen über die allgemeinen Teile des Bürgerlichen Rechts als in „ihrem Lehrwert unentbehrlich“ betrachteten, meinten andere, dass dem Hörer „zuerst die wirklich lebensvollen Teile der Rechtsgebiete, d.h. also das Schuldrecht, das Sachenrecht, Familien- und Erbrecht und die einzelnen strafrechtlichen Tatbestände“ vorgeführt werden müssten und lediglich ein Hinweis erfolgen könne, „dass vielleicht gewisse allgemeine Merkmale und allgemeine Rechtsbegriffe aus diesem Stoff“ zu gewinnen seien.[104]

So standen sich solche, die „nicht mit einem Schlag die bisherigen Grundlagen des Rechtsunterrichts preisgeben“ wollten, und andere, die eine „Neugliederung des Prüfungs- (und Gesetzes-) Stoffes im Privatrecht nach Lebensgebieten, auf deutsch-rechtlicher Grundlage, unter Beseitigung des 5-Bücher-Systems des BGB“ zu realisieren suchten, gegenüber.[105] Zwischen beiden dia-

---

103 Ohne Autorenangabe, NRWHStA, RW 265, Nr. 21502, Bl. 2. Möglicherweise Denkschrift und Stellungnahme der Münchner Fakultät, die „aber keine Meinungsäußerung der Fakultät als solche, sondern eine Privatarbeit ihrer Verfasser“ sei. Vgl. Lösch, Der nackte Geist, S. 442

104 Vgl. Stellungnahme *Siebert*: „Ein Allgemeiner Teil nach unserem Muster ist den meisten ausländischen Zivilgesetzen überhaupt unbekannt.“ Vgl. NRWHStA, RW 265, Nr. 21497, Bl. 22 ff. Interessant ist in diesem Zusammenhang, dass sich offenbar auch bei *Siebert* eine Entwicklung vollzog. Zunächst hatte er nämlich noch im April 1934 in einem Ergänzungsbericht für die Fachgruppe Richter und Staatsanwälte im BNSDJ, Gau Naumburg/Halle, einschränkend die Ansicht vertreten, dass es „zu einem Teile gewiss notwendig [sei] eine allgemeine Grundlegung“ an den Beginn des Studiums zu setzen. Lediglich „ein gutes Stück des sogen. Allgemeinen Teils“ sollte man erst „nach oder frühestens gleichzeitig mit dem Schuldrecht bringen“. Diesen Ansatz hatte er ein halbes Jahr später verworfen. Vgl. NRWHStA, RW 265, Nr. 21483, Bl. 15/2.

105 NRWHStA, RW 265, Nr. 21502, Bl. 7.

metralen Gruppen bemühten sich wiederum Dritte, die neue Zeit mit traditionellen Ansätzen zu verknüpfen.[106]

Einig war man sich in der Bedeutung der Debatte: Eine Veränderung der Unterrichtsformen und -methoden müsse mit der Examensprüfung abgeglichen werden, denn „wie geprüft wird, so wird studiert".[107]

2. Die Tagung vom 20. und 21. Dezember 1934

Nachdem kurz vor der Tagung *Heymann* in einem Aufruf noch einmal verdeutlicht hatte, dass es sich nicht „um eine Kundgebung, sondern eine Aussprache" handele, bei der das Ministerium „großen Wert" auf die Ansichten der Hochschullehrer lege[108], trafen sich am Ende ca. 170 Hochschullehrer, Vertreter der Partei, des Reichsministeriums für Wissenschaft, Erziehung und Volksbildung sowie der Deutschen Studentenschaft und debattierten über die „Lage und Aufgabe der Rechtswissenschaft".[109]

---

106 So sicherte z.B. *Sauer* aus Königsberg zu, dass bei Erhalt der Rechtsphilosophie eine linientreue Ausbildung erfolgen könnte. Es „würde jeden deutschen Hochschullehrer und insbesondere den Rechtsphilosophen beseelen", wenn „jeder Universitätsprofessor einen Eid dahin [leiste], daß er (auch indirekt) nichts lehrt, was in den Zuhörern auch nur die Ansicht hervorrufen könne, es sei nicht im Einklang mit dem [...] Staatswesen." Vgl. NRWHStA, RW 265, Nr. 21497, Bl. 1. Die Professoren *Wolfgang Kunkel* und *Hans Würdinger* verlangten z.B. zum einen eine „enge Verbundenheit des Rechts mit der Wirklichkeit" und zum anderen nach einer stärkeren Berücksichtigung der Rechtsgeschichte. Auch der „allgemeine Teil" müsse – wenn auch in anderer Form – erhalten bleiben. Vgl. NRWHStA, RW 265, Nr. 21502, Bl. 13.

107 NRWHStA, RW 265, Nr. 21483, Bl. 15.

108 Vgl. Schreiben vom 15.12.34 UAJ, K 462.

109 Als Referenten fungierten: Prof. Dr. *Heinrich Lange* aus Breslau zum Bürgerlichen Recht, Prof. Dr. *Paul Gieseke* aus Marburg zum Handelsrecht, Prof. Dr. *Justus Wilhelm Hedemann* aus Jena zum Recht des Arbeiters, des Bauern und der Wirtschaft, Prof. Dr. *Siegfried Rudolf Hermann Reicke* aus Königsberg zur Rechtsgeschichte, Prof. Dr. *Ernst Heymann* aus Berlin zur Rechtsvergleichung und zum Deutschen Privatrecht, Prof. Dr. *Karl Bräuer* aus Würzburg zur Wirtschaftswissenschaft für Juristen, Prof. Dr. *Hans Kreller* aus Tübingen zum Römischen Recht, Prof. Dr. *Erich Bley* aus Gießen zum Verfahrensrecht, Prof. Dr. *Heinrich Henkel* aus Marburg zum Strafrecht, Prof. Dr. *Karl Larenz* aus Kiel zur Rechtsphilosophie, Prof. Dr. *Paul Ritterbusch* aus Königsberg zur Staatslehre und Politik, Prof. Dr. *Johannes Heckel* aus München zum Staats-, Verwaltungs- und Kirchenrecht und Prof. Dr. *Gustav Adolf Walz* aus Breslau zum Völkerrecht. Vgl. auch Lage und Aufgabe der Rechtswissenschaft, DJZ 1936, 436 f, Vgl. auch Rubrik Hochschullehrertagung, DR 1935, 21.

Über die auf der Tagung gehaltenen Referate ist – mit Ausnahme der später veröffentlichten Referate von *Walz, Heckel, Henkel* und *Larenz*[110] – wenig bekannt. Aufschluss geben aber Mitschriften *Schmitts* sowie Bezugnahmen *Eckhardts* in seinem Schlussvortrag. Danach kann als gesichert gelten, dass die Themen der Tagung allgemein hohen Zuspruch erfuhren und leidenschaftliche Diskussionen zur Folge hatten. Die unterschiedlichen Vorstellungen über die Gestaltung des zukünftigen Studiums – wie sie bereits in den Vorarbeiten deutlich geworden waren – traten nun offen zu Tage. *Heinrich Lange*, dem mit dem Einführungsreferat zum Bürgerlichen Recht eine Schlüsselrolle zugefallen war, bemerkte, dass die Erneuerung des bürgerlichen Rechts nicht sofort erreicht werden könne. Man müsse ein Nah- und ein Fernziel unterscheiden. So setzte er sich dann hinsichtlich des Zivilrechts auch für die „vorläufige Beibehaltung" des einheitlichen bürgerlichen Rechts und seiner Systematik ein, woraus sich die Sondergebiete zu entwickeln hätten.[111] Auch der Jenaer *Justus Wilhelm Hedemann* hielt die „alten Gebiete besser durchgefeilt".[112]

Wesentlich forscher traten die öffentlich-rechtlichen Hochschullehrer auf, deren Profession durch die Machtübergabe weiter an Bedeutung gewonnen hatte. Im Öffentlichen Recht sollte nur die Unterteilung in Verfassung und Verwaltung bleiben. Das alte „Staatsrecht" hingegen hätte ausgedient; der Führer sei nicht mehr der „Souverän", der „Staat" werde vom „Reich" in Assoziation zum „Volk" abgelöst.[113] Nur der „Positivist" würde sich mit der „dürren Antwort begnügen, der Staat sei eben nunmehr nationalsozialistisch, und [...] alles weitere als Streit um Worte und Namen abtun".[114]

Manche plädierten für Übungen, die zeitgleich mit den Vorlesungen abzuhalten seien, was andere wiederum völlig ablehnten. Die einen wollten Pflichtseminare, weil nur im „Selbsterarbeiteten" Gewinn liege (*Larenz*), die anderen standen dem ablehnend gegenüber, weil sich schlichtweg nicht jeder Student für ein Seminar eigne (*Binder*). *Waldmann* wies daraufhin, dass schon im ersten Semester mit der Wissensvermittlung begonnen werden könne, wogegen *Beyerle* zunächst eine „nationalsozialistische Gesellschaftslehre" als Grundlage unterstützte.

---

110 Diese wurden, teilweise verändert, von *Schmitt* veröffentlicht. Vgl. Carl Schmitt (Hrsg.), Berichte zur Lage des Öffentlichen Rechts in Deutschland, in: Der deutsche Staat der Gegenwart, Heft 12, Hanseatische Verlagsanstalt, Hamburg 1935

111 NRWHStA, RW 265, 21497, S. 36.

112 NRWHStA, RW 265, 21497, S. 36.

113 Heckel, Staats-, Verwaltungs-und Kirchenrecht, in: Berichte, S. 11.

114 Heckel, Staats-, Verwaltungs-und Kirchenrecht, in: Berichte, S. 11.

Die gewählten Beispiele zeugen davon, wie moderate und revolutionäre Töne zugleich die Debatte prägten.[115] Die Unvereinbarkeit der Standpunkte beschrieb *Schmitt*: „Keiner will ganz den Anfang, keiner will ganz den Schluss, jeder will etwas ganz." So gab es „viele dringende Stellungnahmen um einzelnes".[116] Allen Referaten und Aussprachen gemein war aber die Annahme, dass die Reformfrage noch nicht entschieden und damit beeinflussbar schien. So bezeichnete *Heckel* sein Referat auch als „vorbereitenden Bericht für die Studienreform".[117]

3. Karl August Eckhardts Schlussreferat

Im Schlussreferat gab *Eckhardt* als Vertreter des Ministeriums Aufschluss über den Neuaufbau des Vorlesungs- und Übungswesens. Hierbei nahm er in einem zusammenfassenden Bericht zu den Vorschlägen der Berichterstatter Stellung.[118] Hatte er am Vortag sich noch „geduldig" die Fachvorträge angehört und zu nahezu jedem eine Wortmeldung beigesteuert, trug er nun seine eigene Ansicht „völlig unbeeinflußt davon" vor.[119] Während die Fakultäten, Referenten und wohl auch *Schmitt* die Reformfrage noch für steuerbar hielten[120], stand das neue Studienmodell tatsächlich bereits vor der Hochschullehrertagung weitgehend fest und wurde von *Eckhardt* nur noch geringfügig modifiziert.[121] Obwohl die Tagung von *Schmitt* initiiert wurde, war eindeutig *Eckhardt* am zweiten Tag die „dominierende Figur", von der man Näheres über die Regierungspläne erwartete.[122]

Die zwischenzeitlichen „Zurufe", die thematisch nicht immer dem Vortrag folgten, machten deutlich, dass die Anwesenden wussten, welche Bedeutung

115 Vgl. die Berichte von *Schmitt* in NRWHStA, RW 265, 21497, S. 36 ff.

116 NRWHStA, RW 265, 21497, ohne Angabe.

117 Heckel, Staats-, Verwaltungs- und Kirchenrecht, in: Berichte, S. 18.

118 Schmitt, Bericht über die Lage und das Studium des ÖR, S. 7.

119 Vgl. Krause, Karl August Eckhardt, S. 6

120 Vgl. dazu auch DR 1935, 21: „Die Studienreform soll, wie Prof. *Eckhardt* als Vertreter des Kultusministeriums hervorhob, nicht von oben her gemacht werden, sondern auf einer eingehenden Prüfung der Verwertung der auf dieser Tagung zum Ausdruck gebrachten Vorschläge und Anregungen beruhen."

121 Vgl. Grothe, Zwischen Geschichte und Recht, S. 198, zudem NRWHStA, RW 265, 1323, 15945, 13557 Briefe von *Franz Beyerle* und *Edgar Tatarin-Tarnheyden* vom 23.12. bzw. 27.12.34 an *Schmitt* sowie Schreiben an *Tatarin-Tarnheyden* vom 07.01.35.

122 Koenen, Der Fall Carl Schmitt, S. 641.

den Aussagen *Eckhardts* beizumessen war. Auch wurden Tagung und Aussprachen von den Beteiligten genutzt, um sich bei *Eckhardt* in Erinnerung zu bringen und für ihre jeweiligen Stoffgebiete zu werben.[123] Die Bedeutung *Eckhardts* wird nicht zuletzt auch daran deutlich, dass mehr als ein Dutzend Professoren ihre Wortmeldung in dem Moment zurückzogen, als er den Tagungsraum verließ.[124] Im Anschluss an *Eckhardts* Referat setzte eine „sehr eingehende“ Generaldebatte ein, in der Bewahrer der bisherigen Systematik nochmals ihren Skeptikern gegenüberstanden.

4. Die Richtlinien vom 18. Januar 1935

Der Studienplan, wie ihn *Eckhardt* in seinem Schlussreferat vorstellte, gelangte als ministerielle Richtlinien am 18. Januar 1935 zur Geltung und komplettierte nach der JAO vom Juli 1934 die langersehnte Reform des Studiums der Rechtswissenschaften.[125]

a) Das neue Rechtsstudium

Eckhardt suchte den Rechtsunterricht „durch kleine technische Behelfsmittel“ insgesamt zu beleben und „durch eine Auflockerung des alten Vorlesungsplanes“ eine „grundsätzliche Neugestaltung“ zu erreichen.[126] Da er fürchtete, dass „jede Gesetzesreform ohne uns gemacht“ werden würde, wenn „wenn wir diese Stunde nicht benutzen“, wollte er mit seiner Umgestaltung „vorausprechen“.[127]

Für sein Vorgehen sprach umso mehr, als mit der verabschiedeten JAO bereits ein erneuertes weltanschaulich-wegweisendes „starkes Rückgrat“ bereitstand, in dem „das Wesentlichste [...] was wir auch wollen, bereits angedeutet“ sei.[128] Dies bedeutete, dass er einerseits den Ausbildungsstoff der JAO berücksichtigen wollte, andererseits jedoch den übriggebliebenen Spielraum entspre-

---

123 Deutlich wird dies z.B. an der „Volkswirtschaftslehre“, mit deren „abgeordneten Vertretern“ sich *Eckhardt* noch während der Tagung „erfreulicherweise geeinigt“ hatte. Vgl. Eckhardt, Das Studium der Rechtswissenschaft, S. 26.

124 Vgl. Koenen, Der Fall Carl Schmitt, S. 642.

125 Richtlinien für das Studium der Rechtswissenschaft, DJZ 1934, 167.

126 Vgl. Eckhardt, Studium der Rechtswissenschaft, S. 16.

127 Eckhardt, Das Studium der Rechtswissenschaft, S. 16/17. In den Richtlinien bekräftigte er, die „Gesetzgebung darf nicht Auftakt, sondern muss Schlußstein“ des Ringens um eine nationalsozialistische Ausbildung sein. Vgl. Richtlinien für das Studium der Rechtswissenschaft, DJZ 1934, 167/168.

128 Eckhardt, Das Studium der Rechtswissenschaft, S. 23.

chend auszunutzen gedachte. Das Studium der Rechtswissenschaften nach *Eckhardt* blieb auf sechs Semester zugeschnitten, wobei er selbst „dringlichst" zu „sieben oder acht" Semestern riet. Als verbindlicher Studienstart wurde das Wintersemester festgelegt[129], was mit dem Entlassungstermin für Arbeitsdienst und Reichswehr abgestimmt wurde.[130]

Die beiden Anfangssemester dienten dabei dem Kennenlernen der „völkischen Grundlagen der Wissenschaft" und sollten vor allem Vorlesungen über „Rasse und Sippe, Volkskunde und Vorgeschichte, über die politische Entwicklung des deutschen Volkes, besonders in den letzten hundert Jahren" beinhalten. Um die ersten beiden Semester den „völkischen Grundlagen" zu sichern, war das Anzeigen rechtswissenschaftlicher Wahl- und Spezialvorlesungen in diesem Zeitraum untersagt. Im dritten, vierten und fünften Semester sollte dann mit dem eigentlichen Fachstudium der Ausbildungsschwerpunkt erfolgen. Die große Zahl der für die Prüfung maßgeblichen Vorlesungen fand in diesen Semestern statt. Das sechste Semester war schon von Vorlesungen weitgehend entlastet, um auf die erste juristische Staatsprüfung überzuleiten. Hier sollten vor allem Übungen, Klausurenkurse, Konservatorien und Seminare das Studium prägen.[131]

b) Inhaltliche Änderungen

An die JAO anknüpfend, setzte *Eckhardt* die Bemühungen fort, den Fächerkanon aus der Umklammerung der großen Gesetzeswerke zu lösen und zugleich dem neuen Erfordernis einer verstärkten Allgemeinbildung Rechnung zu tragen.

aa) Die neue Fachausbildung

Als systematischen Ausgangspunkt wählte er die Überwindung des Unterschiedes zwischen Privatem und Öffentlichem Recht. Hierin sollte die natio-

---

129 Bis dahin konnte man sowohl im Sommer- wie im Wintersemester das Studium aufnehmen, was für die Studierenden keinen Unterschied machte, da alle großen Vorlesungen jedes Semester gelesen wurden.

130 Gemäß der neuen Weltanschauung waren Härtefälle „die wegen körperlicher Gebrechen nicht in den Arbeitsdienst kommen und ihr Studium deshalb später beginnen müssen" nicht weiter zu berücksichtigen. *Eckhardt* konnte „gegenüber diesem Argument nur […] Verständnislosigkeit zum Ausdruck bringen", Eckhardt, Das Studium der Rechtswissenschaft, S. 21.

131 Zum Ganzen: Vgl. Eckhardt, Das Studium der Rechtswissenschaft, S. 30.

nalsozialistische Weltanschauung im Recht ihren Ausdruck finden.[132] Daher galt es vor allem die bestehende Systematik des Privatrechts zu zerstören, wie sie insbesondere in der Fünf-Bücher-Ordnung des BGB niedergelegt war. Hier hatte die JAO bereits entscheidende Vorarbeiten geleistet, weil sie mit ihren Prüfungsfächern die Rechtsbereiche bereits von den großen Gesetzeswerken getrennt hatte. Diese an „konkrete Lebensordnungen" orientierte Einteilung übernahm auch *Eckhardt.* Sie führte zur Auflösung alter bewährter, und zur Konzeption neuer – meist aus Kombinationen entstehender – Vorlesungen.

(1) Die Grundlagenfächer

Anstelle der bisherigen „Einführung in die Rechtswissenschaften" trat im ersten Semester jetzt „Deutsches Recht", das deren Funktion übernahm und die Rechtswissenschaften in „großen Linien" vorstellte.

Hinzu kam die „Germanische (oder Deutsche) Rechtsgeschichte", welche die Rechtsentwicklung bis zum 14. Jahrhundert und die Entwicklung der einzelnen Rechtsinstitute aufzeigen, sowie nach dem Willen *Eckhardts* auch ins Skandinavische vorstoßen sollte.[133] Im zweiten Semester ergänzte die „Verfassungsgeschichte der Neuzeit", im fünften Semester die „Antike Rechtsgeschichte" die rechtshistorische Ausbildung. Zum Abschluss des Studiums im sechsten Semester erfolgte dann noch mit der „Privatrechtsgeschichte der Neuzeit" (bisheriges „Deutsches Privatrecht" und „Römisches Privatrecht" ab dem Mittelalter, auch rechtsvergleichend) eine Fachneuschöpfung. Die „Rechts- und Staatsphilosophie" komplettierte den Vorlesungsstoff.

(2) Das neue Zivilrecht

Größten Handlungsbedarf erkannte Eckhardt im Bürgerlichen Recht. Hier sei „fast noch nichts geschehen", so dass die „erstarrte Materie" nunmehr einer umfassenden Neukonzeption unterworfen werden müsse.[134] Konkret hieß das, dass alle bisherigen BGB-Vorlesungen („Allgemeine Lehren", „Schuldrecht AT", „Schuldrecht BT", „Sachenrecht" und „Erbrecht") vollumfänglich ersetzt wurden. Den Auftakt bildete im ersten Semester die Veranstaltung „Familie", in der das Recht der natürlichen Personen mit der Geschäftsfähigkeit sowie die

132 In einer Gesellschaft, in der auch das „Private" von politischen und damit öffentlich-rechtlichen Belangen tangiert wurde, konnte es denknotwendig keine Bereiche geben, in denen der Staat außen vor blieb. Angesichts dessen, war auch für ein „bürgerliches" Recht kein Platz.

133 Eckhardt, Das Studium der Rechtswissenschaft, S. 25.

134 Eckhardt, Das Studium der Rechtswissenschaft, S. 28.

Grundzüge des Erbrechts und das Familienrecht ohne Güterrecht dargestellt werden sollten.[135]

Im zweiten Semester folgte mit „Vertrag und Unrecht“ eine grundlegende Vorlesung über vertragliche und deliktische Haftung. Hinzu kam das neugeschaffene Kolleg „Bauer“.[136]

Das dritte Semester führte die Studierenden dann mit „Boden“ in die nicht erbhofgebundenen Liegenschaften und mit „Ware und Geld“ in das Fahrnisrecht des BGB und des HGB ein. Maßgeblich in diesem Zusammenhang war die jeweilige Darstellung von Mobiliar- und Immobiliarsachenrecht sowohl in obligatorischer als auch in dinglicher und verfahrensmäßiger Hinsicht. Damit wurde das Trennungsprinzip des BGB zumindest vorlesungstechnisch aufgeweicht.[137]

Im vierten Semester fand das „Familienerbe“, also die Vermittlung des ehelichen Güterrechts und das übriggebliebene Erbrecht, Berücksichtigung. Zugleich erfolgten mit „Geistiges Schaffen“, „Handel und Gewerbe“ und „Gesellschaften“ zivilrechtliche Sondervorlesungen – die wiederum frühere Vorlesungen wie „Patent- und Urheberrecht“ oder „Handelsrecht“ ablösten.

Im fünften Semester sollte in „Rechtsstreit“, das Erkenntnisverfahren der ZPO gelehrt werden. Daneben waren mit „Wertpapiere“, „Arbeiter“ und „Unternehmer“ weitere zivilrechtliche Spezialvorlesungen vorgesehen.

Das sechste Semester komplettierte schließlich mit „Vollstreckung“ die rechtswissenschaftliche Fachausbildung. Hinzu kam als Sonderfach die „Anwendung fremden Rechts“ als Terminus für das „Internationale Privatrecht“.

---

135 Eckhardt, Das Studium der Rechtswissenschaft, S. 29.

136 Eckhardt, Das Studium der Rechtswissenschaft, S. 27.

137 Ein „juristischer Laie“ würde es nie verstehen, „daß man den Kaufvertrag über ein Grundstück in einer anderen Vorlesung behandelt als die Auflassung.“ Das Traditionsprinzip, welches sich auch nicht in anderen Rechtsordnungen „auch nicht im römischen Recht“ finden lasse, habe der „Begriffsjurisprudenz“ in den letzten Jahrhunderten die „höchsten Triumphe“ beschert. „Es fragt sich, ob wir schon jetzt […] auf die deutschrechtliche Wurzel zurückgehen und […] sagen: es gibt kein einheitliches Sachenrecht, sondern es gibt nur ein Fahrnis- und ein Liegenschaftsrecht, die Ware ist etwas grundlegend anderes als der Boden und infolgedessen gehören die Vorschriften über die Übereignung der Ware zusammen mit dem Handelskauf und die Vorschriften über den Liegenschaftskauf zusammen mit dem Grundbuchrecht.“ Vgl. Eckhardt, Das Studium der Rechtswissenschaft, S. 30.

(3) Das Öffentliche Recht

Die Ausbildung im Öffentlichen Recht begann im ersten Semester mit „Volk und Staat" als politischen Teil der früheren „Allgemeine Staatslehre". Das eigentliche Fachstudium begann im dritten Semester mit „Verfassung" als erneuertem Staatsrecht.[138] Es folgte „Verwaltung" (Verwaltungsrecht) im vierten Semester; „Finanzrecht" im fünften Semester sowie „Völkerrecht".[139] Im sechsten Semester wurde noch Kirchenrecht angeboten.

(4) Das Strafrecht

Die strafrechtliche Schulung begann im dritten Semester mit „Verbrechen und Strafe" als Verbindung des Allgemeinen mit dem Besonderen Teil und fand im vierten Semester mit „Strafverfahren" sowohl ihre Fortsetzung wie ihren Abschluss.

bb) Die verstärkte Allgemeinbildung und politische Schulung

Die JAO hatte neben der Fachausbildung als zweite Säule eine verstärkte Allgemeinbildung postiert. In deren Rahmen sollte auch die von *Freisler* vehement geforderte Charakterschulung im Sinne der neuen weltanschaulichen Maßstäbe erfolgen.

Die *Eckhardtsche* Studienreform enthielt eine einjährige „Findungsphase" zu Beginn des Studiums, in der man sich verstärkt der Allgemeinbildung des Studierenden widmete. Hatte die JAO darunter neben einer inhaltsreicheren Auseinandersetzung mit der Geschichte vor allem eine Möglichkeit nationalsozialistischer Grundlagenarbeit gesehen, zeigte sich die Studienordnung pragmatischer. Lediglich „Volk und Staat" (1. Semester, als politischer Teil der bisherigen „Allgemeinen Staatslehre") sowie „Volk und Rasse" (2. Semester) und – mit Abstrichen – „Neueste politische Geschichte der letzten 100 Jahre"

---

138 Die Titelbezeichnung geht wohl auf *Heckel* zurück: „Die Wissenschaft des nationalsozialistischen politischen Volksrechts [...] darf künftig nicht mehr „Staats"Recht heißen. Mir würde es richtig erscheinen, für die Vorlesung a potiori den Namen „Verfassung des deutschen Volkes" zu wählen. Der Ausdruck „Verfassung" ist im akademischen Unterricht eingeführt [...]" vgl. Heckel, Berichte, S. 17.; ebenso Stolleis, Geschichte des ÖR in Dtl., Bd. 3, S. 342.

139 Obwohl die JAO Kenntnisse in diesem Fach überhaupt nicht als prüfungsrelevant eingestuft hatte. Damit schloss sich *Eckhardt* denjenigen an, die für eine weite – das Völkerrecht umfassende – Interpretation vom „Recht des deutschen Staates" (§ 5 Nr. 1 JAO) plädiert hatten. Vgl. NRWHStA RW 265, Nr. 21502, Bl. 16.

(2. Semester) trugen eindeutig ideologische Züge, weil ihr Inhalt zwingend die nationalsozialistische Bewegung zum Gegenstand hatte.

Dagegen waren „Volkskunde“ (2. Semester) und „Sippenforschung“ (1. Semester) zwar wünschenswerte Veranstaltungen, deren Inhalt *Eckhardt* aber nicht näher konkretisierte. Mit „Vorgeschichte“ und „Germanische Rechtsgeschichte“, aber auch „Deutsches Recht“, standen wiederum bereits bekannte z.T. rechtshistorische Lehrveranstaltungen am Beginn des Studiums. Zudem sollte jeder Student hören „wozu sein Herz ihn treibt“ und folglich „jede Vorlesung aus jeder Fakultät und jedem Stoffgebiet“ besuchen können.[140]

c) Strukturelle Traditionsbrüche

Neben inhaltlichen Änderungen brachte die Studienordnung *Eckhardtscher* Prägung auch strukturelle Neuerungen mit sich. Neben einer neuen Vergütung der Hochschullehrer betraf dies vor allem die Abschaffung von Pflichtvorlesungen – jeglicher Belegungszwang sollte unterbleiben[141] – und die Verbindung von Hauptvorlesung und Übung unter Leitung desselben Dozenten.[142]
Ein fester Rahmenplan, der jede Vorlesung einem bestimmten Semester zuordnete[143] und zugleich ein früheres Hören verbot, brach mit dem Prinzip, wonach es das Prestige einer großen Fakultät gebiete, jede Hauptvorlesung in jedem Semester anbieten zu müssen.

Am markantesten aber war die Einführung eines neuen Qualitätsmerkmals – die sogenannte Besternung. Um die Studierenden nicht ohne weiteres in das Studium „hineintappen“ zu lassen, sollte ihnen ein Wegweiser an die Hand ge-

---

140 Beispielhaft nannte *Eckhardt* hier „Vorlesungen über das Weltbild der modernen Physik, über Kulturgeschichte, über die Edda“, Eckhardt, Das Studium der Rechtswissenschaften, S. 31.

141 „Die Justizausbildungsordnung verlangt, dass sich der Student über gewisse Fächer unterrichtet; sie verlangt aber nicht, dass er bestimmte Vorlesungen gehört oder belegt hat. Infolgedessen halte ich es für richtig, die Kategorie der Pflichtvorlesung überhaupt zu streichen. (Lebhafter Beifall) Es gibt in Zukunft nur noch Pflichtvorlesungen für die Fakultäten, aber nicht mehr Pflichtvorlesungen für die Studenten. (Zustimmung)“ Vgl. Eckhardt, Das Studium der Rechtswissenschaft, S. 22.

142 Mit letzterer Synchronisation sollte der Hochschullehrer überprüfen können, ob ihn seine Hörer verstanden hätten. Den Studierenden wiederum würde aufgrund der engen Verknüpfung zugleich auch ein Besuch der Hauptvorlesung nahegelegt.

143 Im Wintersemester wurden daher künftig nur Vorlesungen für Studierende des ersten, dritten, fünften und gegebenenfalls siebten Semesters angeboten, während dem Sommersemester die Vorlesungen der Zweit-, Viert-, Sechst- und gegebenenfalls Achtsemestlern vorbehalten waren.

geben werden, der ihnen die Wichtigkeit der verschiedenen Vorlesungen anzeigte. Dies versuchte *Eckhardt* durch ein anschauliches Bewertungssystem zu realisieren, in dem er den jeweiligen Vorlesungen entweder zwei Sterne (für „hervorragend wichtige" Veranstaltungen), einen Stern (für „stark empfehlenswerte" Veranstaltungen) bzw. keinen Stern zuordnete. Von dieser Eingebung ließ sich *Eckhardt* auch nicht durch Zwischenrufe wie „wie im Baedeker!" abbringen.[144] Nach seiner Grundsatzentscheidung stellte er spätere Änderungen in Aussicht.[145]

d) Zeitgenössische Bewertungen

Die Bewertung durch die zeitgenössischen Rechtswissenschaftler fiel dann auch unterschiedlich aus. Für die einen war der Studienplan ein „Vorläufer für die Erneuerung auf den anderen Studiengebieten" und ein „groß angelegter Versuch [...] die nationalsozialistische Universität Wirklichkeit werden zu lassen"[146]. Andere glaubten nicht „dass sich dieser Studienplan lange halten" würde und dass er letztlich nur „eine Umstellung des Stoffes" bewirken werde.[147] Eine „deutsche Rechtserneuerung" könne von ihm jedenfalls nicht ausgehen, mutmaßte *Beyerle,* weil „nach der Pionierarbeit *Carl Schmitts*" dem „abstrakt normativistischen System" keine „lebendige Ordnung" entgegengesetzt worden sei, sondern man „sich mit ein paar losen Etiketten begnügt habe".[148]

e) Schlussfolgerungen und Einschätzungen

Die Studienordnung, wie sie *Eckhardt* konzipierte, enthielt zahlreiche Elemente eines Neuaufbaues, kollidierte aber auch mit den Vorgaben der JAO.

Auch wenn die Studienordnung schon vor der Tagung zu großen Teilen feststand, diskreditiert sich die in der zeitgenössischen Literatur als „Gemeinschaftsarbeit zwischen dem Reichserziehungsministerium und einer Gruppe nationalsozialistischer Hochschullehrer" gepriesene Studienordnung noch nicht.

---

144 Vgl. Eckert, Juristenausbildung, S. 399.

145 „Wir müssen die Frage erst einmal im Prinzip regeln und können dann später immer noch nachprüfen, wenn es sich zeigt, dass wir über das Ziel hinausgeschossen sind." Eckhardt, Das Studium der Rechtswissenschaften, S. 22.

146 Höhn, DR 1935, 51-53.

147 Frassek, Lebensordnung, S. 53 mwN.

148 Beyerle, ZStaatsW 1938, S. 385 ff.

Zwar liegt angesichts abweichender Konferenzbeiträge und verschiedener Interventionen im Nachgang nahe, dass mit der Hochschullehrertagung lediglich der Schein der Mitgestaltung gewahrt werden sollte[149], dennoch wurde durch die den Fakultäten und Hochschullehrern im Vorfeld gegebene Möglichkeit zu eigenen Vorschlägen und Vorstellungen – und durch deren rege Inanspruchnahme – der späteren Studienordnung tatsächlich der Boden bereitet. Sie wirkten insoweit im Mindesten inspirierend. Es ist nachweisbar, dass die Studienordnung unter Berücksichtigung der Vorreformen und des eingegangenen Materials entstand, was sich z.B. an deutlichen Parallelen zu den *Siebertschen* Ausführungen zeigen lässt, deren Vorstellungen sie im Wesentlichen aufnahm.[150] Ferner finden sich auch die von *Heckel* auf der Tagung vorgeschlagenen Stundenzahlen für den Bereich des Öffentlichen Rechts. Hinsichtlich der rechtsgeschichtlichen Vorlesungen und ihrer Trennung übernahm sie sogar Entwürfe des Ministeriums, die vor *Eckhardts* Engagement lagen. Auch wurde die Tagung von einzelnen Fachvertretern genutzt, um ihre jeweiligen Positionen durchzusetzen.

Unter diesem Blickwinkel kann die Studienordnung letztlich dennoch als die von *Eckhardt* gewünschte „geistige Auseinandersetzung" mit „Vertretern aller Richtungen" bezeichnet werden.[151] An ihrer Durchsetzung als staatlich oktroyierter Studienplan ändert dies freilich nichts.

aa) Der äußere Vorlesungsaufbau

Augenscheinlichster Unterschied der Studienordnung zur Juristenausbildung vor 1933 war die veränderte Gliederung und die Aufteilung in Rubriken. Die Neugliederung stellte den „großzügigen Versuch" dar, „an die Stelle der alten

---

149 So Lösch, Der nackte Geist, S. 442 mit der Begründung, dass während der Ausarbeitung keine Rücksprache mit den Kollegen von den Fakultäten erfolgte, obgleich Dekan *Heymann* als Vermittlungsperson eingesetzt worden war.

150 Auch die *Siebertsche* Neugliederung des bürgerlichen Rechts begann mit dem Personenrecht. Die Darstellung der Einzelperson „von Anfang an [...] in ihrer Gliedstellung zur Gemeinschaft" sei wichtig, „damit die Vorstellung der ‚selbständigen' (im Sinne von ‚isolierten') Einzelperson gar nicht erst auftauchen" könne. Hinsichtlich des übrigen Stoffes nämlich der Rechtsgeschäftslehre, dem Schuldrecht und dem Sachenrecht bevorzugte *Siebert* eine Voranstellung des Sachenrechts wegen dessen „deutschrechtlichen Standpunktes" vor dem Schuldrecht. Seine Vorlesungsgliederung (z.B. Bodenrecht, Bauernrecht, Arbeit, Ware und Geld, Delikts- und Gefährdungshaftung (Unrechtshaftung, Verkehrshaftung etc.) übernahm später *Eckhardt*. Vgl. NRWHStA, RW 265, Nr. 21497, Bl. 28.

151 Eckhardt, Das Studium der Rechtswissenschaften (1940), S. 8.

liberalen Form des Rechtsunterrichts eine den nationalsozialistischen Forderungen entsprechende […] einheitliche Ordnung zu setzen."[152] An die liberale Zweigliederung von Staat und Gesellschaft trat nun die offiziell gewordene *Schmittsche* Dreigliederung von Staat, Bewegung und Volk.[153]

Mit dieser Akzentverschiebung ging ebenso eine Umwertung der einzelnen Fächer einher. So wies die Abteilung „Geschichte" mit bis zu 24 Unterrichtsstunden den Löwenanteil des künftigen Rechtsstudiums auf. Ihr folgte die Rubrik „Rechtsverkehr", die im Wesentlichen große Teile des alten Zivilrechts bündelte, mit 20 Semesterstunden. Die Abteilung „Rechtsschutz" mit den prozessualen Vorschriften kam auf 15 Semesterstunden. „Volk" mit 13 Semesterstunden und „Staat" mit 11 Semesterstunden standen noch vor dem „Außerstaatlichen Recht" (9 Semesterstunden) und „Stände" (7 Semesterstunden). Schlusslicht bildete die Rechtsphilosophie mit 4 Semesterstunden.

Eine unverzerrte Auflistung nach dem bisherigen System ist nicht möglich, da nach der neuen Konzeption einzelne Vorlesungen privatrechtliche und öffentlich-rechtliche Themenbereiche zusammenfassen sollten. Simplifiziert dargestellt, zeigt sich bei einem solchen Versuch jedoch folgendes Bild: ca. 33 Semesterstunden Zivilrecht, ca. 24 Semesterstunden Öffentliches Recht, ca. 9 Semesterstunden Strafrecht sowie ca. 32 Semesterstunden Geschichte und sonstiges.

Insgesamt lassen sich daraus vor allem zwei Erkenntnisse ableiten: Zum einen wurde – naturgemäß als Spätfolge der Machtübergabe – das Öffentliche Recht stundenmäßig aufgewertet, wenngleich es das Zivilrecht noch nicht erreichte. Zum anderen war der hohe Anteil rechtshistorischer Vorlesungen auffällig. Die Aufwertung der Rechtsgeschichte war vor dem Hintergrund der Konzeption der Studienordnung durch den Rechtshistoriker *Eckhardt* erklärbar. Sie hatte sich aber schon zuvor in den Fluren der Kultusministerien durchgesetzt.[154] Insofern ist die starke Einbindung der Rechtsgeschichte in das rechtswissenschaftliche Studium ein Beleg dafür, dass der bislang angenom-

---

152 Jescheck, Juristenausbildung, S. 161.

153 Bung, DR 1935, 197.

154 In einer Denkschrift vom Februar 1934, also noch vor *Eckhardts* Engagements, hieß es: „Neben der juristischen Ausbildung des Studenten findet eine eingehende geschichtliche und politische Bildung statt. […] Die deutsche politische Geschichte muß von jedem Juristen wenigstens in den Grundzügen, die neueste Geschichte auch in Einzelheiten beherrscht werden. Ebenso müssen ihm die Einzelheiten der staats- und verfassungsgeschichtlichen Entwicklung lebendig sei[n]." Vgl. Grothe, Carl Schmitt und die „neuen Aufgaben der Verfassungsgeschichte" im Nationalsozialismus, Rn. 5 mwN.

mene Alleingang *Eckhardts* sich nur auf bestimmte Positionen „seiner“ Studienordnung bezog.

bb) Der innere Vorlesungsaufbau

Vergleicht man die Studienordnung mit Vorlesungsplänen vor 1933 ist weiter offensichtlich, dass die Vermittlung der Rechtsmaterie nunmehr außerhalb der großen Gesetze stattfinden sollte. Die JAO hatte bereits mit der Einteilung der Fächer in Lebens- und Arbeitsbereiche die neue Systematik vorgezeichnet, die *Eckhardt* bereitwillig aufnahm und als Vertreter der sog. „Kieler Schule“ um das Theorem des „konkreten Ordnungsdenkens“ anreicherte. Die Studienordnung versuchte, diesem neuen Gesellschaftsaufbau durch einen veränderten Fächerkanon Rechnung zu tragen. Durch die Fokussierung auf die verschiedenen „konkreten Ordnungen“ wie „Familie“, „Bauer“, „Boden“, „Arbeiter“, „Unternehmer“ etc. kam es zu einer gewollten Loslösung dieser „Lebenseinheiten“ vom gesetzlichen System des BGB in mehrerlei Hinsicht.

Zum einen bewirkte es in horizontaler Richtung eine Verwischung der privat-, straf- und öffentlich-rechtlichen Bestandteile und damit eine Auflösung des Unterschiedes zwischen Öffentlichem und Privatrecht.

Daneben erhielten die durch das „konkrete Ordnungsdenken“ hervorgerufenen unterschiedlichen Wertebenen und „natürlichen Lebensordnungen“ nunmehr den Vorzug vor den Vereinheitlichungstendenzen des geltenden Rechts. Daher erklärte sich die vehemente Ablehnung allgemeiner Teile und allgemeiner Lehren.

Weiter wurde das alte BGB künstlich aufgespalten und die verschiedenen Bereiche nun systemfrei unterschiedlichen Vorlesungen zugeordnet. Diese Vermischung zerstörte die Systematik des BGB, weil nun Teile aus verschiedensten Büchern ohne deren Gesamtbetrachtung gelehrt werden sollten.

Aus dem alten „Allgemeinen Teil des BGB“ wurden Normteile der „Familie“ (personenrechtliche Bestimmungen, Minderjährigenrecht), „Vertrag und Unrecht“ (Rechtsgeschäftslehre, §§ 116-240 BGB) und „Ware und Geld“ (Sachendefinitionen, §§ 90 ff. BGB) zugewiesen.

Die alte Vorlesung „Schuldrecht“ fand sich nun sowohl in „Vertrag und Unrecht“ (§§ 241-432 BGB, dazu §§ 677 ff.; 812 ff., 823 ff.) als auch in „Ware und Geld“ (Schuldrecht Besonderer Teil) und in „Boden“ (Miete und Pacht) wieder.

Das frühere „Sachenrecht“ begegnete den Studierenden sowohl in „Boden“ (hinsichtlich der nicht erbhofgebundenen Liegenschaften, Grundpfandrechte und Kreditsicherheiten), in „Bauer“ (hinsichtlich des Erbhofrechts) aber auch in „Ware und Geld“ (Fahrnissachenrecht).

Die früheren Vorlesungen „Familienrecht“ und „Erbrecht“ wurden hinsichtlich der vermögensrechtlichen Bestimmungen im „Familienerbe“ vereinigt; die personenrechtlichen Bestimmungen (Recht der natürlichen Personen, Geschäftsfähigkeit) dagegen in einer eigenen Veranstaltung „Familie“ erörtert.

Die arbeitsrechtlichen Regelungen des BGB flossen in „Arbeiter“ ein; die gesellschaftsrechtlichen Bestimmungen in „Gesellschaften“ und die Wertpapierregelungen in „Wertpapiere“.

Dieses Zerfledern des BGB ist letztlich das Kernstück der Reform. Ihr liegt das „rechtspolitische Ideal“ einer „Gemeinschaft jüngerer Kieler Hochschullehrer“[155] um *Eckhardt* zugrunde, sämtliche bislang in einem Gesetz vereinigte Rechtsteile zu Einzelgebieten mit eigenen, ihnen wesensmäßig zugehörigen Sonderregeln zu formieren. Daher wurde z.B. auch eine Vereinigung des Familienrechts mit dem Vertrags- und Vermögensrecht in einem Gesetz, wie sie das BGB mit dem 1., 2. und 4. Buch vorsah, aufgrund der unterschiedlichen Wertebenen, scharf abgelehnt. Einen, beide Bereiche umfassenden Allgemeinen Teil, konnte es nicht geben, stattdessen bemühte man sich, das allgemeine Vertragsrecht des BGB allein auf das Vermögensrecht zu beschränken. Hinzu kamen Verschmelzungstendenzen mit dem Verkehrsrecht des HGB. Die Untergliederung von „Bauer“ und „Boden“ auf der einen und „Ware und Geld“ auf der anderen Seite betonte den tiefen Wesensunterschied zwischen Boden– und Verkehrsrecht und löste darüber hinaus den Boden als sogenannte „Heimat, Lebens-, Nahrungs- und Arbeitsgrundlage des deutschen Volkes“[156] aus dem Recht des Güterumsatzes ebenso heraus, wie es das Bauernrecht zur Grundlage einer ständischen Ordnung machte.

Bei den Vorlesungen „Vertrag und Unrecht“, „Ware und Geld“ sowie „Boden“ ging es rechtsdogmatisch auch um die Begründung unterschiedlicher Grundsätze für Fahrnis- und Bodenrecht, eine Beseitigung des einheitlichen Verfügungsgeschäfts sowie eine möglichst umfassende Verschmelzung von Verpflichtung und Verfügung. So sollte die Studienordnung im Bereich des Zivilrechts letztlich in der Aufhebung des Trennungs- vor allem aber des Abstraktionsprinzips gipfeln. *Eckhardt* schwebte eine Art Fallrecht vor, welches allein auf deutschrechtlichen Wurzeln beruhen sollte.[157] Dogmatisch verbunden

---

155 namentlich – nach *Lange – Larenz, Siebert* und *Wieacker*.

156 Lange, Grundfragen (1942), S. 15.

157 Tatsächlich lässt sich, in Anlehnung an seinen eigenen germanistischen Forschungsschwerpunkt, eine besondere Betonung der deutschrechtlichen Elemente gegenüber den römisch-gemeinrechtlichen in der Studienordnung erkennen. So auch Eckert, Juristenausbildung, S. 403.

war damit schließlich die Aufhebung der Trennung von Schuld- und Sachenrecht. Verständlich, wenn Kritiker die Studienordnung als „schärfsten Kampf gegen den BGB-Bereich und sein System“ bezeichneten.[158]

Im Übrigen brachte die Studienordnung zunächst nur eine Umbenennung: z.B. die Zusammenfassung von Urheber-, Erfinder- und Verlagsrecht in „Geistiges Schaffen“, das 1. Buch des HGB und die Grundgedanken der Gewerbeordnung sowie des unlauteren Wettbewerbs, Handelsregister und Handelsgerichtsbarkeit zu „Handel und Gewerbe“.

Besonders im öffentlich-rechtlichen und strafrechtlichen Bereich, beides keine Domänen von *Eckhardt*, blieb die Studienordnung offensichtlich moderat: Das Verwaltungsrecht firmierte unter „Verwaltung“; das bisherige Staatsrecht unter „Verfassung“ und auch im Strafrecht verschwand lediglich die Unterscheidung in „Allgemeiner und Besonderer Teil“, die aber in der Praxis durch „Verbrechen und Strafe, Teil I und II“ wieder auflebte.

Die von *Eckhardt* gewählten Fächerbezeichnungen vermieden allesamt Bezugnahmen zum Wort „-recht“. Es erscheint folgerichtig in dieser „gewaltsamen, gelegentlich befremdlichen Nomenklatur“ neben der Rechtsskepsis auch die Anhängerschaft *Eckhardts* zu *Schmitts* „konkretem Ordnungsdenken“ zu erblicken, wonach die „konkreten Lebensordnungen und -funktionen ihr Recht bereits in sich trügen“ – wie schon *Wieacker* herausstellte.[159]
Zu den weiteren wesentlichsten Änderungen zählte ohne Zweifel die Abschaffung von Pflichtvorlesungen für die Studierenden. Die damit verbundene Freizügigkeit blieb aber letztlich aufgrund der Forderungen in der JAO nach einem ordnungsgemäßen Studium und damit nach einer obligatorischen Belegung vieler Rechtsmaterien überschaubar. Nicht zuletzt verdiente die Verbindung von Hauptvorlesung und Übung unter Leitung desselben Hochschullehrers im selben Semester noch Beachtung.

Die Einführung einer Wertigkeitsskala der einzelnen Vorlesungen durch die Besternung führte zu einem umgehend einsetzenden „Kampf um die Sterne“.[160] *Eckhardt* selbst hatte wohl weniger eine echte Unterscheidung in wichtige und weniger wichtige Rechtsmaterien im Sinn, wie bereits die semantische Entsprechung von „stark empfehlenswert“ und „hervorragend wichtig“ nahe-

---

158 Lange, Grundfragen (1942), S. 15.
159 Wieacker, Privatrechtsgeschichte der Neuzeit, S. 556.
160 Vgl. Nehlsen, ZRG GA 104 (1987), S. 497 (504).

legt. Zudem erwartete er von den Studierenden, dass sie sowohl die einsternigen wie auch die zweisternigen Vorlesungen hörten.[161]

cc) Die Hebung der Allgemeinbildung

Der Schwerpunktverlagerung auf die besondere Charaktererziehung, wie sie die JAO forderte, kam die Studienordnung dagegen nur unzureichend nach. *Eckhardts* Vorstellungen von allgemeinbildenden Vorlesungen zu Studienbeginn waren als Hochschullehrer vor allem akademischer Art. Dies bestätigt sich auch darin, dass er z.B. für die Veranstaltungen „Volkskunde", „Sippenkunde" oder „Volk und Rasse" keinen Belegzwang (keine Besternung) statuierte, sondern den Studierenden deren Teilnahme ins eigene Ermessen stellte. Weiter sollte der „langsame Anlauf" einen etwaigen Fachwechsel erleichtern, weil durch die akademische Freiheit die eigenen Interessenschwerpunkte deutlicher zu Tage treten könnten. Schließlich hielt er eine politische Schulung erst dann für sinnvoll, wenn sich das Personal an den Hochschulen entsprechend dem neuen Geist angepasst hätte.[162] Diese Einstellung teilte er mit anderen Nationalsozialisten.[163]

In den Leitsätzen für die Fakultäten, die er den Richtlinien beifügte, ermahnte *Eckhardt* seine Hochschulkollegen, dass „Nationalsozialismus [...] kein Lippenbekenntnis, sondern eine Weltanschauung" sei, in der es nicht auf „abgegriffene Schlagworte, sondern auf den Inhalt" ankäme. Folglich empfahl er den Studierenden die Aufnahme des Studiums an den rechtswissenschaftlichen Grenzlandfakultäten in Kiel, Breslau und Königsberg, die als „politischer Stoßtrupp" beim „Neuaufbau der Universitäten" ausersehen waren. Nur dort seien die Voraussetzungen einer wirklich nationalsozialistischen Rechtswahrerschulung gegeben. *Eckhardt* zufolge war die Weltanschauung nur durch die

---

161 Vgl. Eckhardt, Das Studium der Rechtswissenschaften, S. 28.

162 „Wenn ich gestern gesagt habe, wir könnten erst dann die politische Prüfung für uns in Anspruch nehmen, wenn wir hundertprozentige Nationalsozialisten auf der Universität sind, so habe ich damit nicht gemeint: hundertprozentige Parteigenossen. Ich rechne nicht den zum Nationalsozialismus, der bloß in der Partei ist, sondern den, der ihn erlebt hat. [...] Den Nationalsozialismus kann man – ich will nicht sagen: nur aber – fast nur durch die SA erleben." Vgl. Eckhardt, Das Studium der Rechtswissenschaft, S. 24/25.

163 Vgl. Stuckart, Nationalsozialistische Rechtserziehung, S. 44: „Es sollen hier nicht die Schwierigkeiten unterschätzt werden, die der Behandlung der einzelnen Lebensgebiete in ihrer politischen, geschichtlichen, volkswirtschaftlichen und rechtlichen Bedeutung durch einen Dozenten in einer geschlossenen Vorlesung erwachsen. Sie erfordert vor allem eine innere Umstellung im einzelnen Dozenten."

SA bzw. sonstige Verbände wirklich erfahrbar, so dass er offensichtlich einer Sondervermittlung im Studium zweifelnd gegenüber stand. Dies erklärt auch den an sich geringen Anteil ideologisch eindeutiger Grundsatzvorlesungen zu Beginn seines Studienplanes.

Dabei wird nicht verkannt, dass sich durch die Verlegung von allgemeinbildenden – insbesondere historischen – Vorlesungen an den Anfang des Studiums durchaus politische Schnittmengen ergeben konnten.[164] Es darf auch nicht übersehen werden, dass die Förderung der Allgemeinbildung im Wesentlichen dazu diente, „den Studenten in das Gesamtleben der Nation [...] hineinzustellen" und damit seiner auch politischen Funktion gerecht zu werden.[165] Zwar lässt der Vorlesungskanon durch die Verknüpfung von Jurisprudenz und Historie den „prononciert politischen Aspekt des Studiums zugunsten des historischen" zunächst zurücktreten. Allein in der Art der Geschichtsbetrachtung jedoch, die historischen Vorlesungen unbedingten Gegenwartsbezug und damit NS-Nähe aufoktroyierte[166], dürfte ein politischer Ausbildungswert zu erblicken sein.[167]

Dessen Ausnutzung schien für *Eckhardt* aber weniger durch die fachliche als vielmehr durch die personelle Komponente erreichbar. Für ihn war Weltanschauung und Charakterbildung kein materiell lernbares Recht. Nach ihm bedurfte es hierfür vor allem eines echt nationalsozialistisch geprägtem Personals. Dem entspricht auch sein Drang nach einer neuen Dozentengeneration. Nur so ließe sich Nationalsozialismus wirksam vermitteln. Daher fand die eigentliche „Erziehungsarbeit" aus HJ, SA und Arbeitsdienst ihre Fortsetzung in außerhalb des juristischen Lehrplans liegenden Veranstaltungen – wie Fachschaftsarbeit und in den NS-Gliederungen. Vor diesem Hintergrund wird verständlich, wenn *Eckhardt* die bislang unbekannte – aber von der JAO nun verbindlich geforderte – Einrichtung der Arbeitsgemeinschaft als „Vertrauenssa-

---

164 „Eine neue nationalsozialistische Geschichtslehre wird sich nicht mit einer ‚voraussetzungslosen', scheinbar ‚objektiven' Darstellung der Rechtsentwicklung begnügen. Sie wird zwischen deutsch und nicht-deutsch unterscheiden, und sie wird aus dem Geiste unserer Weltanschauung heraus bestimmen, was [...] deutsche Geschichte war." Vgl. Bung, DR 1935, 197.

165 Vgl. Stuckart, Nationalsozialistische Rechtserziehung, S. 44.

166 „Es geht nicht an, daß irgendwo ohne inneren Zusammenhang mit der Jetztzeit und ohne Hinweis auf die Aufgaben, die unser in der Zukunft harren, Rechtsgeschichte getrieben wird." Vgl. Schraut, Deutscher Juristentag 1933, S. 218.

167 So auch Grothe, Zwischen Geschichte und Recht, S. 198.

che“, die „nicht von oben herab“ angeordnet werden könne, in die Hände der (nationalsozialistischen) Studentenschaft legen wollte.[168]

Bei *Eckhardts* Überlegung, allgemein bildende Vorlesungen an den Beginn des Studiums zu setzen, stand eine Verwirklichung von Partei- oder Staatszielen zumindest nicht allein im Vordergrund.[169] Vielmehr dürfte ihr der Versuch einer Art Verwirklichung staatlich veranlasster *universitas literarum* zugrunde gelegen haben. Dazu passt, dass durch die von ihm beabsichtigte Reduzierung der Lehrbelastung für die Hochschullehrer ein Freiraum für Spezialvorlesungen aus dem jeweiligen Forschungs- und Interessengebiet geschaffen werden sollte.[170] Diese Form der Vorlesungen stellte sich *Eckhardt* als kurze, möglichst einstündige Veranstaltungen vor, die nicht zu sehr ins Detail gingen.

Ziel war es offensichtlich, durch vermehrte Wahl- und Spezialvorlesungen am Anfang den Studierenden eine breitere Auswahl an Themen anzubieten und damit das Jurastudium insgesamt auf eine umfassendere Grundlage zu stellen.

dd) Die Abstimmung mit der JAO

Die Eigenständigkeit der Studienordnung gegenüber der JAO zeigte sich auch bei den Vorlesungsbezeichnungen. Weil beide einander nicht entsprachen, waren Auslegungsschwierigkeiten hinsichtlich des notwendigen Inhalts des Rechtsstudiums vorprogrammiert. Ferner enthielt die Studienordnung das Völkerrecht als „hervorragend wichtige“ Veranstaltung, ausgezeichnet mit zwei Sternen, obgleich die JAO sie nicht als Prüfungsfach aufführte. Weiter schaffte die Studienordnung die Pflichtvorlesungen ausdrücklich ab, während die JAO in §§ 3, 5 von ihnen ausging. Interessanterweise sollten für den Nachweis eines „ordnungsgemäßen Studiums“ auch Wahlvorlesungen genügen, obgleich solche nach *Eckhardts* System noch hinter den besternten Veranstaltungen an letzter Stelle rangierten.

Infolge der starren Semestereinteilung ergab sich außerdem ein organisatorisches Problem zwischen JAO und Studienordnung: Erstere sah vor, dass der Student nach dem dritten Semester (nunmehr regelmäßig ein Wintersemester) aber noch vor der Vorlesung zum Verfahrensrecht (frühestens viertes Semester und damit Sommersemester) ein sechs bis achtwöchiges Praktikum am Amtsgericht absolvierte. Somit blieben nur die Frühjahrsferien zur erstmaligen Ab-

168 Eckhardt, Das Studium der Rechtswissenschaft, S. 19.

169 So auch Wieacker, Privatrechtsgeschichte der Neuzeit, S. 555.

170 „Außerdem kann selbstverständlich, das ist sogar dringend erwünscht, jeder Professor anzeigen, was er will. […] Ich habe jedenfalls aus solchen Spezialvorlesungen […] sehr viel gelernt.“, Eckhardt, Das Studium der Rechtswissenschaft, S. 25/26.

leistung. Für diese waren aber maximal etwas mehr als fünf aber keineswegs sechs bis acht Wochen veranschlagt, was dazu führte, dass sich der Reichsminister für Wissenschaft, Erziehung und Volksbildung damit einverstanden erklären musste, bei voller Ausnutzung der Frühjahrsferien den fehlenden Rest zu erlassen.

Auch bei der römischen Rechtsgeschichte gab es Irritationen: Während die dem Studienplan angeschlossenen Richtlinien zum „Kampf" gegen die „Gedankengänge des römisch-gemeinen Rechts" aufriefen, korrelierend mit Nr. 19 des Parteiprogramms der NSDAP, und auch *Frank* schon 1933 die römische Rechtsgeschichte als Prüfungsgegenstand ausgeschlossen hatte[171], verlangte die JAO nun explizit wieder Kenntnisse über die Geschichte der Römer im Rahmen des allgemeinbildenden Studiums.[172]

Mit dem Inkrafttreten von JAO und Studienordnung war das Reformprojekt der Juristenausbildung im Dritten Reich seitens des Gesetzgebers abgeschlossen. Weil aber die Debatte um die richtige „Rechtswahrerschulung" in der Folge unvermindert fortfuhr, ist – will man die praktische Umsetzung der Reform untersuchen – ein Blick auf das Folgegeschehen unerlässlich.

V. Die Ausbildungsdebatte in der Konsolidierungsphase des Dritten Reiches

Die Art und Weise der Inkraftsetzung der *Eckhardtschen* Reformen als ministeriell-oktroyierte Richtlinien hatte, ebenso wie die konzeptionelle Neuausrichtung der Juristenausbildung, sowohl den Ausrichter der Dezembertagung, *Carl Schmitt,* als auch die Verfechter sorgsamerer Veränderungen provoziert. Der „Kronjurist des Dritten Reiches" hatte eine schwere Niederlage gegen den aufstrebenden SS-Juristen *Eckhardt* erlitten.[173] Durch die Feststellung, dass eine der neuen Zeit verantwortliche Dozentenschaft nicht allein mit einer bloßen Parteizugehörigkeit zur NSDAP erreicht werden könne, sondern dass es hierfür

---

171 Vgl. Frank, Zur Reform des Rechtsstudiums, DR 1933, 23 (24): „Unter allen Umständen muß das römische Recht, auch soweit es als Rechtsgeschichte noch zum Gegenstand einer Vorlesung gemacht wird, nur Lehrfach, nicht aber Lernfach sein; es muß deshalb als Prüfungsgegenstand bei der Universitätsprüfung in jeder Form künftig ausscheiden."

172 Allein das „System des römischen Privatrechts" und das „Römische Recht" als solches verschwanden aus dem Lehrplan.

173 Vgl. Mehring, Aufstieg und Fall, S. 373.

maßgeblich einer inneren Einstellung bedürfe, sprach letzterer gerade der älteren Professorengeneration einen entscheidenden Anteil an der Gestaltung der künftigen Ausbildungsordnung ab.[174]

Der sich zuspitzende Konflikt[175] zwischen *Schmitt* und *Eckhardt* löste sich vor seinem Kulminationspunkt durch eine für den Ämter- und Positionskampf im Nationalsozialismus nicht unübliche Rochade: Beide wurden entmachtet; ersterer unter tätiger Mithilfe des SD der SS unter *Reinhard Höhn*, letzterer stolperte über die Auseinandersetzung mit *Walter Frank* um die Besetzung des MGH-Präsidenten.[176] Ihre Ablösung fiel zeitlich zusammen mit einer sich in der Rechtswissenschaft abzeichnenden Konsolidierungsphase der institutionell traditionelleren wissenschaftlichen Kreise.[177] In den Jahren 1936/37 war die ideologische Kampfphase vorüber. Die, in der Reformfrage nur begrenzt involvierten Fakultäten und Dozenten, sammelten sich jetzt in *Franks* „Akademie für Deutsches Recht". In den verschiedensten Ausschüssen fanden sie eine Plattform, auf der ein streitiger Diskurs um die neue Rechtsausrichtung möglich wurde und die somit ein Forum zur gemeinsamen wissenschaftlichen Arbeit bildete. In der rechtswissenschaftlichen Literatur konnte man eine gewisse Entpolitisierung wahrnehmen. Ab 1937/1938 kehrte so vorübergehend wieder ein Stück Normalität in das wissenschaftliche Arbeiten zurück.[178] Hinzu kamen neue, unverfängliche und zugleich opportune Betätigungsfelder wie die Staats-

---

174 Unter diesem Gesichtspunkt ist auch die durch staatliche Berufungen ermöglichte Zentrierung gleichgesinnter junger Dozenten an einzelnen Fakultäten wie Kiel, Königsberg oder Breslau – als Stoßtruppfakultäten bezeichnet – zu verstehen. Man meinte, „daß nur eine geschlossene, im neuen Geist kämpfende Gemeinschaft in der Lage ist, den Durchbruch zu vollziehen." Dagegen könnten Einzelne immer nur „Vorpostendienste" leisten. Vgl. Höhn, DR 1935, 52.

175 In der Folge gelang es *Schmitt*, eine „Gegentagung" zu initiieren, während *Eckhardt* versuchte, die Frage der Studienreform aus dem Programm des BNSDJ herauszunehmen und sie „gleichzeitig mir referatsmäßig" zu übertragen. Für die Schulung des juristischen Nachwuchses sei *Schmitt* „Gift", welches bei ungehinderter Weiterwirkung die nationalsozialistische Bewegung unter den Hochschullehrern in vereinzelte Nationalsozialisten auflösen würde. Gelänge „einmal der Einbruch der alten Generation in die neue Front, [...] dann war die ganze schwere Aufbauarbeit, die wir in den letzten Jahren geleistet haben, umsonst." Zit. nach Lösch, Der nackte Geist, S. 450ff.

176 Monumenta Germaniae Historica.

177 Vgl. Rüthers, NJW 1988, 2825.

178 Becker, Schritte auf einer abschüssigen Bahn, S. 162 und 208f.

philosophie oder die neu definierte deutsche Verfassungsgeschichte bis 1918.[179]

Generell trug das durch die Studienordnung in der Ausbildung veränderte Geschichtsbild zu dieser Entspannungsphase bei. Weil jetzt die Historie in den Vordergrund trat, konnte das Gemeinschaftsethos und der Rückgriff auf das deutsche Rechtsbewusstsein aus der deutschen historischen Tradition abgeleitet werden und wurde nicht mehr zwingend im Umbruch durch den Nationalsozialismus gesehen. Man zog größere Traditionslinien. Die Folge war eine Veränderung im Umgang miteinander und in der Rechtswissenschaft. Dazu passt auch, dass nach der Demission der die Ausbildungsdebatte dominierenden Köpfe wie *Eckhardt* und *Schmitt* kein adäquater Ersatz in Position gebracht wurde. Die Stelle im Reichsministerium übernahm zunächst der wesentlich unbedeutendere thüringische Archivrat *Wilhelm Engel*, der durch Förderung des SD seit März 1935 als Mitarbeiter im Reichsministerium für Wissenschaft, Erziehung und Volksbildung arbeitete und darüber hinaus als Protegé *Franks* galt.[180] Auf Seiten der Partei etablierte sich in der „Akademie für Deutsches Recht" vor allem *Heinrich Lange*. War die Ausbildungsdebatte bislang auch aufgrund persönlicher Animositäten besonders hitzig gewesen, bewirkte die neue Situation eine Abkühlung. Die Reformmüdigkeit des Regimes in der Konsolidierung tat ihr übriges. In dieser Phase – 1937 – kam es nun zur schon von *Eckhardt* beabsichtigten Evaluierung der Ergebnisse der Studienreform.[181]

1. Die Kritik der Fakultäten des Reiches

Die umfangreichsten Einwände gegen die Studienreform richteten sich ausgerechnet gegen ihr Herzstück: Die Ausbildungsreform im Zivilrecht wurde heftig und vor allem in ihrer praktischen Umsetzung kritisiert. Durch das Auseinanderreißen der Lehren des ersten Buches des BGB mit seiner „sehr unglücklichen" Verteilung auf die neuen Vorlesungen „Familie", „Vertrag und Unrecht" sowie „Gesellschaften" seien Wiederholungen kaum vermeidbar, es entstünden Abgrenzungsschwierigkeiten und die „Verlustliste" sei für manche Gebiete allzu groß. Die Verlegung des „aus tiefster nationalsozialistischer Er-

179 Becker, Schritte auf einer abschüssigen Bahn, S. 178.

180 Vgl. Heiber, Walter Frank, S. 868f und 924f.

181 Am 24.04.1937 forderte das Reichsministerium für Wissenschaft, Erziehung und Volksbildung die Fakultäten auf, ihre bisherigen Erfahrungen mit der neuen Studienordnung kundzutun. Vgl. Schreiben in UAJ, BA 1024.

kenntnis geschöpften“[182] Bauernrechts ins zweite Semester stelle einen „besonders auffallenden Fehlgriff“ dar, weil es Kenntnisse im „allgemeinen Verkehrsrecht“, insbesondere des „Bodenrechts“ und des „Familienerbes“ voraussetze. Vollstreckungs- und Sozialversicherungsrecht fehlten ebenso im Lehrplan wie eine Vorlesung über „Grundfragen des bürgerlichen Rechts“, wie sie bisher im Allgemeinen Teil mit behandelt worden war. „Ware und Geld“ stelle überhaupt ein „unglückliches Gebilde“ dar. Die neue Ersatzvorlesung „Deutsches Recht“ sei mit nur zwei Wochenstunden ungenügend. Gleiches gelte für „Vertrag und Unrecht“ sowie „Familienerbe“.[183]

Der „schwerste Mangel“ des neuen Studienplanes liege aber darin, dass den Studierenden das Verständnis für den Aufbau und den inneren Zusammenhang des Gesetzbuchs völlig abgehe, weil die Studienordnung die geltende Begriffswelt des BGB zu wenig berücksichtige.[184] So sprach die Juristische Fakultät der Universität Frankfurt am Main von der Studienordnung schonungslos als einem „Gebäude ohne Fundament“.[185] In Tübingen und Münster bemühte man sich, „Vertrag und Unrecht“ durch die alte Bezeichnung „Schuldrecht“ wieder zu ersetzen[186] bzw. eine Einteilung nach „Vertraglichem Schuldrecht“, „Fahrnisrecht“ und „Bodenrecht“ vorzunehmen, was auffällig nach einer Rückkehr zu den alten Vorlesungen „Schuldrecht“ und „Mobiliar- und Immobiliarsachenrecht“ klang und lediglich zeitgemäßere Bezeichnungen verwendete.

Die Umfrage unter den Reichsfakultäten hatte neben deutlicher Kritik auch ergeben, dass manche Fakultäten von den Erfordernissen des Studienplanes eigenmächtig abgewichen waren.[187] Insgesamt waren nahezu alle *Eckhardtschen* Neuerungen im Zivilrecht negativ bewertet worden. Mit der Kritik an der Darstellung des Rechts nach Lebensordnungen als Widerspruch zum

---

182 UA-MS/Kur F 7 Bd. 5: Dekan an KuMi vom 19.5.37, zit. nach Steveling, Juristen in Münster, S. 474.

183 Vgl. zum Ganzen Pientka, Juristenausbildung, S. 56/57 mwN.

184 Steveling, Juristen in Münster, S. 475.

185 Frassek, Nationalsozialistische Rechtserneuerung, S. 363/364.

186 UA-MS/Kur F 7 Bd. 5: Dekan an KuMi vom 19.5.37, zit. nach Steveling, Juristen in Münster, S. 476.

187 So fehlte zum Beispiel die Vorlesung zur Verfassungsgeschichte an den Universitäten in Köln, Münster und der „Stoßtruppfakultät“ in Königsberg. Ebenso schwankten der zeitliche Umfang (ein bis drei Stunden) und das Semester, in dem sie gelesen wurde (erstes bis siebtes Semester). Vgl. Grothe, Zwischen Geschichte und Recht, S. 201, vgl. auch Bundesarchiv Berlin, R 22/1729, Bl. 42f. zit. nach Frassek, Nationalsozialistische Rechtserneuerung, S. 363.

praktischen Rechtsleben, welches sich nach wie vor an der eigentlich überkommenen Systematik und Dogmatik orientierte, traf jetzt die Studienordnung selbst der Vorwurf „lebensfremd“ zu sein.[188]

2. Die Jenaer Kritik an der Studienreform

Aus der Rechts- und Wirtschaftswissenschaftlichen Fakultät der Friedrich-Schiller-Universität Jena hieß es, dass sich eine Lehre der „völkischen Grundlagen der Wissenschaft“ in den ersten beiden Semestern nicht mit einem angestrebten früheren Abschluss und einer damit verbundenen früheren Eheschließung vertrage.[189] Dieses Voranstellen allgemeiner Grundlagen sei „in besonders hohem Grade irrig“ und führe zu einer „intellektuelle[n] Halbbildung“, weil „der junge Student zwei Semester lang lediglich mit interessanten und anregenden Darbietungen über die letzten und allgemeinen Fragen verwöhnt“ werde. Nicht zuletzt sei ein Wechsel des Studienfaches schwieriger, wenn der Student erst nach Semestern erfahre, „was eigentlich Jurisprudenz“ sei. Stattdessen könnten die „völkischen Grundlagen“ auch in den „üblichen Vorlesungen“ mitbehandelt werden, und so gleichzeitig deren „praktische Bedeutung“ herausgestellt werden. Ferner müsse auch Zeit für Betätigung in studentischen Selbstverwaltungsorganisationen sowie SA, SS und für Wehrsport bleiben.

---

188 Schäfer, Juristische Lehre und Forschung, S. 123.

189 Das Eheschließungsargument tauchte erstmals durch ein Schreiben des Reichsministers für Wissenschaft, Erziehung und Volksbildung an die Fakultäten vom 11.06.1937 auf, in dem um eine Stellungnahme gebeten wurde, ob und wo im juristischen Studium Einsparungen in der Ausbildungszeit vorgenommen werden könnten. Nachdem das Ministerium die Frist zur Stellungnahme verkürzt hatte, konnte Jena keine Eingabe mehr einreichen. Der Dekan *Heldrich* konnte daher am 18.08.1937 dem Rektor lediglich mitteilen, dass er „persönlich“ meine, dass sechs Semester Mindeststudium für einen „normal begabten Student bei gehörigem Fleiß“ für die erste Staatsprüfung ausreichend seien. Eine weitere Verkürzung sei nicht möglich und diese sechs Semester auch nur ausreichend, wenn „der Student während des Studiums nicht übermäßig durch den politischen Dienst in Anspruch genommen wird“ und wenn er „nicht gezwungen werde, eine große Zahl von nicht-juristischen Vorlesungen zu besuchen“. Des Weiteren verwies er auf die Änderungsvorschläge zur Studienordnung vom 03.07.1937, insbesondere auf den Beginn des eindringlichen Fachstudiums bereits ab dem ersten Semester. Vgl. Schreiben in UAJ, K 462.

Wenig Verständnis brachte die Fakultät für die Bezeichnung einiger weniger „Stoßtruppfakultäten“ auf. Diese „unbegründete Herabsetzung der übrigen“ sei nicht gerechtfertigt.[190] Auch gehörten alle Sterne gestrichen.

Die Jenaer forderten die Abänderung der bisherigen Vorlesungsbezeichnungen „Familienerbe“, „Ware und Geld“ sowie „Vertrag und Unrecht“ und eine Rückkehr zu den alten BGB-Vorlesungen von „Allgemeiner Teil“ über „Schuldrecht“, „Sachenrecht“, „Familienrecht“ und „Erbrecht“. Denn: „Solange das BGB in Kraft ist, müssen sich die BGB-Vorlesungen aus pädagogischen Gründen dem System des Gesetzes anschließen. Das sog. Pandektensystem ist eine Errungenschaft der deutschen Rechtswissenschaft, die in zahlreichen ausländischen Kodifikationen und in zahlreichen Gesamtdarstellungen des ausländischen bürgerlichen Rechts nachgeahmt worden ist. Es ist freilich kein nationalsozialistisches System und muss im Laufe der Zeit durch ein besseres ersetzt werden. Etwas besseres ist indessen bisher nicht gefunden. Die Einteilung der Studienordnung stellt überhaupt kein System dar. Von den einzelnen Teilen sind nur Boden und Gesellschaften organische Einheiten. Auch liegt der Aufteilung des Stoffes kein einheitlicher Gedanke zugrunde.“[191] Damit stimmten die Thüringer in den allgemeinen Kanon ein.

Parallel zur Umfrage in den Fakultäten hatte das Reichsministerium der Justiz am 30. April 1937 bei den Vorsitzenden der Prüfungsämter angefragt und um deren Erfahrungen mit den „Richtlinien für das rechtswissenschaftliche Studium“ vom 18. Januar 1935 gebeten.[192] Die Antworten des Prüfungsamtes I am Thüringischen Oberlandesgericht in Jena waren ein Spiegelbild dessen, was auch die Fakultäten festgestellt hatten. So beschrieb Oberlandesgerichtsrat *Krümling*, dass die Kenntnisse im allgemeinen Teil des BGB gegenüber früher erheblich nachgelassen hätten. Dies resultiere daraus, weil die „Leh-

---

190 Schon Ende 1936 hatte der Dekan *Heldrich* beim Fakultätsassistenten eine Statistik in Auftrag gegeben, die über den Rückgang der Studentenzahlen an den Universitäten im Reich und in der Rechtswissenschaft Aufschluss gab. Als Ergebnis stand fest, dass reichsweit der Rückgang der Studierendenzahlen in der Rechtswissenschaft höher war als im Allgemeinen. Dies galt lediglich nicht für Frankfurt a. M., Münster sowie die Stoßtruppfakultäten Kiel, Breslau und Königsberg. Letztere profitierten, so das Fazit *Heldrichs*, „zweifellos“ von der Aufforderung in den Richtlinien, doch die Grenzlanduniversitäten zum Studium aufzusuchen. Vgl. Statistik in UAJ, K 462.

191 Vgl. Schreiben des Dekans vom 03.07.1937, UAJ, K 462. Ebenfalls zur Jenaer Stellungnahme gehörte ein als „Vorschlag“ bezeichneter Entwurf von *Max Hildebert Boehm*. Dieser bat darum, dass bisher einstündige Kolleg zur „Volkskunde“ auf eine zweistündige Vorlesung mit Übungen auszudehnen.

192 Schreiben vom 30.04.1937, ThHStAW, ThürOLG, Nr. 620, Bl. 12.

ren des Allgemeinen Teils des BGB nicht zu einer besonderen Vorlesung erhoben worden“ seien. Solange das BGB aber noch gelte, sei eine solche Veranstaltung unverzichtbar, weil ihr Lehrstoff nicht nur für das bürgerliche Recht, sondern auch für viele andere Rechtsgebiete ungeheuer wichtig sei.[193] Auch Oberlandesgerichtsrat *Lorey* bezeichnete „die Kenntnisse der meisten Prüflinge im bürgerlichen Recht, Zivil- und Strafprozess“ als „recht dürftig“. Den Grund sah er ebenso in der neuen Studienordnung: Der Verzicht auf Pflichtvorlesungen wirke sich hier wohl negativ aus.[194]

Schwächen wurden allgemein im Verfahrensrecht[195] und noch immer in der Allgemeinbildung ausgemacht. So fände sich in den Belegbüchern „nur ganz selten“, dass der Prüfling „dieses oder jenes interessante *publicum* einer anderen Fakultät, besonders der philosophischen“ gehört habe, dabei seien doch gerade die ersten beiden Semester noch nicht dem „eindringlichen Fachstudium vorbehalten“.[196]

Generell positiv bewertet wurden die Kenntnisse im geschichtlichen und volkskundlichen Bereich, die sich „erfreulich gehoben“ hätten.[197] Gleiches galt für Kenntnisse in den Grundsätzen des „neuen Rechtsdenkens“[198] und im Arbeits- und Bauernrecht.[199] Auch die Arbeitsgemeinschaften hätten sich „offenbar bewährt“.[200]

Die ausgewählten Beispiele täuschen darüber hinweg, dass der Reform des juristischen Studiums bei den Praktikern an den Prüfungsämtern insgesamt nur wenig Beachtung entgegengebracht wurde. Nicht selten wurde weiter so geprüft wie vor der Reform und in der Mehrheit wurde festgestellt, dass die Richtlinien wenig an den Kenntnissen und Leistungen der Kandidaten bewirkt hätten.[201] Senatspräsident *Köhler* bemerkte, dass die Prozentsätze derer, die die Prüfung nicht bestünden, „eine gewisse gleichbleibende Linie eingehalten“ hätten. Trotz der Richtlinien wären die Kandidaten nicht besser oder schlechter vorbereitet gewesen als bisher.[202] Der Generalstaatsanwalt *Wurmstich* gab of-

---

193 Schreiben vom 14.06.1937, ThHStAW, ThürOLG, Nr. 620, Bl. 16.
194 Schreiben vom 15.06.1937, ThHStAW, ThürOLG, Nr. 620, Bl. 20.
195 Schreiben vom 21.05.1937, ThHStAW, ThürOLG, Nr. 620, Bl. 18; Schreiben vom 14.06.1937, ThHStAW, ThürOLG, Nr. 620, Bl. 16.
196 Schreiben vom 17.06.1937, ThHStAW, ThürOLG, Nr. 620, Bl. 19.
197 Schreiben vom 14.06.1937, ThHStAW, ThürOLG, Nr. 620, Bl. 16 RS.
198 Schreiben vom 07.06.1937, ThHStAW, ThürOLG, Nr. 620, Bl. 21.
199 Schreiben vom 15.06.1937, ThHStAW, ThürOLG, Nr. 620, Bl. 22.
200 Schreiben vom 14.06.1937, ThHStAW, ThürOLG, Nr. 620, Bl. 16 RS.
201 Schreiben vom 07.06.1937, ThHStAW, ThürOLG, Nr. 620, Bl. 21.
202 Schreiben vom 15.06.1937, ThHStAW, ThürOLG, Nr. 620, Bl. 15.

fen zu, dass ihm die Richtlinien und damit das veränderte Studium „bisher nicht bekannt“ gewesen seien.[203] Wenn Oberlandesgerichtsrat *Löwisch* schließlich „keine Bedenken“ sah, „im Sinne der Richtlinien weiterzuarbeiten“, so zeigt dies auch das Desinteresse mancher Praktiker an der veränderten Universitätsausbildung.[204]

3. Reformbemühungen der „Akademie für Deutsches Recht“

Die außenpolitischen Entwicklungen, die zur Angliederung Österreichs und des Sudetenlandes ans Reich führten, nahmen auch die in der „Akademie für Deutsches Recht“ versammelten Rechtswissenschaftler zum Anlass für einen (erneuten) Angriff auf die Studienordnung. Im Herbst 1938 setzte man einen Ausschuss zur „Überprüfung der rechtswissenschaftlichen Studienordnung“ unter der Führung von *Carl August Emge* und *Johannes Popitz* ein.[205] Schon der Titel machte deutlich, dass man durchaus bereit war, eine Reform der Reform anzuschieben.[206] In der Folge veröffentlichte man eine Denkschrift, die auf eine Wiedererstarkung des BGB in der akademischen Lehre gerichtet war und einen deutlich konservativen Charakter trug.

Der neue Entwurf beschränkte sich auf die Fachvorlesungen und sparte bereits Sonderveranstaltungen wie „politische Geschichte“, „Vorgeschichte“, „Volkskunde“, oder „Sippenforschung“ aus. Konzeptionell sollte danach das

---

203 Schreiben vom 21.05.1937, ThHStAW, ThürOLG, Nr. 620, Bl. 18.

204 Schreiben vom 15.06.1937, ThHStAW, ThürOLG, Nr. 620, Bl. 22.

205 Frassek, Nationalsozialistische Rechtserneuerung, S. 369.

206 Zunächst holte man Stellungnahmen von 23 juristischen Fakultäten ein. Vgl. Bundesarchiv Berlin, R 22/1729, S. 11ff, zit. nach Schäfer, Juristische Lehre und Forschung, S. 122. Der Ausschuss erarbeitete noch 1938 einen Reformentwurf für die Juristenausbildung unter der Federführung von *Heinrich Lange*, *Werner Weber* und *Wilhelm Felgentraeger* (sog. „Drei-Männer-Entwurf“), der sich leider nicht erhalten hat. Vgl. Frassek, Lebensordnung“, S. 61. Aus der Folgediskussion ergibt sich aber, dass es darum ging, das alte Zivilrecht mitsamt seiner historischen, römisch-rechtlichen Wurzel in der Lehre wiederaufleben zu lassen. Vgl. Wolf, Vom alten zum neuen Privatrecht, S. 43. Daneben sollten diejenigen Vorlesungen zurückgedrängt werden, die sich mit den weltanschaulichen Grundlagen beschäftigten. *Lange* hatte in der Reduzierung der Vorlesungsstunden für das bürgerliche Recht, verbunden mit der Zielsetzung einer möglichst späten Bekanntmachung des Studierenden mit der Systematik und Technik des BGB, einen Hauptgrund für die mangelhafte Studienreform ausgemacht. Zudem stünde die Verringerung der Vorlesungsstunden im evidenten Widerspruch sowohl zur praktischen Bedeutung der Rechtsmaterie als auch zu ihrem Stellenwert im juristischen Staatsexamen. Vgl. Lange, Einzelgesetz oder Gesetzeseinheit, DRW 1939, S. 225.

Rechtsstudium im ersten Semester mit großen Überblicksvorlesungen für das Öffentliche Recht („Grundlehren des Rechts von Volk und Staat“) und das Zivilrecht („Grundlehren des volksgenössischen Rechts“) beginnen, die wiederum durch eine „Einführung in die Rechtswissenschaft“ als allgemeine Übersicht über das System, die Aufgaben und die Methode des Rechts verknüpft werden sollten. Die weitere zivilrechtliche Ausbildung folgte wieder dem Schema des BGB, startend mit dem Familien- und Personenrecht über Schuldrecht (jetzt als „Schuldvertrag und Haftung“ sowie mit „Kaufrecht und einzelne Schuldverhältnisse“ bezeichnet) und Sachenrecht („Fahrnisrecht“ und „Bodenrecht“[207]) bis hin zu Familiengüter- und Erbrecht. Zugleich hob man die Durchführung von Hauptvorlesung und Übung durch denselben Dozenten wieder auf.

Die Verbindung des Kauf- und Fahrnisrechtes in „Ware und Geld“ wurde gleichsam aufgelöst und auch das Handelsrecht erhielt seinen vormaligen Status als eigenständiges Rechtsgebiet zurück. Die Sondermaterie des Bauernrechts verschob sich aus dem zweiten in das fünfte Semester und wurde damit zum Annex des eigentlichen Fachstudiums degradiert. Aus dem unhandlichen „Geistiges Schaffen“ wurde wieder „Urheber- und Erfinderrecht“.

Hinsichtlich der rechtshistorischen Vorlesungen, die zu den anerkanntesten Veranstaltungen der Reform gehört hatten[208], suchte man die von *Eckhardt* entworfene vertikale Diversität in Alt- und Neuzeit aufzuweichen. Im zweiten Semester sollten nämlich die „Grundzüge des deutschen Privatrechts“ eine dreistündige Renaissance feiern. Daneben stellte man eine gleichwertige dreistündige Übersicht über die „Geschichte und Grundlehren des römischen Rechts“. Praktisch kehrte man damit zur ehemaligen senkrechten Verteilung sowohl im deutschrechtlichen Bereich (mit „Deutsche Rechtsgeschichte“ und „Deutsches Privatrecht“ als System- und Institutionengeschichte) wie auch im römischrechtlichen Bereich (allerdings in abgeschwächter Form durch die Verbindung der „Römische Rechtsgeschichte“ und „System des römischen Privatrechts“ in einer Veranstaltung) wieder zurück. Im sechsten Semester plante man, den Examenskandidaten mit „Grundlinien der neueren Rechtsent-

207 Dabei behielt man die genuin nationalsozialistische Unterscheidung zwischen Fahrnis und dem Sonderrecht des Bodens im Sachenrecht bei und setzte weiter auf zwei getrennte jeweils dreistündige Vorlesungen. Andererseits verlegte man beide ins dritte Semester, um auf den Kenntnissen des Schuldrechts aufbauen zu können, was insoweit der Systematik des BGB entsprach.

208 Grothe, Zwischen Geschichte und Recht, S. 201/202.

wicklung" eine Ideengeschichte des Rechts zu vermitteln. Damit erkannte man das Bedürfnis für eine „Privatrechtsgeschichte der Neuzeit" an.[209]

Die Sprengkraft des Akademieentwurfes war evident. Kritik kam vor allem von Seiten der sog. „Kieler Schule" oder dem, was nach zahlreichen Wegberufungen wie *Dahm*, *Huber*, *Michaelis* (alle nach Leipzig), sowie *Siebert* (Berlin) von ihr noch übrig geblieben war. Unter der Federführung von *Martin Busse* und *Karl Larenz* verfassten die Kieler 1939 eine in drei „Ausbaustufen" unveröffentlicht gebliebene Ausarbeitung mit dem Titel „Der Aufbau des Rechtsstudiums. Stellungnahme zum Studienplan-Entwurf der Akademie für Deutsches Recht".[210] Hier hielt man am „Bollwerk *Eckhardtscher* Positionen" als Inbegriff neugeschaffener nationalsozialistischer Rechtslehre fest. Begrifflichkeiten wie Gemeinschaft und Volk, Pflicht, Treue und Ehre sollten Mittelpunkt der neuen Rechtslehre werden.[211] Mit dem Akademie-Entwurf dagegen würde zur „Systematik des BGB, also letzten Endes zum System der gemeinrechtlichen Jurisprudenz" zurückgekehrt und schließlich „genau der Zustand wiederhergestellt, den die Studienordnung von 1935 überwunden" hatte.[212] Die „Träger der überkommenen Auffassung" hätten schlicht nicht verstanden, wie die neuen Vorlesungen die verschiedenen Rechtsgebiete „einheitlich, aber zugleich unter Wahrung der wesentlichen Verschiedenheiten" neu und mit „systembildende(r) Kraft" gestalteten.[213] Der Reformentwurf, so stellten die Kritiker bitter fest, sei „ein entscheidender Angriff auf die nationalsozialistische Rechtserneuerung".

Die Vertreter der „Kieler Schule" sahen 1939 insgesamt das Projekt der Rechtserneuerung auf dem Gebiet der Juristenausbildung in Gefahr: „Zurückdrängung und Ausschaltung der Vorlesungen, in denen die weltanschaulichen Grundlagen zur Darstellung gebracht werden; Wiederherstellung und stärkste Betonung des ‚alten Zivilrechts'; Rückkehr zum BGB-System und zum römischen Recht; Rückkehr zum Positivismus! Das alles kennzeichnet den Plan als

---

209 Vgl. zum Ganzen, UAJ, K 462 und UAJ, C 370 Bd. 2, Bl. 146.

210 Während die ersten beiden Versionen wohl nur aus der Feder obiger Rechtswissenschaftler stammten, stellte die letzte Fassung nach *Frassek* eine „inhaltlich ausgebaute" und „sprachlich gemäßigte Neubearbeitung" dar. Indizien deuten darauf hin, dass hierbei neben *Busse* und *Larenz* auch Meinungen der Professoren *Saure*, *Ritterbusch*, *Siebert*, *Siegert*, *Dahm* und *Wieacker* Eingang gefunden haben. Dies verstärkt den Eindruck einer geschlossenen Kieler Gruppe, auch wenn längst nicht mehr alle in Kiel wirkten.

211 Eckert, Hinter den Kulissen, S. 6.

212 Frassek, Lebensordnung, S. 59.

213 Wolf, Vom alten zum neuen Privatrecht, S. 44.

reaktionär."[214] Die Stellungnahme schloss unversöhnlich: Gegenüber der Denkschrift dürfe es „keinen Kompromiß geben".[215] Dies wurde auch auf der Akademiesitzung des „Ausschusses zur Überprüfung der rechtswissenschaftlichen Studienordnung" vom 05. und 06. Mai 1939 deutlich. *Felgentraegers* Schlusssatz war bezeichnend für die Situation in der Ausbildungsdebatte: „Ich glaube aber, daß wir uns nicht einigen werden. Wie man es macht – es ist falsch!".[216]

4. Bewertung

Die Entwicklung zeigt, dass die Studienordnung seit ihrem Inkrafttreten permanent in der Kritik stand. Die 1934/35 noch in ihrer Gesamtheit nicht maßgebenden Fakultäten gewannen in der Konsolidierungsphase des Reiches 1936/37 an Format zurück. Dies lag nicht zuletzt daran, dass ihre Protagonisten einerseits im Wissenschaftsbetrieb des Dritten Reiches angekommen waren und zum anderen mit der „Kieler Schule" und der „Akademie für Deutsches Recht" zwei Fixpunkte existierten, an denen man sich inhaltlich orientieren konnte.

Die vehemente Kritik der Vertreter der „Kieler Schule" an den Reformplänen aus der „Akademie für Deutsches Recht" wird erklärlich, wenn man sich die Bedeutung der Studienordnung für ihre Befürworter vergegenwärtigt. Seit Beginn des Dritten Reiches beanspruchte sie eine wissenschaftliche Führungsrolle in der Rechtserneuerungsdebatte. Die vorwiegend jüngeren Dozenten, die seit 1933 an der Fakultät in Kiel wirkten, meinten sich von der ministeriellen Regimeführung um *Eckhardt* ausersehen, an einer kleinen Universität, unbeschwert von alter wissenschaftlicher Tradition, etwas grundlegend Neues zu gestalten. Die von ihnen erwartete und wissenschaftlich untermauerte „Neue Rechtswissenschaft" umfasste auch die künftige Juristenausbildung. In der Neuordnung erkannte man den Einstieg in die ideologische Umformung des ganzen überkommenen Rechtssystems im nationalsozialistischen Sinne.[217] Die Reform des Studiums bot die Möglichkeit, effizient und dauerhaft auf künftige Rechtswahrergenerationen einzuwirken und stellte sich insofern als sinnvoller

---

214 Frassek, Lebensordnung, S. 61 mwN.

215 Frassek, Lebensordnung, S. 61 mwN.

216 Bestand des BA, Akademie für Deutsches Recht, R 61/348, Bl. 156, zit. nach Frassek, ZRG (1994), S. 583.

217 „So wie heute der Student das Recht ansehen lernt, so sieht es in 10 Jahren der deutsche Rechtswahrer". Vgl. Frassek, Juristenausbildung, S. 92.

Ausgangspunkt für die nationalsozialistische Rechtserneuerung insgesamt dar.[218] Mit der Ausbildungsfrage ging es um nichts weniger als die Bedeutung der Rechtserneuerung im Dritten Reich insgesamt. Der dafür ausersehene „Stoßtrupp“ der „Kieler Schule“ kämpfte 1939 in der wieder aufgeflammten Reformdebatte vor allem um die Früchte seiner ersten Arbeit. Eine Rückkehr zur alten Ausbildung wäre gleichbedeutend mit einem Sieg der konservativen Kräfte gegen die „Neue Rechtswissenschaft“ gewesen. Denn die Ziele der Studienordnung sollten letztlich nichts anderes als die neue Einheit des Rechts auf der Basis nationalsozialistischer Weltanschauung darstellen.[219]

Eine Niederlage musste aber auch deshalb verhindert werden, um das Ende der „Kieler Schule“ nicht weiter zu beschleunigen. Die sprunghafte Erhöhung der eigenen Relevanz war eng mit der Fortgeltung der Studienordnung verbunden. Ab 1936 sank nämlich die Bereitschaft einiger Kieler Professoren zu intensiver Mitarbeit im Sinne der Nationalsozialisten.[220] Manche erkannten das nationalsozialistische Unrechtssystem und waren nicht weiter bereit, sich dafür einzusetzen und verlagerten stattdessen ihre Forschungsschwerpunkte auf politisch unverfängliche Bereiche oder publizierten nicht mehr. Andere hatten mit Berufungen auf bekannte Lehrstühle renommierter Universitäten ihr hauptsächlich angestrebtes Ziel erreicht. Damit reduzierte sich ihr revolutionärer Elan und machte – wie *Eckert* treffend bemerkt hat – einem „gemesseneren Pathos Platz“.[221] Schließlich wollte man „auch in den Kreisen der großen Stillen im Lande, die in diesen Jahren wahrhaftig tätig waren, etwas gelten“.[222]

Nicht wenige aber hatten auch resignierend feststellen müssen, dass ihre neuen Lehren sich zu großen Teilen weder in der Konkurrenz zu anderen Universitäten noch in der Gesetzgebung durchgesetzt hatten. Das Strafrecht z.B. war im Wesentlichen ohne Verwendung der methodischen und kriminalpolitischen Vorarbeiten der „Kieler Schule“ reformiert worden. Offensichtlich erkannte man, dass die Führungselite des Staates die Rechtswissenschaft der Universitäten nicht als eigenverantwortliche Mitarbeiterin, sondern lediglich als Werkzeug zur Verwirklichung ihrer politischen Absichten betrachtete.[223]

---

218 Eckert, Juristenausbildung, S. 410.

219 So Frassek, Lebensordnung, S. 55.

220 Vgl. Eckert, Hinter den Kulissen, S. 12.

221 Vgl. Eckert, Hinter den Kulissen, S. 13.

222 Wohlhaupter, Vom tätigen Leben. Bilder der Erinnerungen (1947), abgedruckt bei Hattenhauer, Rechtswissenschaft im NS-Staat. Der Fall Eugen Wohlhaupter (1987), S. 117 f.

223 So Eckert, Hinter den Kulissen, S. 13.

So standen sich 1939 also zwei fundamentale Positionen unversöhnlich gegenüber: herausragende Kräfte der „Akademie für Deutsches Recht“[224], die die Studienordnung als Rechtserneuerungsprojekt ablehnten und Protagonisten der „Kieler Schule“, die in der *Eckhardtschen* Studienreform den Inbegriff der Rechtserneuerung erkannten und die mit ihr um ihre eigene Geltung im Dritten Reich kämpften. Diese Gegnerschaft kristallisierte sich in der Diskussion um die richtige akademische Ausbildung heraus, erschöpfte sich aber nicht in ihr.[225]

Im Mai 1939 konnte sich keine der beiden Seiten Vorteile in der Ausbildungsdebatte verschaffen. Den Akademievertretern war es aber immerhin durch stetige Kritik gelungen, in die weltanschauliche Phalanx von „Kieler Schule“ und Ministerium einzudringen und deren Vormachtstellung in Ausbildungsfragen, die sie seit *Eckhardt* 1934/35 innegehabt hatten, zu erschüttern.

Ihre Stelle einzunehmen, gelang ihnen aber nicht. Trotz der Demission *Eckhardts* von exponierter Stellung aus dem Berliner Ministerium und trotz verstärkter Kritik blieb die „Kieler Schule“ bis in den Krieg hinein richtungsweisend auf dem Gebiet der Juristenausbildung.[226] Ein weiterer Beleg hierfür war die Berufung des Kieler Rektors *Paul Ritterbusch* ins „Amt Wissenschaft“ des Reichsministeriums für Wissenschaft, Erziehung und Volksbildung Anfang der vierziger Jahre. Dank ihrer Verknüpfungen konnte sich der weltanschauliche Ansatz der „Kieler Schule“ in der Juristenausbildung 1939 noch einmal gegenüber dem traditionelleren Entwurf der Akademie durchsetzen. So konnte auch *Eckhardt* 1940 eine zweite Auflage seines „Studium[s] der Rechtswissenschaften“ veröffentlichen.

VI. Die Justizausbildungsordnung vom 04. Januar 1939

Die sich vor allem aus dem Anschluss Österreichs ergebenden administrativen und organisatorischen Einschnitte in das Verwaltungswesen, suchte man auch im Rahmen der Juristenausbildung seitens des Reichsministeriums der Justiz

---

224 Die Akademie galt als „Schutzschild gegen denunzierende Angriffe von außen“ für Wissenschaftler, die „nach Herkunft, Persönlichkeit und Überzeugung im Gegensatz zum Nationalsozialismus“ standen, weil sich in ihr qua Satzung nur die „Elite der deutschen Rechtswissenschaft“ versammelte. Vgl. Weißhuhn, S. 144 sowie dort zitiert: Zöllner, Gedächtnisreden, S. 26 und Ramm, KJ 1968, S. 108 (114).

225 Wolf, Vom alten zum neuen Privatrecht, S. 44.

226 Eckert, Juristenausbildung, S. 410.

synergetisch zu nutzen. Im Zuge der Rechtsangleichung wurde auch die Justizausbildungsordnung (JAO) einer Reformierung unterworfen. Diesbezüglich hatte man am 29. Juni 1937 alle Prüfungsämter bei den Oberlandesgerichten mit der Bitte um Stellungnahme angeschrieben und eine Übersicht über die eingegangenen Vorschläge zur Änderung der Justizausbildungsordnung gegeben.[227] Die handschriftlichen Vermerke des thüringischen Prüfungsamtes hinter den Änderungsvorschlägen geben ein gutes Bild über die Bewertung der Rechtsausbildung durch JAO und Studienordnung.

In Jena plädierte man für eine stärkere stoffliche Hervorhebung des Bürgerlichen Rechts und empfahl man eine Verlängerung der Studiendauer auf mindestens sieben Semester und die Einführung von Pflichtvorlesungen.[228] Auch sollten sieben statt den bisherigen fünf Übungen zur Examenszulassung erforderlich sein. Hinsichtlich der ersten Staatsprüfung hielt man die Bearbeitungszeit der Hausarbeit von drei Wochen für zu kurz und regte vier Wochen an. Jedenfalls sollte die Hausarbeit nicht durch eine Mammutklausur von acht bis neun Stunden ersetzt werden.[229]

Die Geschichtsklausur verleide die Studierenden nur zu sinnlosem Pauken und ziehe sie vom eigentlichen Fachstudium ab: „Weg damit" urteilte das Prüfungsamt.[230] Konsequenterweise hielt man dann auch den fünften mündlichen Prüfer, der den weltanschaulich-geschichtlichen Teil bewerten sollte, für entbehrlich.[231] Schließlich sollte eine Prüfung auch schon nach dem schriftlichen Teil für nicht bestanden erklärt werden können.[232]

Die Änderungsvorschläge der Prüfungsämter flossen in die „Verordnung über die Befähigung zum Richteramt, zur Staatsanwaltschaft, zum Notariat und zur Rechtsanwaltschaft" vom 04. Januar 1939 (RGBl. I, S. 5) ein und brachten in deren Art. IV zugleich eine Neuauflage der Justizausbildungsordnung, die am selben Tage in Kraft trat. Sie führte zu zahlreichen kleinen Detailänderungen im Ausbildungsgang. Es gab Umgestaltungen, die lediglich deklaratori-

---

227 So hatte es Eingaben zu fast jedem Paragraphen der JAO gegeben, der sich mit der ersten juristischen Staatsprüfung befasste.

228 ThHStAW, ThürOLG, Nr. 638, Bl. 122.

229 ThHStAW, ThürOLG, Nr. 638, Bl. 122.

230 ThHStAW, ThürOLG, Nr. 638, Bl. 122.

231 ThHStAW, ThürOLG, Nr. 638, Bl. 123. Mit Einführung des Notexamens infolge des Kriegsbeginns verringerte sich die Anzahl der Prüfer von 5 auf 2. Konsequenterweise prüften in Jena dann nur noch Praktiker und Hochschullehrer. Der weltanschaulich-geschichtliche Prüfer fand keine Berücksichtigung mehr.

232 ThHStAW, ThürOLG, Nr. 638, Bl. 123.

schen Charakter trugen und deren Ziel im Wesentlichen in der Festigung des neuen Ausbildungssystems bestand. Daneben gab es aber auch Änderungen im Verfahrensablauf aus praktischen Erwägungen, deren bessere Eignung sich in der Durchführung gezeigt hatte. Zuletzt brachte die neue JAO aber auch Verschärfungen des ersten juristischen Staatsexamens mit sich. Weil die bisherigen Durchführungsverordnungen in die JAO integriert wurden, ergab sich zudem eine Neunummerierung.

1. Klarstellungen

Die erste juristische Staatsprüfung blieb Eingangsprüfung ins Referendariat.[233] Eine wesentliche Klarstellung erfuhren die Leitgedanken des juristischen Studiums, die um den Passus erweitert wurden, dass der Student das „nötige Werkzeug" und „die praktisch bedeutsamen gesetzlichen Bestimmungen" kennen müsse. Dazu zählte man vor allem das Gesetz, die juristischen Begriffe, aber auch die Regeln über die Rechtsauslegung und Rechtsschöpfung.[234]

Die juristischen Studien- und Prüfungsfächer erhielten nach dem neuen § 6 JAO (1939) wieder anschaulichere Bezeichnungen. Das „Recht des Staates und seiner Entwicklung" wurde zu „deutsches Staatsrecht, einschließlich der Grundzüge des Verwaltungsrechts", das „Recht der deutschen Familie" zum früheren „deutschen Familien- und Erbrecht" etc. Allein das Zerfledern des BGB blieb bestehen.[235]

Das Völkerrecht kam als Studien- und Prüfungsfach neu hinzu. Damit folgte die JAO der universitären Übung und korrigierte zugleich einen Abstimmungsfehler der alten Ausbildungsordnung. Ebenfalls zum Recht des deutschen Staates sollten fortan die Grundzüge des Wehrrechts treten, auch wenn ihre explizite Aufführung fehlte.[236]

Neu im Studien- und Prüfungsplan der JAO von 1939 war als Nr. 2 „das Recht zum Schutze von Rasse und Volksgesundheit". Darunter verstand man

---

233 Der neue § 2 der JAO formulierte unter der Bezeichnung „Zweck der Prüfung" nunmehr eindeutig, dass „der Bewerber [...] für den Vorbereitungsdienst geeignet" sein müsse. Vgl. Palandt/Richter/Stagel, Kommentar zur JAO (1939), § 2, S. 4.

234 Palandt/Richter/Stagel, Kommentar zur JAO (1939), § 5, S. 17.

235 § 6 Abs. 1 Nr. 3 JAO (1939) erklärte „das deutsche Gemeinrecht, insbesondere die Lehre von den Rechtsträgern, von den schuldrechtlichen Beziehungen und der Herrschaft über die Sachgüter" zum Prüfungsgegenstand. Weniger verklausuliert stand dies für die ersten drei Bücher des BGB.

236 Palandt/Richter/Stagel, Kommentar zur JAO (1939), § 6, S. 19.

vornehmlich die Nürnberger Gesetze, das Gesetz zur Verhütung erbkranken Nachwuchses und das Ehegesundheitsgesetz.[237]

Ebenso fielen die Beschränkungen auf die Grundzüge im Erbrecht, im Wirtschaftsrecht und im Verfahrensrecht fort.[238]

2. Verschärfungen

Die neue JAO erhöhte die Anzahl der auf der Universität abzulegenden Übungen von fünf auf sechs. Auch sollte nicht mehr eine „gewissenhafte Teilnahme" (§ 3 Abs. 1 JAO) genügen. Jetzt wurde ein Ablegen „mit Erfolg" (§ 4 Abs. 1 JAO (1939) postuliert.[239] Daneben ordnete man die zwingende Teilnahme an einer Fortgeschrittenenübung im bürgerlichen Recht an. Damit versuchte man ein Absinken der Leistungen auf dem Gebiet des bürgerlichen Rechts, zu kompensieren.[240]

Dagegen blieb die Teilnahme an einer Arbeitsgemeinschaft (§ 4 Abs. 2 JAO (1939)) zwar eine Empfehlung, wirkte sich aber tatsächlich obligatorisch aus. Denn die Rechtsverordnung vom 28. April 1936 verpflichtete die Vorsitzenden der Prüfungsausschüsse sich im Vorgespräch beim Prüfling über die Arbeit in den Arbeitsgemeinschaften zu erkundigen und gegebenenfalls eine Einbeziehung in die Prüfung vorzunehmen.[241] Der Kandidat, der keine Arbeitsgemeinschaft besucht hatte, geriet an dieser Stelle in Erklärungsnöte, die ihn im Verhältnis zu anderen Mitprüflingen, die eine Arbeitsgemeinschaft besucht hatten, ins Hintertreffen geraten lassen konnte.

Als weitere Verschärfung des Prüfungsganges war anzusehen, dass nach § 20 Abs. 3 JAO (1939) nunmehr auch die mündliche Prüfungszeit auf fünf Stunden verlängert worden war.

---

237 Palandt/Richter/Stagel, Kommentar zur JAO (1939), § 6, S. 19.

238 Die amtlichen Erläuterungen blieben im Wirtschaftsrecht allerdings beim Text der ersten Auflage, der nur „besonders wichtige Bestimmungen" und eine „Vorstellung von den Grundlinien" forderte.

239 Im Ergebnis wurde hier nur die gängige Praxis manifestiert, die auch schon nach der alten JAO mindestens eine „ausreichende" Arbeit gefordert hatte. Vgl. Palandt/Richter, Kommentar zur JAO, § 3, S. 46.

240 Palandt/Richter/Stagel, Kommentar zur JAO (1939), § 4, S. 12.

241 Vgl. Schreiben vom 28.04.1936, ThHStAW, ThürOLG, Nr. 620; auch in UAJ, K 462.

3. Verfahrensgang

Die neue JAO brachte auch Verbesserungen im Prüfungsablauf und bei den Prüfungsvoraussetzungen und korrigierte an dieser Stelle aufgetretene Probleme. Die Irritationen wegen des Gerichtspraktikums räumte die JAO von 1939 aus.[242]

Die Zulassung zur ersten juristischen Staatsprüfung erfolgte weiter nur, wenn der Bewerber nach seiner Persönlichkeit zum Rechtswahrer und für den Vorbereitungsdienst, d.h. den Staatsdienst, geeignet erschien. Auf eine politische Erklärung über die Zugehörigkeit zu politischen Parteien und Verbänden wurde zwar weiter verzichtet, allerdings erhielten die Bewerber einen Fragebogen, der in seiner Anlage II nach den Mitgliedschaften zu Parteien, Gliederungen und Verbänden fragte, sowie Erklärungen zur Abstammung von Eltern und Großeltern verlangte. Hier mussten die Bewerber auch angeben, ob sie bei jüdischen Repetitoren gehört hatten. Zudem hatte der Vorsitzende des Prüfungsausschusses in Vorbereitung der Ernennung zum Referendar beim zuständigen Gauleiter eine politische Unbedenklichkeitserklärung anzufordern.

Die neue JAO veränderte den Prüfungsablauf insoweit, als dass die Aufsichtsarbeiten – wie in der Assessorenprüfung – jetzt den Auftakt im Prüfungsverfahren bildeten. Erst dann schloss sich die – nun vierwöchige – Hausarbeit an. Obgleich § 24 JAO (1939) die Notenskala der ersten Fassung übernahm, hatte der Gesetzgeber unterhalb des „ausreichend" und damit im Bereich des Nicht-Bestehens erstmals zwei Notenstufen („unzulänglich" und „ungenügend") installiert.

4. Bewertung

Mit dem Erlass der neu nummerierten JAO im Januar 1939 bekräftigte das Reichsministerium der Justiz seinen Einfluss im juristischen Ausbildungswesen. Es widersetzte sich damit zugleich den Bestrebungen, die juristische Prüfung vollends dem Reichsministerium für Wissenschaft, Erziehung und Volksbildung zu überlassen. Weil die Neuregelung auch keine Angleichung der Studien- und Prüfungsfächer an die 1935 in Kraft gesetzte Studienordnung vor-

---

242 Die neue JAO schaffte das Pflichthören von Verfahrensvorlesungen vor dem Gerichtspraktikum ab. Der Student konnte nun während des Studiums frei wählen, wann er das Praktikum – jetzt beim Richter – absolvieren wollte. Die Tätigkeitsbestimmung auf der Geschäftsstelle wurde jetzt als Notmaßnahme bezeichnet, die aufgehoben werden konnte. Vgl. Palandt/Richter/Stagel, Kommentar zur JAO (1939), § 6, S. 25.

nahm, zeigte sie sich weiter unversöhnlich mit den dortigen Ausbildungsplänen. Auch stellte die neue JAO nochmals klar, dass die Rechtsgeschichte weiter wichtiger Bestandteil der Juristenausbildung sein sollte. Als eigenes Studienfach war sie nicht aufgenommen worden, weil man sich weiter auf der Seite derjenigen wähnte, die eine rechtsgeschichtliche Ausbildung im Rahmen der jeweiligen Fächer für pädagogisch wertvoller hielten. Diese Auffassung stand aber im Gegensatz zur universitären Praxis, die weiter besondere rechtsgeschichtliche Vorlesungen abhielt.

Bezeichnend hierfür war auch die erfolgte Hereinnahme des „Rechtes zum Schutz von Rasse und Volksgesundheit“ als Nummer 2 des Prüfungskataloges, während die Studienordnung diesbezüglich nicht einmal spezielle Veranstaltungen vorsah. JAO und Studienordnung gingen damit weiter getrennte Wege.[243]

Thematisch stellte die Neufassung der JAO 1939 die gründliche Fachausbildung stärker in den Mittelpunkt aus fünf Jahre zuvor. Die erhöhte Anzahl der Übungen ist dafür nur ein Beispiel. Eine stoffliche Mehrbelastung ist zumindest für das Verfahrensrecht verbrieft.[244] Die Praktiker in der ersten Staatsprüfung hatten sich bitter über die mangelnden Kenntnisse der Kandidaten beklagt. Mit der Rückkehr zu den fast konventionellen Fächerbezeichnungen könnten sich die Kritiker der rechtsfeindlichen Sprache der alten JAO durchgesetzt haben.

Die Verlängerung der mündlichen Prüfung verschärfte ebenso das Examen und gab den Prüfern die Möglichkeit, jedes Klausurfach gleichwertig jeweils eine Stunde abzuprüfen. Sie blieb, nicht zuletzt durch diese Aufwertung, weiter der wichtigste Teil des Staatsexamens.

VII. Reformbemühungen im Kriege und die Ablösung der Studienreform

Der Einfluss der „Akademie für Deutsches Recht“ ging nach 1939 mit der Berufung *Franks* als Generalgouverneur für die besetzten polnischen Gebiete merklich zurück. Sein kommissarischer Vertreter *Carl August Emge* war nicht

243 Hierin erneut einen Nachweis für die differierenden Zielrichtungen der jeweiligen Ausbildungsordnungen zu erblicken, erscheint keinesfalls abwegig.

244 Vgl. Nr. 9 des Prüfungskataloges: „Gerichtsverfassung und Verfahren“ anstelle des früheren „Grundzüge des gerichtlichen Verfahrensrechtes“.

in der Lage, die Position der Akademie weiter auszubauen. Die Diskussion verlagerte sich jetzt neben der Literatur[245] vor allem an die Fakultäten.

1. Die Einbeziehung der Fakultäten in die Reformdebatte

Einen neuen Schub erhielt die Ausbildungsdebatte durch die Bestrebungen einer Neugestaltung des Studiums im Verwaltungsrecht. Einhergehend mit der Ausweitung des deutschen Herrschaftsbereiches im europäischen Raum und den damit verbundenen Verwaltungsaufgaben, stellte sich ab Mai 1941 erstmals die Frage nach einer Reform des Verwaltungsstudiums. Anstoß dieser Überlegungen waren Forderungen aus dem Reichsministerium des Inneren. Das zuständige Reichsministerium für Wissenschaft, Erziehung und Volksbildung ließ bei den Fakultäten anfragen, „ob die bisherige rechtswissenschaftliche Studienordnung eine sachlich ausreichende Grundlage für die Ausbildung der künftigen Rechtswahrer der Verwaltung" bilde[246] und ob „die bisher einheitliche Ausbildung der künftigen Rechtswahrer der Justiz und der Verwaltung [...] in einem gemeinsamen Studiengang vereinigt bleiben" könne.[247]

Es folgte eine Anhörung der Fakultäten, zunächst als sog. Fakultätsausschuss unter der Leitung des Berliner Dekans,[248] der sich schließlich – ministe-

---

245 Inhaltlich wich der Gebrauch weltanschaulicher Argumente pragmatischen Erwägungen. Die Auseinandersetzungen kreisten nun um weitere Effizienzsteigerungen sowie um kriegsbedingte Auswirkungen auf Studien- und Prüfungsbetrieb. Vgl. Scheid, Die vereinfachte große juristische Staatsprüfung (Kriegsnotprüfung), DR 1940, 271ff; Klausing, Zum Rechtsstudium von Kriegsteilnehmern, DR 1941, 2549ff u.a., zit. nach Frassek, ZRG 1994, S. 583.

246 Schreiben des Reichministers für Wissenschaft, Erziehung und Volksbildung vom 26.06.1941, NRWHStA, RW 265, Nr. 21483, Bl. 7 ff; siehe auch ThHStAW, Thür-VoBi, C 417, Bl. 136; UAJ, K 531.

247 Die Jenaer Fakultät bejahte die „Notwendigkeit einer Ergänzung des Unterrichts und einer Veranschaulichung des Stoffes auf dem Gebiet der Verwaltung". Erreicht werden sollte dies durch die Einführung grundlegender Vorlesungen über „Verwaltungssoziologie (einschl. Technologie der Verwaltung)" und „Verwaltungsgeschichte" sowie den Ausbau bestehender Spezialvorlesungen wie „Gemeinde- oder „Beamtenrecht". Die Ausführungen machen deutlich, worin die Fakultät den Schwerpunkt der Lehre sah: Verstärkung der wirtschaftlichen Bezüge zum Recht, Ausbau grundlegender – vor allem historischer – Veranstaltungen anstelle von Spezialwissen, Rückgriff auf bekannte juristische Vorlesungsinhalte, kein Aufgeben wesentlicher zivilrechtlicher Lerninhalte zugunsten des öffentlichen Rechts – mithin im Bereich der ursprünglichen klassischen Juristenausbildung. Vgl. Stellungnahme vom 23.09.1941, UAJ, BA 2076, Bl. 92.

248 NRWHStA, RW 265, Nr. 21483, Bl. 7 ff.

riell geduldet – zu regelmäßigen Dekanskonferenzen entwickelte, auf denen man aktuelle Probleme untereinander besprechen konnte. Ein stets wiederkehrendes Thema in diesem neuen Forum der Meinungsäußerung bildete dabei die Juristenausbildung, wobei deren Reformbedürftigkeit von Beginn an außer Streit stand. Auf der dritten Dekanskonferenz vom 10. bis 12. Juli 1942 im thüringischen Weimar[249] verständigte man sich sogar auf den zivilrechtlichen Inhalt des Rechtsstudiums und wies bislang strittig gebliebene Stoffreste den verschiedenen Veranstaltungen zu, ohne zuvor ministerielle Vorgaben eingeholt zu haben. Während der Jenaer Dekan *Haupt* in den Konferenzen schon eine an sich autonome Einrichtung gesehen hatte, stellten der Berliner Dekan *Gieseke* und sein Kollege *von Schwerin* den inoffiziellen Charakter des Forums heraus.

Und doch: Der enge Zusammenhalt der Fakultäten wurde immer notwendiger. Denn mit der Ernennung *Thieracks* zum Reichsminister der Justiz im August 1942 und seiner Beauftragung zu einer „Neuordnung der Justiz" und ihrer endgültigen politischen Ausrichtung gelangte eine neue Schärfe in die Reformdebatte.[250] *Hitler* selbst hatte in einem Tischgespräch verdeutlicht, dass in der Reform der juristischen Hochschulausbildung eine vordringliche Aufgabe zu sehen sei.[251]

Eine erneute Ausbildungsänderung sollte in Richtung ihrer völligen Lenkung und Politisierung durch eine Schwerpunktverlagerung der Lehrpläne hin zu verstärkten Vorlesungen im Bereich der Geschichte, Rassen- und Volkskunde sowie Rechtssoziologie erfolgen. Die Vermittlung des Juristischen woll-

---

249 Der Versammlungsort in Mitteldeutschland war wegen der günstigen Verkehrsverhältnisse gewählt worden. Jena selbst war zwar angeregt worden, ließ sich aber aufgrund der wenigen Hotels mit Verpflegungsmöglichkeiten nicht realisieren.

250 „Ich muss die Fakultäten kontrollieren und ausrichten", als kolportiertes Zitat *Thieracks* vgl. Tagungsbericht zur 5. Dekanskonferenz in UAJ, K 537. Unter Inszenierung einer „großen Justizkrise" vereinigte *Thierack* mit den Ämtern des Präsidenten der „Akademie für Deutsches Recht" und des Leiters des NS-Rechtswahrerbundes sämtliche juristische Leitungsfunktionen in einer Person. Des Weiteren stattete ihn *Hitler* mit umfassenden Vollmachten aus. (Führererlass vom 20.08.1942: „Zur Erfüllung der Aufgaben...beauftrage und ermächtige [...] den Reichsminister der Justiz [...] alle dafür erforderlichen Maßnahmen zu treffen. Er kann hierbei von bestehendem Recht abweichen." Vgl. RGBl. I 1942, S. 535)

251 Schädler, Justizkrise und Justizreform, S. 175/176, ebenso *Thierack* in einem Schreiben an Gauleiter *Eggeling* am 31.10.1942, in dem er die „völlige Erneuerung des Studiums" als vordringliches Problem beschreibt. Vgl. BA R 3001 (alt 22)/4720, zit. nach Schädler, Justizkrise und Justizreform, S. 208.

te man mit einer „wuchtigen, schlichten Sprache, unterstützt durch einfache und volksnahe Gesetze" sowie mit einer fallorientierten Darstellung anhand konkreter praktischer Beispiele erreichen. Das neue Unterrichtsmodell sah u.a. vor, die großen „Hauptvorlesungen" auf Kleingruppen aufzuteilen. Von künftigen Hochschullehrern wurde erwartet, dass sie „wissenschaftliche, pädagogische und praktische Begabung miteinander" verbänden.[252] Sogenannte Praktiker-Arbeitsgemeinschaften unter Leitung von Richtern und Staatsanwälten sollten das Verhältnis von Forschung, Lehre und Praxis überdenken und den künftigen Rechtswahrer besser auf die spätere praktische Tätigkeit vorbereiten. Die Professur als klassisches Berufsbild sollte dem „Praktiker an der Hochschule" weichen.

Die Fakultäten stellten sich angesichts dessen die bange Frage, ob sie künftig überhaupt noch die Anwärter für den höheren öffentlichen Dienst auszubilden hätten.[253] Die Dekanskonferenzen boten jetzt die Gelegenheit zu internen Abstimmungen und zur Formulierung von gemeinsamen Gegenpositionen. Man verständigte sich darauf, den Gesamtstoff der Ausbildung weiter an den Anfang des Studiums zu verschieben und von sich aus einen stärkeren Praxisbezug ins Studium zu integrieren. Die Praktiker-Arbeitsgemeinschaften lehnte man als obligatorische Institutionen ab. Die gesamte Diskussion sei vergiftet durch „die zahlreichen mündlichen und schriftlichen Äußerungen aus dem Kreis der Justiz, die die Fakultäten zum Prügelknaben" machten. Überhaupt könne das Reichsjustizministerium zwar vorschreiben, was in der Referendarprüfung zu leisten sei, aber nicht „was und wie an den Universitäten gelehrt" werde.

Die Bandagen wurden härter, der Ton rauher: „Mit dem alten Debattenstil kommt man heute freilich nicht weiter, sondern man muß einen ganz energischen Ton anschlagen" (*Michaelis*).[254]

---

252 Vgl. Rothenberger, DR 1943, Heft ½ (Sonderdruck) zit. nach BA R 3001 (alt 22)/72947, Schädler, Justizkrise und Justizreform, S. 201ff.

253 In einer Rede des Reichsjustizministers *Thierack* zehn Tage vor der Dekanskonferenz am 16.02.1943 in Innsbruck hatte er sich auf einer Großkundgebung ablehnend gegenüber der Hochschulausbildung ausgesprochen und den Plan in Aussicht gestellt, die von ihm benötigten Richter ohne die Fakultäten selbst ausbilden zu wollen. In einem Schloss untergebracht, sollten binnen eines Jahres mehrere Hunderte Richter herangezogen werden. Vgl. Tagungsbericht zur 4. Dekanskonferenz, UAJ, K 537.

254 Vgl. zum Ganzen, Tagungsbericht zur 5. Dekanskonferenz, UAJ, K 537.

2. Abgestimmte Reformentwürfe

In der Folge kursierten diverse Studienreform-Entwürfe aus den beteiligten Ministerien der Justiz, des Inneren und der Wissenschaft, Erziehung und Volksbildung, teilweise untereinander abgestimmt, sowie auch Reformvorschläge der Dekanskonferenz. Ihnen gemein war eine Verstärkung des Öffentlichen Rechts und, seitens des Reichsministeriums der Justiz, eine Etablierung der Praktiker-Arbeitsgemeinschaften. Im Verwaltungsrecht beabsichtigte man eine Vielzahl kleinerer Spezialvorlesungen an die Stelle der großen Hauptvorlesungen zu setzen. Man erweiterte den offiziellen Themenkanon mit „Kommunalverwaltung und Kommunalpolitik", „Wehrverfassung und Wehrverwaltung", „Kolonialpolitik und Kolonialverwaltung", „Verwaltungspolitik" sowie „Volkspflege, Sozialpolitik, Gesundheitswesen". Erstmals plante man mit „Aufgaben und Aufbau der Polizei" eine polizei- und ordnungsrechtliche Vorlesung. Hinzu traten Spezialfächer wie „Raumforschung und Landesplanung", „Verkehr", „Verwaltung und Technik" oder „Außenwirtschaft, Weltwirtschaft (inkl. Großraumwirtschaft)".

Im zivilrechtlichen Bereich versetzte man „Vertrag und Unrecht" ins erste Semester und verschob so die Fachausbildung mit einer zweiten Hauptvorlesung (neben „Familie") nach vorn. Die Besternung entfiel.

3. Die Studienreform vom 10. Juli 1944

Auf der sechsten Dekanskonferenz in Posen verkündete der Reichsminister für Wissenschaft, Erziehung und Volksbildung schließlich eine neue Studienordnung, die noch zum Wintersemester 1944/45 in Kraft trat und die Richtlinien vom 18. Januar 1935 endgültig ablöste.[255]

Dem neuen Studienplan vorgeschaltet waren, wie schon 1935, beschwörerische Appellworte. Ihr Tenor unterschied sich jedoch deutlich vom Kampfcharakter der *Eckhardtschen* Richtlinien.[256] Das Mindeststudium blieb bei sechs

---

255 Siehe UAJ, BA 2076 Bl. 113, 117. Letzte Besprechungen zwischen dem Reichsministerium für Wissenschaft, Erziehung und Volksbildung und einem Kreis aus 10 Experten unter der Leitung von *Siebert* fanden im Mai 1944 statt. Vgl. GStA Berlin, Rep. 76, Nr. 191 (24.1.; 14.3.; 26.5.44) zit. nach Grothe, Zwischen Geschichte und Recht, S. 204.

256 Das Studium der Rechts- und Staatswissenschaften war nunmehr „Vorbereitung für den Dienst an der Ordnung des deutschen Gemeinschaftslebens". Der jetzige Student solle später „ein schöpferisch wirkender verantwortlicher Mitträger der Gestaltungskräfte des deutschen Volkes" werden. Daher müsse die Ausbildung eine geeignete

Semestern. Die Praktiker-Arbeitsgemeinschaften wurden in allen drei Säulen – Zivilrecht, Strafrecht und im Öffentlichen Recht – verbindlich eingeführt.[257] Der Studienplan trennte jetzt zwischen Pflichtfächern und „Empfehlenswerte[n] Vorlesungen". In letztere Rubrik fielen vor allem die von *Eckhardt* geschätzten Spezialvorlesungen und insbesondere auch die rasserechtlichen Lehrveranstaltungen. Generell fiel auf, dass die Fachvorlesungen nach vorn geschoben wurden und die allgemeinbildenden Veranstaltungen verdrängt hatten. Anstelle der als unglücklich empfundenen Vorlesungsbezeichnungen traten nun vielfach neue Begriffe.[258] Daneben gab es aber auch eine Vielzahl neuer Vorlesungen.[259]

Eine deutliche Aufwertung erfuhr das Öffentliche Recht. Die großen Hauptvorlesungen wie „Verfassung" und „Verwaltung" blieben zwar bestehen, letztere wurde jedoch in drei gleichwertige, in verschiedenen Semestern belegene, Veranstaltungen untergliedert („Verwaltung I-III"). Insgesamt umfasste das Rechtsstudium im Öffentlichen Recht nunmehr simplifiziert ca. 28-29 Semesterwochenstunden in der Kernausbildung (zuzüglich vier Stunden für

---

Grundlage für die „folgende praktische Ausbildung und den späteren höheren Dienst in allen Zweigen von Justiz, Verwaltung und Wirtschaft" anbieten, weshalb „das Studium den Studenten in die politischen, geschichtlichen, kulturellen, sozialen und wirtschaftlichen Aufgaben und Zusammenhänge des Rechts-, des Staats- und des Volkslebens einführen, ihm die dazu erforderlichen Kenntnisse vermitteln und seine Fähigkeit zu selbstständiger wissenschaftlicher Arbeit entwickeln" sollte. Vgl. Studienordnung, UAJ, K 546, Bl. 49.

257 In Jena stand man den Praktiker-Arbeitsgemeinschaften sehr skeptisch gegenüber. Als die Einführung unausweichlich wurde, kam es zu mehreren schriftlichen Auseinandersetzungen zwischen dem Jenaer Dekan und dem OLG-Chefpräsidenten, der die ministerielle Regelung umsetzen musste. *Krusch* verweigerte sich und erklärte ausweichend, die Fakultäten hätten sich noch nicht entschlossen, wie sie mit der Regelung umgingen, während der Chefpräsident auf die Umsetzung bestand. Am Ende wurden drei Arbeitsgemeinschaften für ausreichend erachtet, von denen *Krusch* und *Lange* als Universitätslehrer sowie Dr. *Müller* als Praktiker lehrten (Vgl. Schreiben vom 22.09.1944 als Regelung für das WS 44/45, UAJ, BA 2076).

258 Z.B. „Volksgenosse und Familie" statt „Familie"; „Bodenrecht" statt „Boden"; „Vermögensrecht II: Güterumsatz" statt „Ware und Geld"; „Familiengüter und Erbrecht" statt „Familienerbe"; „Urheber- und Erfinderrecht" statt „Geistiges Schaffen" usw.

259 „Deutsche Landeskunde, Raumforschung und Landesplanung", „Wirtschaftsverfassung und Wirtschaftsverwaltung", „Geld und Kredit", „Verwaltung und Technik", „Volkspflege und Sozialpolitik" usw.

Übungen) und hatte vor allem das Zivilrecht als dominierende Ausbildungsmaterie abgelöst.[260]

Im Zivilrecht verschob man „Vermögensrecht I: Vertrag und Unrecht" wie angekündigt neben „Volksgenosse und Familie" ins erste Semester. Auch räumte man der zivilrechtlichen Kernausbildung mehr Lehrzeit ein.

Das Wachstum im Zivil- und vor allem im Öffentlichen Recht ging zu Lasten der rechtsgeschichtlichen Veranstaltungen.[261]

Die praktische Bedeutung dieser Reform und ihre Umsetzung im letzten Kriegssemester stießen angesichts der prekären innen- und außenpolitischen Lage denknotwendig an Grenzen. Hinzu kam, dass an den Fakultäten offensichtlich Konsens darüber bestand, die neue Studienordnung zunächst nur für das erste Semester einzuführen. Auch wurden die Neuschöpfungen weiter mit Skepsis und Missmut betrachtet. Die neuen „Rechtsfälle des täglichen Lebens" seien nichts anderes als die „alten juristischen Besprechungen". Was sich hinter „Verwaltung und Technik" verberge, sei schlichtweg schleierhaft.[262] Die vom Jenaer Dekan *Krusch* als „sehr problematisch" erklärte Vorlesung übernahm an der Friedrich-Schiller-Universität schließlich im Wintersemester 1944/45 *Brintzinger* vom Institut für technische Chemie.[263]

4. Ende und Neubeginn

Auch unmittelbar nach Kriegsende setzte sich die Reformdebatte der Juristenausbildung fort. Schon im August 1945 wollte man in Jena zusammen mit der Universität Leipzig für eine Universitätsabschlussprüfung anstelle der ersten juristischen Staatsprüfung werben. Am 01. Oktober 1945 trat dann die neue Thüringer juristische Prüfungsordnung in Kraft; im November 1945 verständigten sich die Dekane in Berlin über die Neugestaltung der Studienpläne in der sowjetischen Besatzungszone.[264] Wie überall im Deutschen Reich wider-

---

260 Die strafrechtlichen Vorlesungen blieben konstant (9 Semesterwochenstunden zuzüglich 2 Stunden für Übungen).

261 Lediglich die „Vorgeschichte" verschob sich aus den Pflichtfächern in die „Empfehlenswerten Vorlesungen". Die restlichen Stundeneinsparungen erreichte man durch eine gleichmäßige Stundenreduktion bei den übrigen rechtshistorischen Veranstaltungen.

262 Vgl. Hinweis *Krusch* in UAJ, K 528.

263 Vgl. Hinweis *Krusch* in UAJ, K 528.

264 Schreiben vom 19.11.45, UAJ, K 546.

setzte man sich auch in Jena einer Fortführung des „*Eckhardtschen* Studienplanes in ursprünglicher oder 1944 geänderter Form".[265]

Schließlich begannen am 03. Dezember 1945 an der Friedrich-Schiller-Universität die rechtswissenschaftlichen Vorlesungen mit einem neuen Studienplan für das Wintersemester 1945/46. Hierin hatten sich zunächst noch die bisherigen zivilrechtlichen Vorlesungen mit „Personen- und Familienrecht", „Vermögensrecht I: Vertrag und Unrecht", „Vermögensrecht II: Güterumsatz" sowie „Bodenrecht", „Familiengüter- und Erbrecht" erhalten. Unter der Rubrik „Staats-, Verwaltungs- und Völkerrecht" bot man dagegen nur „Verwaltung I" an, in „Geschichte" die bekannten Vorlesungen des dritten Reiches wie „Deutsche Rechtsgeschichte", „Römische Rechtsgeschichte", „Verfassungsgeschichte der Neuzeit" und „Privatrechtsgeschichte der Neuzeit". Parallelen zur früheren Ausbildung sind hier unverkennbar.

Doch schon im Sommersemester 1947 hatte man die nationalsozialistische Ausbildungsepisode endgültig überwunden und war – auch in den Bezeichnungen – längst wieder zur Juristenausbildung vor 1935 zurückgekehrt.[266]

5. Bewertung

Die Ausbildungsdebatte verlor auch im Kriege nicht an Fahrt, weil jetzt aus dem Reichsministerium des Inneren eine Erneuerung der verwaltungsrechtlichen Ausbildung angeschoben wurde. Mit der späteren Amtsübernahme *Thieracks* als Reichsminister der Justiz drohte den Fakultäten zudem wieder eine Oktroyierung von oben. Dessen unnachgiebige Haltung sowohl in der Ausbildungsfrage insgesamt, wie auch in den Praktiker-Arbeitsgemeinschaften, führte zu einer stetigen Solidarisierung der Fakultäten untereinander. Sie sollte nichts nützen.

Denn die Studienreform von 1944 trug deutlich die Handschrift der Reichsministerien der Justiz (hinsichtlich der Praktiker-Arbeitsgemeinschaften), des Inneren (hinsichtlich des verwaltungsrechtlichen Studiums) und (auch) der Wissenschaft, Erziehung und Volksbildung (Aufwertung des öffentlichen Rechts, Bewahrung der *Eckhardtschen* Grundlagen). Die Ausbildungsdebatte ist folglich auch ein Beispiel für das, das Dritte Reich

---

265 Schreiben vom 15.08.45, UAJ, K 546.

266 Vgl. z.B. „Grundzüge des römischen Privatrechts", „Staatsrecht", „Familienrecht", „Erbrecht", „Recht der Schuldverhältnisse", „Verwaltungsrecht", „Zivilprozessrecht" usw., siehe Vorlesungsverzeichnis der Universität Jena, UAJ, 8 Hist Lit VI, 248.

kennzeichnende Gerangel um Macht, Einfluss und Kompetenzen verschiedenster Stellen und Institutionen.[267]

Im Verwaltungsrecht kam es durch die Verschiebung weg von den großen Hauptvorlesungen hin zu zahlreichen Spezialvorlesungen zu einem Wandel einer „verwaltungsrechtlichen“ zugunsten einer „verwaltungspolitischen“ Betrachtung. Die Erörterung von Fragen der Verwaltungsorganisation sollte für den angehenden Verwaltungsjuristen eine höhere Stellung einnehmen, als die Behandlung verwaltungsrechtlicher Probleme und Abläufe. Damit meinte man, das Verwaltungsstudium besser den Erfordernissen der Zeit anzupassen. Vom Umfang her löste das Öffentliche Recht das Zivilrecht als Hauptmaterie ab.

Im Zivilrecht kam es durch die Vorverlegung der Fachausbildung und durch erhöhte Stundenzahlen trotz Beibehaltung der *Eckhardtschen* Vorlesungsaufteilung und -gliederung, zu eine vertiefenden Fachausbildung, womit man den Evaluationsergebnissen Rechnung trug.

Die Auswirkungen der Reform waren angesichts der Kriegslage 1944/45 nicht mehr messbar. Es bleibt unsicher, ob sie die Debatte um die richtige Rechtswahrerausbildung auf Dauer hätte beenden können. Wahrscheinlich ist das nicht. Denn die Fakultäten hatten bereits vor der Tagung in Posen verdeutlicht, dass die kursierenden Entwürfe unzureichend seien. Den Plänen liege kein „einheitliches Kulturbild“ zugrunde, die Bezeichnung „Recht“ komme kaum vor. Der Trend der Fakultäten ging, wie schon in den Jahren zuvor, eher in Richtung einer konservativen Juristenausbildung mit ihren klassischen Fächern. Die fachlichen Neuschöpfungen wie „Raumforschung und Landesplanung“, „Verkehr“ oder „Verwaltung und Technik“ waren entweder als Lehrfach noch in vollem Flusse begriffen und damit keineswegs universitätsreif, oder sie waren derart speziell, dass kein praktisches Bedürfnis für eine juristische Vorlesung bestand.

B. Fazit

Die im Nationalsozialismus durch JAO und Studienordnung veränderte Juristenausbildung löste die Gemengelage um die verschiedenen Zuständigkeiten zugunsten einer zentralisierten Reichsgewalt auf und verschaffte damit den Reichsministerien der Justiz und der Wissenschaft, Erziehung und Volksbil-

267 Vgl. auch Schädler, Justizkrise und Justizreform, S. 336, die zum Ergebnis gelangt, dass „das Reichsjustizministerium […] als ein wichtiges Ordnungszentrum am Ende des ‚Dritten Reiches‘ gesehen“ werden müsse.

dung ein Reform-Umsetzungsmonopol. Die einstigen Gegenspieler – Länder, Hochschulverwaltungen und Fakultäten – wurden zum einen durch den Kompetenzentzug und zum anderen durch den infolge der Machtübergabe einsetzenden Personalumbau entmachtet.

Was blieb, war eine zügig verabschiedete Justizausbildungsordnung von 1934, die im Wesentlichen die Handschrift *Freislers* trug. Darin war in großen Linien die Neuordnung des juristischen Studiums vorgegeben, basierend auf den Schlagworten Rechtsvereinheitlichung, Rechtserneuerung und Menschenerziehung. Die neue JAO führte erstmals zu einem reichsweit einheitlichen und nach gleichen Standards operierenden Ausbildungsgang. Diese Rechtsvereinheitlichung wurde allenthalben als ebenso notwendig wie fortschrittlich angesehen und brachte der JAO eine grundsätzliche Akzeptanz ein.

Die konzipierte Stoffeinteilung hatte – von wenigen Ausnahmen abgesehen – keine neue Fachausgestaltung des Studiums zum Ziel. Sie war vielmehr der Versuch, die Vermittlung des bestehenden, materiellen Rechts von den großen Gesetzestexten zu lösen. Dieser Ansatz, der auch die als zu abstrakt kritisierten „allgemeinen Teile" in der Rechtslehre entbehrlich machte, war letztlich eine Konsequenz in dem Bestreben nach einem erneuertem und volksnäherem Recht.

Die in der JAO aufgestellte Untergliederung von Allgemeinbildung und Fachstudium, die Wiedererstarkung der Rechtsgeschichte und die Verpflichtung einer Beschäftigung mit den Grundlagen des Nationalsozialismus sollten die Schulung des Einzelnen im Sinne der neuen Weltanschauung, wie sie bereits in den NS-Jugendorganisationen begonnen hatte, fortführen. Für *Freisler* stellte die Menschenerziehung die maßgebliche Schwerpunktverlagerung in der Reformdebatte dar. Verbunden mit dem Führerprinzip sollte der mündlichen Prüfung und damit dem Prüfungsgespräch die entscheidende Bedeutung für das Ergebnis der ersten juristischen Staatsprüfung zukommen. Menschenkenntnis und Nationalsozialismus sollten, neben der Fachausbildung, das künftige Rechtsstudium prägen. Die Grenzen der JAO lagen aber in ihrer Eigenschaft als Rahmengesetzgebungswerk.

Die eigentliche Ausgestaltung des Rechtsstudiums bestimmte die Studienordnung von 1935 aus dem Reichsministerium für Wissenschaft, Erziehung und Volksbildung. Aufgrund ihrer Funktion kam ihr ein anderer, ungleich höherer Wirkungsgrad zu. Der von *Karl August Eckhardt,* als Mitglied der „Kieler Schule" konzipierte, auf Vorarbeiten verschiedener – vor allem – jüngerer Hochschullehrer, zurückgehende Studienplan berücksichtigte nicht vorrangig die Umsetzung der Menschenerziehung. Dies lag zum einen am *Eckhardtschen*

Selbstverständnis und zum anderen an der fehlenden personellen Grundlage in der Dozentenlandschaft. Zweifellos war die Studienordnung als Ausbildungskonzept an die bestehende Weltanschauung geknüpft. Deren Pflichtengebundenheit des Einzelnen gegenüber dem Volksganzen und dem Nationalsozialismus implizierte zugleich auch das Postulat einer politischen Erziehung. Insofern enthielt die Studienordnung zwangsläufig auch eine politische Zielsetzung, die auf eine Langzeitwirkung ausgerichtet war. Diese „Menschenerziehung" stellte aber nicht den Schwerpunkt der Studienreform dar.

Ihr Bestreben lag vielmehr in einer veränderten Darstellung der Fachmaterien, mithin im Bereich der „Rechtserneuerung". *Eckhardt* suchte, in Fortführung der JAO, die Juristenausbildung zu reformieren, indem er das Rechtsstudium aus dem Bereich eines starren Normen- und Systemkorsetts herauslöste und die Funktionszusammenhänge der Privatrechtsordnung in neuer Weise und in Anlehnung an das Theorem des „konkreten Ordnungsdenken" veranschaulichte. Ihm ging es primär darum, das bestehende Ausbildungsschema durch eine neue Sichtweise auf das Recht zu ersetzen und damit die Kritikpunkte an einer allein abstrakt-dogmatischen Rechtslehre zu überwinden. Die postrevolutionäre Phase der Machtübergabe ermöglichte die dafür notwendigen schnellen und radikalen Umsetzungen, weil sie erlaubte, ausbildungstechnisch bestehende Axiome zu hinterfragen und gegebenenfalls zu verwerfen.[268]

Eckhardts Kernsätze waren die Abschaffung der allgemeinen Teile, die Überwindung des Bürgerlichen Rechts als Rechtsbegriff und schließlich die Abkehr von der Systematik des BGB und ihre Ersetzung durch eine an konkreten Lebensordnungen ausgerichtete Einteilung des Rechtsstoffes. Weil die von *Eckhardt* erdachten Umstellungen keine Stütze im materiellen Recht fanden und auch in der Folgezeit durch die im Nationalsozialismus fortschreitende Rechtserneuerung keine solche erhielten, blieb die Studienreform ein „Gebäude ohne Fundament". Die zur Umsetzung verpflichteten Hochschullehrer attackierten im Laufe der Zeit immer wieder das bestehende Reformpaket. Dabei standen sich schließlich Vertreter der „Kieler Schule" und der „Akademie für deutsches Recht" gegenüber. Die *Eckhardt* zuzurechnenden Verbündeten aus der „Kieler Schule" erwehrten sich bis zuletzt zahlreicher Angriffe auf die Konzeption der Studienordnung. Die in ihr enthaltene Rechtserneuerung wurde als Inbegriff nationalsozialistischen Rechtsdenkens verstanden und jedwede Rückkehr zur klassischen Juristenausbildung als ein Schritt zurück in die posi-

268 Vgl. Eckhardt, Das Studium der Rechtswissenschaften, S. 16: „Wenn Herr Kollege *Lange* gestern sagte, wir könnten die Vorlesung nicht grundsätzlich neu gestalten [...] so muß ich dieser Ansicht energisch widersprechen."

tivistische „Systemzeit“ gegeißelt. Selbst der 1944 in Kraft gesetzte Studienplan hielt an der *Eckhardtschen* Grundkonzeption (vor allem im Zivilrecht) fest und passte den Vorlesungsplan im Ergebnis lediglich an die stetig gestiegene Bedeutung des Öffentlichen Rechts – welches schließlich das Zivilrecht stundenmäßig überflügelte – und an die erstrebte praktischere Studiengestaltung durch die Praktiker-Arbeitsgemeinschaften an.

In der Wissenschaft ist die Zielsetzung und Wirkung der Studienordnung nach wie vor umstritten. Die Aussage *Wieackers,* wonach sie ihrem Inhalt nach „wesentlich nicht politisch“ motiviert und insoweit „von politischen Verzerrungen kaum beeinflusst“ worden war, der Studienplan gar einen „ernsthafte[n] und der Erwägung werte[n] Versuch, den Rechtsunterricht aus den traditionellen Bahnen herauszulösen“ darstellte[269], ist in der neueren Wissenschaft nicht unwidersprochen geblieben. Ihr wird zumeist ein apologetischer Hintergrund unterstellt. *Kroeschel* hat deshalb die schon 1941 von *Heinrich Lange* vertretene Ansicht aufgegriffen, wonach die Studienordnung mit Recht von Zeitgenossen als „schärfste Kampfansage gegen die Technik, den Umfang und die Bedeutung des bürgerlichen Rechts und des bürgerlichen Gesetzbuches“ aufgefasst worden war.[270] *Frassek* hat schließlich nachgewiesen, dass die Studienordnung sehr wohl mit einer konkreten politischen Zielsetzung verknüpft und auf Langzeitwirkung ausgerichtet war und dass der Streit darüber letztlich bis in die „bestimmenden Entscheidungsträger in Partei und Staat“ ausstrahlte.[271]

Nach dem bisher Dargestellten bedürfen diese Ansichten einer Ergänzung. Die Motive *Eckhardts* für die Studienreform lagen nicht ausschließlich in einer politischen (Fern-) Wirkung. Vielmehr trat der prononciert politische Aspekt zugunsten eines historischen und systemischen in den Hintergrund.[272] Dabei wird nicht verkannt, dass jede Bildungspolitik auf den Erhalt der gegenwärtigen Gesellschaftsform abzielen, ja sogar ideologiestützend fungieren muss, will sie eine prägende Wirkung entfalten. Überall da, wo eine Erziehung stattfinden soll, bedarf es eines – mehr oder weniger – tragfähigen gesellschaftlich-politischen, ideologischen Unterbaues. Politische Intentionen sind folglich jeder Bildungspolitik immanent. Deshalb war die Studienordnung – insoweit hat *Frassek* recht – auch politisch und ideologisch beeinflusst.

---

269 Vgl. Wieacker, Privatrechtsgeschichte der Neuzeit, S.555/556.

270 Vgl. Kroeschell, Rechtsgeschichte Deutschlands im 20. Jahrhundert, S. 86.

271 Vgl. Frassek, Juristenausbildung, S. 87.

272 So auch Grothe, Zwischen Geschichte und Recht, S. 196, der allerdings zu Recht darauf hinweist, dass im Wege der Historisierung auch eine Politisierung beabsichtigt war.

Sie war aber eher nationalsozialistisch inspiriert.[273] Denn der veränderte Vorlesungskanon, der Wegfall der allgemeinen Teile, der Vorrang von Familien- und Erbrecht, die Gegensätze von „Boden“ einerseits und „Ware und Geld“ andererseits usw. waren indessen zentrale fachliche Abweichungen vom bisherigen Ausbildungsgang. Die Kritik der Zeitgenossen richtete sich schließlich auch weniger gegen eine politische Vereinnahmung der Juristenausbildung durch die Machthaber – im Gegenteil, man hatte schließlich die „politische Universität“ mehr oder weniger murrend akzeptiert – als vielmehr gegen den Versuch, Jahrhunderte alte Traditionen durch umstrittene Experimente zu ersetzen.[274]

In der Retrospektive wird außerdem deutlich, dass die Fakultäten als Institution eine Entwicklung durchliefen. Waren sie am Ende der Weimarer Republik noch Hauptakteure in der Ausbildungsdebatte, in ständigem Dialog miteinander, kämpfend für den Erhalt universitärer Traditionen, nahm ihre Bedeutung nach der Machtübergabe durch umfangreiche Personalwechsel rapide ab. Es blieben nur noch einzelne Hochschullehrer mit vermeintlicher Vorreiterrolle, welche die Reform trugen. Erst in der Konsolidierungsphase des Dritten Reiches ab 1936 traten die Fakultäten als Institutionen wieder geschlossener auf. Kennzeichnend sind hierfür vor allem die kritischen Stellungnahmen im Rahmen der Evaluation der Studienordnung. Mit Ausbruch des Zweiten Weltkrieges und in dessen Folge verdichtete sich ihr Manövrierraum immer weiter. Sie fanden zu kritischer Stärke und innerer Geschlossenheit zurück, auch wenn die Dekanskonferenzen (noch) kein offizielles Forum darstellten.

273 Haferkamp, ZNR 32, 2010, Nr. 1, S. 62.

274 Vgl. auch Lange, in „Darstellung meiner politischen und beruflichen Entwicklung“, Akten der Spruchkammer 10 (München) X/8613/48 B 2, Bl. 46ff, zit. nach Wolf, Vom alten zum neuen Privatrecht, S. 42: „1934 traten radikale Elemente in den Vordergrund. Sie wollten alle Tradition zerschlagen, alles Bestehende stürzen und ein neues Recht ohne Rücksicht auf die Bedürfnisse der Praxis auf völlig neuer Grundlage aufbauen. Sie kämpften vor allem gegen das bürgerliche Recht und sein Gesetzbuch, seinen Umfang, seinen Inhalt und seinen Aufbau und forderten deren Beseitigung.“

Das zweite Kapitel

A. Die Umsetzung der Ausbildungsreformen

Im vorstehenden Kapitel wurde gezeigt, dass die Bestrebungen einer Reform der Juristenausbildung sowohl konzeptioneller wie auch inhaltlicher Art waren. Sie beruhten im Wesentlichen auf der *Eckhardtschen* Studienreform (und der sie bedingenden Justizausbildungsordnungen von 1934 bzw. 1939), und erfolgten keinesfalls konsensual mit den sie ausführenden Fakultäten. In der Folge soll daher überprüft werden, wie die Anwender der Reform mit ihr umgingen, ob und gegebenenfalls wie die mit der Studienreform verfolgten Ziele sich in der Praxis bewährten.

Angesichts ihres permanenten In-Frage-Stellens lässt sich eine zurückhaltende und an den bewährten Abläufen orientierte Juristenausbildung im Dritten Reich vermuten. Des Weiteren soll untersucht werden, wie weit die ideologische Beeinflussung durch die Studienordnung in der Praxis fortgeschritten war.

Die Überprüfung der Umsetzung der Studienreformziele soll am Beispiel der Rechts- und Wirtschaftswissenschaftlichen Fakultät der Friedrich-Schiller-Universität Jena erfolgen. Dies hat ihren Reiz darin, dass es sich einerseits um eine weniger exponierte, nicht unmittelbar im Einflussbereich der Berliner Ministerien befindliche, kleinere Universität handelte. Zum anderen bestand aufgrund der ehemaligen Prüfungsgemeinschaft mit Preußen eine enge Verknüpfung und zudem auch eine besondere geographische Nähe zum „braunen" Weimar mit seinem Gauleiter Fritz Sauckel, der erheblichen Einfluss auf die Universitätsentwicklung im Dritten Reich nahm.

I. Die Fakultät und ihre Mitglieder im Dritten Reich

1. Ordinarien und Ordinariate

Die engere Rechts- und Wirtschaftswissenschaftliche Fakultät der Thüringischen Landesuniversität Jena zählte am 30. Januar 1933 vierzehn Ordinariate.[275] Hierunter waren fünf zivilrechtliche (*Rudolf Hübner*[276], *Justus Wilhelm*

Hedemann[277], *Alfred Hueck*[278], *Karl Blomeyer*[279], *Karl Heldrich*[280]), jeweils zwei öffentlich-rechtliche (*Franz Wilhelm Jerusalem*[281], *Otto Koellreutter*[282]) und strafrechtliche (*Heinrich Gerland*[283], *Hellmuth von Weber*[284]) sowie fünf wirtschaftswissenschaftliche Lehrstühle. Hinzu kam seit Oktober 1933 mit *Max Hildebert Boehm* ein nicht juristisch vorgebildetes Fakultätsmitglied, das als reichsweit erster und einziger Inhaber eines Lehrstuhls für Volkstheorie und Volkstumssoziologie, Nationalitäten- und Grenzlandkunde an der Fakultät untergebracht wurde.[285]

Das Gesetz über die Entpflichtung von Hochschullehrern aus Anlass des Neuaufbaus des deutschen Hochschulwesens vom 21. Januar 1935 gab den nationalsozialistischen Machthabern die Gelegenheit, Hochschullehrer vor der Zeit zu entpflichten oder mittels einfachen Verwaltungsakts an eine andere Hochschule zu versetzen. Dieser Prozess „politischer Bluterneuerung"[286] führte in den ersten sechs Jahren deutscher „Reichshochschulpolitik" zu einem Austausch des Lehrkörpers in Höhe von 45% und zugleich zu einer drastischen Verjüngung der Hochschullehrerlandschaft. Bei den Jenaer Juristen waren es 1934 *Koellreutter*[287] und *Hübner*[288], 1936 *Hedemann*[289] und *Hueck*[290], 1937 *von*

---

275 Daneben gab es noch zwei nichtbeamtete außerordentliche Professoren (*Müller*, *Josephy*), einen Privatdozenten (*Fick*) sowie fünf vorlesungsberechtigte Dozenten (*Held*, *Lampe*, *Stier*, *Schmid-Burgk*, *Frede*).

276 Lehrstuhl für Deutsches und Öffentliches Recht.

277 Lehrstuhl für Römisches, Bürgerliches und Wirtschaftsrecht.

278 Lehrstuhl für Deutsches und Bürgerliches Recht, Handels- und Verkehrsrecht, Arbeitsrecht.

279 Lehrstuhl für Bürgerliches Recht, Zivilprozessrecht, Handelsrecht.

280 Lehrstuhl für Bürgerliches und Römisches Recht.

281 Lehrstuhl für Staats-, Verwaltungs- und Völkerrecht, Soziologie und Soziologie des Rechts.

282 Lehrstuhl für Öffentliches Recht.

283 Lehrstuhl für Straf- und Prozessrecht.

284 Lehrstuhl für Straf- und Prozessrecht.

285 *Boehm* hatte Geistes- und Kunstgeschichte, Philosophie und Soziologie in Jena, Bonn, München und Berlin studiert. Er promovierte schließlich zum Dr. phil. mit einer Arbeit über *Gottlieb Fichte*. Infolge seines fehlenden juristischen Hintergrundes und wohl auch aufgrund seines in der Fakultät bisweilen unverstandenen Charakters kam *Boehm* während seiner Tätigkeit in Jena nicht über die Rolle eines Außenseiters hinaus.

286 Steveling, Juristen in Münster, S. 408.

287 Nach München.

288 Vorzeitige Versetzung in den Ruhestand, weil er nicht mehr mit der neuen Zeit gehen wollte. Im Übrigen war *Hübner* wohl Halbjude (Vater *Emil Hübner* und Mutter *Marie*

Weber[291], 1938 *Blomeyer*[292] und 1939 *Gerland*[293] und *Heldrich*[294], welche die Fakultät verließen. Bis zum Ende des Nationalsozialismus blieben lediglich der Öffentlichrechtler *Jerusalem* und der Volkskundler *Boehm*.[295]

Für die Ausgeschiedenen kamen junge, aufstrebende, der neuen Zeit zumeist aufgeschlossen gegenüberstehende Dozenten wie 1934 *Ulrich Scheuner,* 1936 *Hermann Schultze-von Lasaulx,* 1939 *Günther Haupt* und *Walter Krusch,* 1940 *Richard Lange* und *Günther Beitzke (ao.Prof.),* 1941 *Hermann von Mangoldt, Gerhard Wacke (ao. Prof.)* und *Walter Erbe (ao. Prof.)* sowie 1943 *Arved Blomeyer* an die *Salana.* Dazu wurde 1941 – mitten im Krieg – ein reichsweit einmaliges ordentliches Ordinariat für „Rasse und Recht" geschaffen, das man dem nicht habilitierten Berliner Oberregierungsrat im Reichsinnenministerium und SS-Sturmbannführer *Dr. Falk Ruttke* übertrug.[296]

Droysen sollen Halbjuden gewesen sein, Vgl. UAJ, K 533, Bl. 225), was jedoch erst spät im Dritten Reich durchsickerte. 1935 erhielt er eine Festschrift von der Fakultät zu seinem Geburtstag. Am 02.08.41 gedenkt die Fakultät des 50jährigen Dozentenjubiläums. Gegen Ehrungen anlässlich des 70. Lebensjahres bestehen keine Bedenken. Vgl. ThHStAW, ThürVoBi, C 155/1, Bl. 18. Am 15.09.1944 heißt es dann plötzlich in einem Telegramm des Reichswissenschaftsministeriums: „Da entpflichteter Professor *Rudolf Hübner,* Jena, jüdisch versippt, kein Glückwunschschreiben zum 19.9." Vgl. ThHStAW, ThürVoBi, C 155/1.

289 Nach Berlin.

290 Nach München.

291 Nach Bonn.

292 Nach München.

293 Emeritierung.

294 Gefallen am 05.09.1939.

295 Dagegen wirkte sich das Gesetz über die Wiederherstellung des Berufsbeamtentums vom 07.04.1933 kaum an der Fakultät aus. Dieses ermöglichte die Entfernung sogenannter „unerwünschter" Dozenten, die nach „Blut und Art" als unfähig galten, „aus deutschem Geist zu gestalten" (Vgl. UAJ, BA 1997, Bl. 49ff.). Von den planmäßigen Professoren betroffen war lediglich der Statistiker *Paul Hermberg*, für dessen Bleiben an der Fakultät sich auch die Rechtswissenschaftler vehement einsetzten und diesbezüglich mehrfach beim Rektor und beim Ministerium in Weimar – letztlich ohne Erfolg – vorstellig wurden.

296 Die Initiative hierzu ging vom Rektor *Astel* aus, der sie mit Unterstützung *Sauckels* durchsetzte. Der Fakultät blieb nichts anderes übrig als nachzufragen, ob denn nicht „gewisse Schwierigkeiten" bestünden, einen Lehrstuhl in so kurzer Zeit zu errichten und sich im Übrigen „völlig damit einverstanden" zu erklären, dass auf diesem Lehrstuhl *Ruttke* berufen werde. Vgl. UAJ, K 533. Neben dem Lehrstuhl genehmigte das Reichswissenschaftsministerium zudem Anfang 1942 noch die Eröffnung eines Institu-

2. Das Klima an der Fakultät

Die verschiedenen Jahreszahlen zeigen bereits, dass die Fakultät im Dritten Reich im Wesentlichen unterbesetzt war und ihre Lehrstühle nicht selten nur mittels Lehrstuhlvertretern aufrechterhalten konnte.[297] Den hohen Weggangsraten, standen nur selten zügige Neuberufungen gegenüber. Eine wesentliche Ursache lag darin, dass sich die Protagonisten nicht auf geeignete Nachfolger einigen konnten. Die Berufungspolitik war ein ständiger Zankapfel zwischen Fakultät, Reichsministerium und Reichsstatthalter. Während Ersterer ein Vorschlagsrecht oblag, war Letzterem ein Zustimmungsrecht eingeräumt. Während *Sauckel* plante, die Universität Jena als SS-Modelluniversität und „nationalsozialistischen wissenschaftlichen Stützpunkt erster Ordnung"[298] zu profilieren – was vor allem durch den Zuzug politisch besonders zuverlässiger Kräfte erreicht werden sollte – war die Fakultät dagegen bestrebt, in ihrer Personalpolitik die fachliche Qualifikation der Bewerber über deren Politische zu stellen, und objektive, wissenschaftliche Maßstäbe zu bewahren. Es galt daher Hochschullehrer zu benennen, die Qualität und Ansehen der Fakultät steigerten und dazu nach Möglichkeit „direkt ein nat. soz. Kämpfer" waren, die man dem Ministerium und Reichsstatthalter „präsentieren" konnte.[299] Allein solche hatten im Dritten Reich andere Karrieremöglichkeiten. So blieb Jena eine Trittbrett-Universität für hoffnungsvolle Wissenschaftstalente. Bei den meisten gelunge-

---

tes für „Rasse und Recht", welches räumlich zunächst in der Forschungsabteilung des Landesamtes für Rassewesen in der Kahlaische Str. 1 untergebracht wurde und damit thematisch an *Astels* Wissenschaftsumfeld anknüpfte. Vgl. UAJ, C 734.

297 Als solche wirkten die meisten der obengenannten Personen vor ihrer endgültigen Berufung, dazu kamen 1937 *Franz Böhm, Friedrich Kühn* und *Karl Peters*, die nicht berufen wurden.

298 Vgl. Schreiben *Sauckels* an *Rust* vom 08.03.1943, ThHStAW, RStH, Nr. 393.

299 Daran scheiterte z.B. *Eugen Wohlhaupter*, der als Nachfolger von *Hübner* seitens der Fakultät vorgeschlagen wurde, weil er „zweifellos ein fleißiger und hochbegabter Arbeiter von einwandfreiem Charakter" sei, der allerdings die „nat.soz. Auffassung in der Rassenfrage" ablehne, was das Thüringische Volksbildungsministerium mit einem „!! Entscheidend, kommt also nicht in Frage" quittierte und trotz erheblicher Fürsprache aus vielen Kreisen eine Berufung ablehnte und von der Fakultät neue Vorschläge einforderte. Als weiteres Beispiel hierfür kann auch die Berufung *Carl August Emges* im April 1933 gesehen werden, der – ohne juristische Ausbildung – als Rechtsphilosoph einen Lehrstuhl der Fakultät erhalten sollte. Hiergegen verwahrte sich die Fakultät – schlug stattdessen sogar *Larenz* aus Kiel vor, obwohl der „als Lehrer nur soso sein" sollte– unterlag aber letztlich gegen das Ministerium. Vgl. ThHStAW, ThürVoBi, C 314, auch Opitz, RWF, 480.

nen Berufungen handelte es sich um Erst- oder Zweitberufungen, deren persönliche Profilierung sowohl im universitären wie auch im allgemeinen Wissenschaftsbetrieb noch nicht abgeschlossen war.[300]

Die Jungen wiederum trafen auf einen vor allem national-konservativen Fakultätsverbund. Zur Zeit der Machtübergabe waren lediglich *Emge* und *Koellreutter* Mitglieder der NSDAP.[301] Dem neuen Regime und dem Nationalsozialismus stand man zunächst abwartend, wenn auch keineswegs ablehnend gegenüber. Die vermeintliche Distanz kollidierte jedoch mit dem Erleben der nationalsozialistischen Weltanschauung. Folglich wurde in der Presse, in Kundgebungen und in den Organisationen Druck auf die Professorenschaft aufgebaut[302], sich gleichfalls vollständig in den Dienst der Bewegung zu stellen: „Wenn Professoren und Altakademiker weiter isoliert leben und keinen Anteil am Aufbau des nationalsozialistischen Staates nehmen, so grenzt das an Landes- und Volksverrat. Die Herren Professoren sollen sich nicht wundern, wenn die nationalsozialistische Welle eines Tages kalt über sie hinweggeht. Wir Nationalsozialisten sind es gewesen, die die deutschen Hochschulen vor der marxistischen Pest geschützt haben, und wir fordern die Professoren auch in der Stadt Jena auf, den Arbeitern der Faust geistig die Hand zu reichen".[303]

---

300 Vgl. Opitz, RWF, 486.

301 Beide verließen recht bald Jena, *Koellreutter* noch 1934 (München); *Emge* 1935 (Berlin).

302 Exemplarisch statt vieler: „Die Jugend marschierte, aber meine Herren, Sie waren nicht vorne", Vgl. Rust, Völkischer Beobachter vom 06.05.1933.

303 Jenaer Nachrichten vom 07.02.1934, ThHStAW, ThürVoBi, C 149, Bl. 8. Beispielhaft für die Stimmung an der Universität zwischen Studenten und Professoren ist auch ein Bericht des Sicherheitsdienstes über ein Disziplinarverfahren gegen den SA-Truppführer *Günther Döpel* vor dem Disziplinargericht der Universität am 30.10.1934: „*D.* war angeklagt, im Febr. und April 34 in übler und herabwürdigender Weise Kritik an Prof. *Albrecht* geübt zu haben. [...] *Döpel* hatte an einem Schulungsabend der SA am 20.II.34 erzählt, ein Prof. habe in der Vorlesung gesagt, der Rückgang der Arbeitslosigkeit sei nicht das Verdienst *Hitlers*, sondern die Folge davon, dass die Wirtschaftskrise ihren Höhepunkt überschritten habe. [...] *D.* fuhr dann fort: „Wenn ihr es genau wissen wollt, dieser Herr ist Prof. *Albrecht.* Wenn ihr den Kerl einmal trefft, dann schlagt ihn zusammen, denn mehr verdient der Kerl nicht. [...] In einem Brief an Prof. *A.* hat er jedoch die beleidigenden Äusserungen vom Niederschlagen usw zurückgenommen und behauptet, er habe ihn nicht persönlich gemeint, sondern nur den Universitätsprof. in ihm treffen wollen! Er habe auch nicht von Zusammenschlagen gesprochen, sondern nur gesagt, solchen Leuten helfe nur eine Tracht Prügel. Über den Verlauf der Sitzung des Disziplinargerichts am 30.X.34 wird mir vertraulich folgendes berichtet: Vorsitzender war Prof. *Scheuner*, der zunächst mit allen Mitteln versuchte

Die von Parteistellen empfundene „sozial hochmütige Gesinnung“ und die „unsoziale Betätigung“ sowie die „mangelnde polit. Aktivität“[304] der Professoren galt es zu kompensieren. Die Folge waren Konzessionen an die neue Zeit, wie der Eintritt in Standesorganisationen wie dem BNSDJ[305], die SA[306] oder

---

die Zuständigkeit des Univ.-Disz-Gerichts in Frage zu stellen, weil die Äusserung von einem SA-Truf in dieser Eigenschaft gefallen sei. Man hatte den Eindruck, dass *Sch.* sich um die Verantwortung, ein Urteil gegen einen SA-Mann fällen zu müssen drücken wollte. Er musste erst von Prof. *Berger* energisch daraufhingewiesen werden, dass das Disz-Gericht vom Rektor der Universität autoritativ eingesetzt worden sei. Der Eindruck den die vernommenen Studenten (SA) machten soll sehr schlecht gewesen sein. [...] Es entstand der peinliche Eindruck, dass die jungen Leute zum Teil logen, dass der Truf nicht für das einstand, was er gesagt hatte. [...] Die Professoren hatten auch nicht den Mut die Dinge mit rechten Namen zu nennen. Prof. *Berger* erklärte, dass das Verhalten des *D.* umso schwerer wiege, als dieser als SA-Führer besonders grosse Verantwortung für alles was er sage trage. Er habe leichtsinnig mit dem Ruf eines Univ.-Prof. gespielt, denn es war nachgewiesen, dass Prof. *A.* gar nicht die ihm zur Last gelegte Äusserung getan hatte. Er beantragte scharfen Verweis und Drohung mit Verweisung von der Universität im Wiederholungsfalle. Alle anderen waren der Meinung, dass die Sache nicht so schwer aufzufassen sei, und *D.* wurde daher nur mit einem Verweis bestraft. Ich gebe den Bericht weiter, weil er in mancher Hinsicht symptomatisch für die Verhältnisse an den Universitäten ist. Es gibt nur wenig Professoren, die genügend Rückgrat haben, gegen Auswüchse bei der Studentenschaft offen vorzugehen. Unter den Studenten gibt es viele, die sich die vielerorts zu beobachtende Einstellung gegen die Profs. zu eigen machen und sich verpflichtet glauben auch ihrerseits Material beibringen zu müssen, aber dann ausweichen, wenn sie gestellt werden. Das verführt alles zur Unehrlichkeit [...] Schliesslich liegen die Verhältnisse mit *Albrecht* recht schwierig. Er ist ja [...] hinlänglich bekannt. Eine solche Äusserung wäre ihm wohl zuzutrauen gewesen, aber nachweislich hat er sie nicht getan. Es macht aber auch nach aussen einen ausserst schlechten Eindruck, wenn ein SA-Truf bei der Schulung seiner SA-Leute auffordert, einen schwerkriegsbeschädigten, einarmigen Univ-Prof. niederzuschlagen“, ThHStAW, SD, NS 29/93, Bl. 269 mit Rückseite. Der Autor trägt den Decknamen „25050“.

304 Vgl. die Aussageanleitung an *Beitzke* durch *Scheuner*, Vgl. Nachlass Smend, NSUB, Cod. Ms. R. Smend E 5.

305 Vgl. *Hellmuth von Weber* im Oktober 1933: „Zum NS Juristenbund melde ich mich nun; viel passieren kann da wohl nicht. Unser Junior schien auch die Absicht zu haben, sich zu melden; das schien mir nicht ganz zweckmäßig.“ Zit. nach Opitz, RWF, 477.

306 Nach *Schultze- von Lasaulx* wurde man dazu „sehr gedrängt“. Sie bot die Möglichkeit „soziale Gesinnung“ zum Ausdruck zu bringen. Vgl. die Aussageanleitung an *Beitzke* durch *Scheuner*, Vgl. Nachlass Smend, NSUB, Cod. Ms. R. Smend E 5. Dass sowohl *Scheuner* wie auch *Schultze-von Lasaulx* an 20 km-Gepäckmärschen zur Erlangung

Mitarbeit in der HJ[307]. Hinsichtlich von Funktionsübernahmen und einer Parteimitgliedschaft blieb man aber in Jena zurückhaltend, bis 1937 – wohl auf Druck des Rektors – der Fakultätsverband geschlossen in die NSDAP eintrat.[308]

Die permanenten Angriffe gegen die Professorenschaft im Allgemeinen verstärkten zugleich ein Markenzeichen der Fakultät. Seit jeher existierte in der Enge der Saalestadt ein großer Zusammenhalt mit starken persönlichen Kontakten.[309] Der Erhalt einer im persönlichen Umgang angenehmen Atmosphäre, die auch unter dem Hakenkreuz bewahrt werden sollte, erforderte daher eine im Wesentlichen in sich geschlossene Gruppierung Gleichgesinnter.[310] Die Hereinnahme exponierter Nationalsozialisten stand im Widerspruch zu dem be-

---

des SA-Sportabzeichens teilnahmen, bestätigt auch Löwisch, Jurist in Thüringen, S. 119.

307 Z.B. *Beitzke*, vgl. UAJ, K 548.

308 Opitz, RWF, 478.

309 Vgl. auch das Schreiben *Beitzkes* an *Smend* vom 25.12.1943 im Vorfeld des Berufungsverfahren: „Im Ganzen ist zunächst zu sagen, daß der Ton und der Zusammenhalt in der Fakultät in Jena sehr nett und kameradschaftlich ist. Nur zwei Mitglieder sind ein wenig als Außenseiter zu betrachten: Herr *Jerusalem* und der Nationalökonom *Boesler*. Herr *Jerusalem* ist manchmal wohl etwas eigenwillig, aber letztlich fügt er sich doch ein. Herr *B.* soll – ich weiß davon nur aus Erzählungen, da ich schon nicht mehr in Jena war – eine unerfreuliche Intrige zum Sturz des Rektors mitgemacht haben (Anm. d.V.: der sogenannte Fall Bach); die Sache ging schief. Seitdem wird Herr *B.* von der Fakultät geschnitten. Von den übrigen Herren ist aber nur Gutes zu berichten. Herr *Krusch* als Dekan ist manchmal etwas temperamentvoll – aber alle wissen ihn zu nehmen und leben mit ihm in bestem Einvernehmen; auch die Studenten schätzen ihn sehr; die Fakultät lenkt er mit etwas Umstand, aber doch Geschick. Herr *Lange*, Jenenser Strafrechtler, ist m.E. wissenschaftlich von sehr hohen Qualitäten und menschlich nicht minder; er ist zur Zeit Prodekan. [...] Er ist der einzige Strafrechtler; Herr *Gerland* lebt im Ruhestand, beteiligt sich aber noch an den geselligen Zusammenkünften. [...] Herr *Erbe* dürfte wissenschaftlich besonders hoch zu qualifizieren sein; menschlich ist er als gemütlicher Schwabe sehr geschätzt." Nachlass Smend, NSUB, Cod. Ms. R. Smend E 3.

310 Vgl. diesbezüglich die offenen Mittagsgespräche im Schwarzen Bären (nach *Scheuner*, Aussageanleitung *Beitzke*, Nachlass Smend, NSUB, Cod. Ms. R. Smend E 5) aber auch der von *Ricarda Huch* initiierte Gesprächskreis, an dem sich einige Fakultätsmitglieder wie *Schultze-von Lasaulx, Gerland, Preiser, Jerusalem, Pape, Gutenberg* beteiligten. Der Gesprächskreis war in der Tradition früherer Gesinnungs- und Geselligkeitszirkel ausgestaltet und scharte konservativ gleich orientiertes oder auch nur diskussionsfreudiges Publikum um sich. In ihm entlud sich ein Widerspruchsgeist, der aber nicht aktiv opponierte. Vgl. Opitz, S. 489/490.

reits vorhandenen Personal. Dieses stand für eine Wissenschaftshaltung, die der unsinnigen Denkfigur, „Weltanschauung gehe vor Wissenschaft“[311], eine Absage erteilte. Die zu Berufenden waren daher weiter vor allem an hohen wissenschaftlichen Maßstäben zu messen und erst in zweiter Linie an ihrer politischen Einstellung. Exemplarisch hierfür stehen z.B. die gewollte Berufung *Böhms* 1937[312], die Nachfolgerdebatte *von Weber*[313], der Dekansbericht im sel-

---

311 Vgl. Olszewski, Zwischen Begeisterung und Widerstand, S. 72.

312 *Böhms* Berufung im Jahr 1937 scheiterte zunächst am Einspruch des Reichsstatthalters von Thüringen *Sauckel* wegen weltanschaulicher und wirtschaftspolitischer Bedenken. Dem trat die Fakultät unter Dekan *Heldrich*, ein Freund *Böhms*, entgegen und hielt weiter an dem Berufungsvorschlag und der Forderung fest, *Böhm* auch die Leitung für *Hedemanns* renommiertes Institut für Wirtschaftsrecht zu übertragen. Zur Beilegung der Differenzen lud der Wirtschaftswissenschaftler *Weddigen* zu einer Abendgesellschaft ein, an der neben *Böhm* auch *Richard Kolb*, als Mitglied der Berufungskommission – lokale Parteigröße und SS-Hauptsturmführer – teilnahm. Ziel war wohl, *Kolb* von *Böhms* politischer Zuverlässigkeit zu überzeugen. *Böhm*, der von den Absichten *Weddigens* nichts wusste, geriet an diesem Abend ausgerechnet mit *Kolb* in einen Disput über von Juden erbrachte Leistungen. Die Folge war ein Disziplinarverfahren gegen *Böhm*. Seine Berufung nach Jena kam nicht zustande. Vgl. ThHStAW, ThürVoBi, C 314, Bl. 460: „Gegen Dr. *Franz Böhm* wird ein Strafverfahren eingeleitet. Nach Auskunft der Gestapo wird *Böhm* beschuldigt im Hause Prof. *Weddigen*, staatsfeindliche Äußerungen getan und sich stark im judenfreundlichen Sinne ausgesprochen zu haben. (§ 2 Heimtückegesetz) Nach der Art des Vergehens wird Dr. *Böhm* als Dozent und Beamter für untragbar gehalten“. Zum Ganzen siehe Roser, Böhm, S. 111ff.

313 Im Schriftwechsel zur Nachfolge *von Weber* findet sich der Kommentar: „Zu *Boldt* würde ich Ihnen nicht raten. Er tritt auf den Dozententagungen immer 300% auf, ist ganz in Kieler Fahrwasser geraten und muss erst mal mit sich selbst ins Reine kommen.“ UAJ, Nachlass Gerland Nr. 209/04, unpag. Schreiben von *Erich Schwinge* an *Gerland* vom 07.03.1937. Den Vorschlag der Fakultät mit *Karl Peters* kommentierte der Gaudozentenbundführer *Jörg* in einem vertraulichen Schreiben vom 09.02.1938: „Lieber *Karl Rieger*, wir suchen hier nach einem tüchtigen Nachwuchs-Strafrechtler für den freigewordenen Lehrstuhl für Straf- und Prozeßrecht *von Weber*. Die Fakultät weiss niemand anders vorzuschlagen als den Katholiken Staatsanwalt Dozent Dr. *Peters* (Univ. Köln), der hier bereits den Lehrstuhl vertritt, und den Leipziger Dozenten Landgerichtsrat Dr. *Richard Busch*, der noch 1933 in der Loge [...] mit dem II. Logengrad geführt wird. Angeblich ist „sonstiger geeigneter Nachwuchs nicht vorhanden“. – Ich bitte Dich dringend und sehr eilig um Nennung von geeignetem Nachwuchs. [...] Notfalls käme auch ein tüchtiger Nicht-Dozent in Frage, wenn er straf- und prozessrechtlich gut gearbeitet hätte. Ich bitte dich unter allen Umständen, mir aus dieser Szylla – Charybdis zu helfen.“ Vgl. ThHStAW, SD, NS 29/93, Bl. 152

ben Jahre[314] oder der vielzitierte Fall *Bach* 1942[315]. Das man an diesem Prinzip trotz eines fast vollständigen Austausches des Professorenpersonals im Dritten

---

314 In einem Bericht des Dekans *Heldrich* an den Rektor vom 14.10.1937 klagte er, dass sich die einst hervorragende Besetzung der Fakultät gewandelt habe. Die Neubesetzungen „scheiterten bisher am Reichsstatthalter. ...In anderen Berufungsverfahren hat er die Vorschläge nicht nach Berlin weitergeleitet. Die eingerichteten Notlösungen werden ständig verlängert." Der örtliche Gaudozentenbundsführer trat dem in einem Schreiben an den Reichsamtsleiter des NSD-Dozentenbundes in München am 16.05.1938 entgegen: „*Heldrichs* Bericht war für den Gaudozentenbund nicht zu erhalten und auch im Rektorat und Dekanat nicht erhältlich. [...] muss gesagt werden, dass er die Lage zweifelslos tendenziös darstellt, in dem er den Anschein zu erwecken versucht, als würde die Neubesetzung der vakanten Lehrstühle von der verantwortlichen politischen Stelle her unnötig erschwert. Tatsächlich aber muss gegen die Neubesetzung wie sie der Dekan *Heldrich* vorschlug aufgrund der Gefährdung der Juristischen Fakultät durch ständigen Zuzug katholischer Dozenten aus politisch notwendigen Gründen Einspruch erhoben werden. Es ist allerdings begreiflich, dass *Heldrich* das nicht einzusehen vermag, da er selbst Exponent des Katholizismus ist. [...] In diesem Zusammenhang ist es notwendig kurz die gesamte Personalbesetzung der Fakultät zu erörtern: *Gerland* – Judenfreund und Demokrat, gerade im „Schwarzen Korps" bloßgestellt, *Pape* – nach Hinweis *Blomeyers* hat dieser eine pointiert katholische Frau, *Blomeyer* – Alldeutscher und weltanschaulich im großen und ganzen in Ordnung, *Heldrich* – Katholik, *Jerusalem* – Katholik, *Boehm* – dessen Aufnahme in die Partei gerade mit vereinten Kräften abgelehnt wurde, *Weddigen* – der den Religionsunterricht seiner Kinder von einer eigens dazu herangezogenen Theologin wahrnehmen lässt, *Schultze-von Lasaulx* und *Scheuner* sind in Ordnung, *Schmitt*: Katholisch - Wer diese Personalbesetzung kennt und sich gleichzeitig als Nationalsozialist für die Universität verantwortlich fühlt, wird verstehen, dass jede Neubesetzung hinsichtlich der Qualifikation der zu berufenden Dozenten besonders sorgfältig behandelt werden muss" Vgl. UAJ, C 370.

315 Vgl. auch die Aussageanleitung an *Beitzke* durch *Scheuner*, wonach die Fakultät durch ihre Personalpolitik versuchte, ständigen Eingriffen in die Universität durch staatliche Stellen entgegenzuwirken und „dafür zu sorgen, dass keine störenden Elemente" berufen wurden. Vgl. Nachlass Smend, NSUB, Cod. Ms. R. Smend E 5. Bei der Quelle ist hervorzuheben, dass es sich um „Aussageanleitungen" für *Scheuners* Entnazifizierungsverfahren handelte, die daher mit gewisser Zurückhaltung bewertet werden müssen.

Die Grundtendenz erscheint aber zweifelsohne richtig und wird auch durch andere Forschungen bestätigt, vgl. z.B. auch der vielzitierte Fall des Gaustudentenbundführers *Bach*, einer Intrige zum Sturz des Rektors *Astel*. In einer Eingabe an den Gauleiter vom 30.01.1942 wurde straffere politische Amtsführung gegenüber der Dozentenschaft angemahnt und als Beispiel für den Verfall die Rechts- und Wirtschaftswissenschaftliche Fakultät angeführt. Diese mache dem Rektor ein „X für ein U" vor. Es kä-

Reich festhielt, dürfte sowohl auf den starken Einfluss konservativer Dekane wie *von Weber, Heldrich, Haupt* und später *Krusch* als auch auf die örtliche Präsenz anerkannter Altakademiker wie *Hübner* und *Gerland* zurückzuführen sein. Langjährige Lehrstuhlinhaber wie *Blomeyer, Hueck* oder *von Weber* waren gleichsam nicht für ihre exponierte politische Indienststellung bekannt. 1941 führte der Sicherheitsdienst der SS die damaligen Fakultätsmitglieder im Wesentlichen[316] entweder als „politisch zuverlässig“ aber ohne Aktivität (*Krusch, Schultze-von Lasaulx, Beitzke, Lange, Wacke, Erbe*) bzw. als „kein überzeugter Nationalsozialist“ (*Preiser, Jerusalem, Boehm*). Sieht man von der Berufung *Ruttkes* als Lehrstuhlinhaber des ersten Ordinariats für „Rasse und

---

me zu „haarsträubenden Dingen“ und Äußerungen wie „Der Rektor glaubt, es sei bei uns alles in bester Ordnung. Lassen wir ihn bei diesem Glauben“ oder „Herrschaften, exponiert euch nicht zu sehr für die Partei, es kann morgen auch anders kommen.“ Der Wirtschaftswissenschaftler *Boesler* beschwere sich, dass er als Nationalsozialist fast ganz allein stünde und sich „wie ein Fremdling“ vorkomme, „der obendrein nicht gern gesehen sei.“ In der Fakultät fühlten sich die Professoren „ganz unter sich“ und „würden Dinge verlauten lassen, die sie sonst nie zu sagen wagten“. Berufungen würden „bezüglich der politischen Seite danach beurteilt, ob der Betreffende Parteigenosse sei und wie aktiv er sich verhalte. Solche seien unerwünscht.“ Vgl. UAJ, K 564. Auch wenn die Anschuldigungen gegen den Rektor und die Fakultät mit Hilfe des Strafrechtlers *Lange* als Untersuchungsrichter letztlich als haltlos abgetan wurden, sich die Fakultät schließlich loyal hinter *Astel* stellte und darauf verwies, vom Reichsministerium für Wissenschaft, Erziehung und Volksbildung als „Musterfakultät“ bezeichnet worden zu sein, wirft das Ereignis doch ein Schlaglicht auf einen eher zurückhaltenden Fakultätsverbund, wenngleich man aber nach richtiger Ansicht keine Widerstandsbemühungen unterstellen kann, vgl. Opitz, RWF, S. 488/489. Man darf auch nicht übersehen, dass die Eingabe von einem Studenten kam, der sich gegen eine Professorengesamtheit auflehnte. Das von *Lange* erzeugte Ergebnis überrascht daher nicht. Die juristische Fakultät gewann durch die auch im eigenen Interesse durchgeführte Untersuchung an Kredit bei *Astel* und war in der Folge „an sich gut angeschrieben“ auch wenn „das Verhältnis zu ihm nicht für jeden leicht“ war, da er „sich für seine Ziele [...] oft plump, taktlos und ungeschickt“ einsetzte. Vgl. Schreiben *Beitzkes* an *Smend* vom 25.12.1943, Nachlass Smend, NSUB, Cod. Ms. R. Smend E 3.

316 Ausnahme: *Boesler* („Politisch früher Demokrat, heute betonter Nationalsozialist. Rege Betätigung in der Ortsgruppe. In seinen Äußerungen 110% nationalsozialistisch. Persönlich nicht angenehm, hinterhältig.), *Ruttke* („Politisch als höherer SS-Führer selbstverständlich einwandfrei“). Vgl. ThHStAW, NS 29/71, unpaginiert.

Recht" einmal ab, wurden besonders herausgestellte Nationalsozialisten nicht an die Rechts- und Wirtschaftswissenschaftliche Fakultät berufen.[317]

Infolge dessen ist es auch nicht verwunderlich, wenn sich die Fakultät – wie im ersten Kapitel gezeigt – in der Reformfrage auf der Seite der Akademiejuristen wiederfand. Tatsächlich herrschte in Jena die Ansicht vor, dass der „solide[n] Arbeit [...] im Gegensatz zu ‚modernen' Richtungen [...] die Zukunft gehören" werde.[318] Eine hervorragende Qualität der Lehre sei „das stärkste Mittel, das eine mittlere Universität gegenüber der Anziehungskraft der Grossuniversitäten in die Waagschale werfen kann".[319] Vom Sicherheitsdienst der SS wurde der Fakultät eine im Vergleich zur „Kieler Schule" eher „konservative Arbeitsrichtung" und solide Lehre bescheinigt.[320]

---

317 1944 bemühte man sich in Jena z.B. um eine Berufung *Rudolf Smends* aus Göttingen, der aber letztlich zugunsten der Bonner Fakultät absagte. Vgl. Schriftwechsel im Nachlass Smend, NSUB, Cod. Ms. R. Smend P 17.

318 Vgl. ThHStAW, NS 29-71, unpaginiert.

319 Schreiben des Dekan *Haupt* an *Ruttke* vom 17.11.1939, UAJ, BA 2152, Bl. 23.

320 Vgl. auch Schreiben *Scheuners* an *Smend* am 09.08.1942 im Nachlass Smend, NSUB, Cod. Ms. R. Smend E 5: „Kiel, darüber will ich nichts mehr sagen, würde unter den noch vorherzusehenden jahrelangen Kriegsumständen doch wenig angenehme Lebensbedingungen bieten, von vielen anderen Dingen abgesehen." Diese innere Distanz bedeutete aber keineswegs eine Ablehnung des Systems. Unabhängig von der persönlichen Einstellung bot der NS-Staat und sein Rechtssystem attraktive Integrationsangebote, gab sich weiterhin rechtsstaatlich und arbeitete auch mit einem solchen Instrumentarium. Vgl. Opitz, RWF, S. 493. Hinzu kam der wissenschaftliche Ehrgeiz einer Beteiligung an aktuellen Gesetzgebungsprojekten. Vgl. Lingelbach, Heinrich Gerland, S. 211. Schließlich war die überwiegende Anzahl der Professoren, wenn auch unpolitisch, so doch jedenfalls national eingestellt, was an sich genügte, um sich zu arrangieren und mitunter in eine „erschreckende Normalität der Produktion und des Einsatzes von Wissenschaft unter totalitärer Herrschaft" abzuirren. Vgl. Hildebrand, Universitäten im Dritten Reich, in: Scholtyseck/Studt, Universitäten im Dritten Reich, S. 16, Vgl. auch Olszewski, Zwischen Begeisterung und Widerstand, S. 67f, wonach der Nationalsozialismus sowohl die nationalistische Professorenschaft durch seine extreme Feindschaft zu Demokratie und Parlamentarismus wie auch die völkisch Gesinnten durch das Schlagwort von der „Volksgemeinschaft" für sich gewinnen konnte.

II. Änderungen aufgrund der JAO im SS 1934 und WS 1934/35

Das Inkrafttreten der Justizausbildungsordnung vom 22. Juli 1934 hatte auf den Universitätsbetrieb an sich keine Auswirkungen, obwohl die JAO den Prüfungsstoff und den Gang der ersten juristischen Staatsprüfung maßgeblich bestimmte. Es erfolgte allein eine Einteilung des Lehrstoffes in verschiedene Rubriken.[321] Innerhalb dieser blieben die alten Vorlesungsbezeichnungen bestehen: So bot die Fakultät im WS 1934/35 weiter altbekannte Vorlesungen wie die „Einführung in die Rechtswissenschaften" (*Hedemann*), „BGB AT", „Schuldrecht", „Familienrecht", „Erbrecht", „Arbeitsrecht" (*Hueck*), „Rechtsphilosophie" (*Emge*), „Allgemeine Staatslehre" oder „Deutsches Staatsrecht" (*Scheuner*) und „Deutsches Verwaltungsrecht" (*Jerusalem*) an.

Trotz Nichtberücksichtigung im Prüfungskatalog der JAO war das „Völkerrecht" (*Scheuner*) ebenso Ausbildungsstoff wie auf der anderen Seite das „System des römischen Privatrechts" (*Heldrich*). Weltanschaulich bedingte Veranstaltungen wie sie die JAO forderte, fanden sich im WS 1934/35 lediglich unterschwellig. Neu war lediglich die „Geschichte des deutschen Familienrechts" (*Buchda*), die aber später keine Wiederholung erfuhr. Im Öffentlichen Recht waren es „Der Versailler Friedensvertrag und seine weitere Entwicklung" sowie ein „Privatseminar über öffentliches Recht und Politik" oder „Besprechung völkerrechtlicher Fragen zur deutschen Außenpolitik des Nachkriegs" (alles *Scheuner*) deren Ankündigungen aber im Mindesten im Wortlaut gemäßigt blieben und im Ergebnis keine echten Neuerungen aufgrund der JAO darstellten.

Einzig die Vorlesungen *M.H. Boehms* ließen aufgrund seines volkskundlichen Forschungsgebietes eine besondere Nähe zum Nationalsozialismus anklingen: „Formenlehre der Politik", „Nationalsozialismus und Volksordnung", „Der Nationalismus der europäischen Völker", „Volkslehre", „Proseminar über Grenz- und Auslandsdeutschtum (einschl. Saarfrage)", „Seminar über volkstheoretische Einzelfragen" (alle WS 1934/35). Als externer Dozent referierte noch *Schmid-Burgk* zur „Einführung in die Organisation der nationalen Arbeit", in der er sich schwerpunktmäßig mit Berufsauslese, Arbeitsvermittlung und -beschaffung sowie der Arbeitslosenhilfe beschäftigte.

321 „Allgemeines, Rechtsphilosophie, Rechtsgeschichte"; „Privatrecht"; „Öffentliches Recht"; „Straf- und Prozeßrecht"; „Volkstheorie und Volkstumssoziologie"; „Übungen"; „Seminare"; „Wirtschaftswissenschaften".

Weitere Hinweise auf Veränderungen im Lehrbetrieb an der rechts- und wirtschaftswissenschaftlichen Fakultät durch die JAO lassen sich nicht finden. Immerhin stellte man in Jena eine Anpassung des Vorlesungsplanes dahingehend in Aussicht, dass künftig eine zweistündige Veranstaltung unter dem Titel „Deutsches Bauernrecht“ gelesen werden sollte. Die Rassenproblematik hielt man durch die Vorlesungen von *H.F.K. Günther* und auch bei *M.H. Boehm* für ausreichend behandelt, als dass sich auch hieran noch die hauptamtlichen Juristen beteiligen müssten.[322]

Tatsächlich gab es die „Veranstaltungen für Studierende aller Fakultäten“ (*studium generale*), die allein im WS 1934/35 mit „Probleme des Gottesglaubens“ (*Weinel*), „Das religiöse Kriegserlebnis 1914-1918“ (*Langner*), „Eugenik“ (*Grober*), „Gattenwahl, Ehe und Familie vom Standpunkt der Erbgesundheitslehre (Eugenik)“ (*Günther*), „Rasse und Konstitution“ (*Kiesewalther*), „Wesen, Mittel und Wege menschlicher Züchtung“ (*Astel*), oder „Erblichkeitslehre und Rassenhygiene“ (*Hilpert*) hinreichend Gelegenheit zur „Bildung“, auch in weltanschaulichen Fragestellungen, boten.

III. Äußerliche Änderungen durch die Studienreform

1. Juristische Kernvorlesungen

Eine Analyse der Umsetzung der *Eckhardtschen* Studienordnung an der Friedrich-Schiller-Universität Jena ergibt, dass – zumindest äußerlich – die Fakultät die beschlossenen Änderungen weitgehend mittrug. Der neue Studienplan wurde weisungsgemäß nahezu vollständig umgesetzt. Eine Renitenz, wie an anderen Universitäten nachweisbar, die z.B. weiter an den alten Begrifflichkeiten der Vorlesungen festhielten, ist nicht feststellbar. Lediglich geringe Abweichungen, die ihre Begründung in der Umstellungsphase finden, wurden vorgenommen.[323]

---

322 Schreiben an die Universität Leipzig vom 06.11.1934, UAJ, K 456.

323 So wurde z.B. anstelle der „Gesellschaften“ die erst für das Wintersemester vorgesehene Vorlesung „Boden“ vorgezogen, mutmaßlich um das alte Sachenrecht iSv Grundstücksrecht zusammenhalten zu können. Des Weiteren kam es zu einer Verbindung der neuen Vorlesung „Familie“ mit soziologischen Komponenten in „Familie mit Übungen und Soziologie der Familie“ (*Hedemann/Jerusalem*). Im Sommersemester 1935 wurde die Fakultät in der Rubrik „Volk“ zunächst gar nicht tätig.

Der zweite und dritte Durchlauf der *Eckhardtschen* Studienordnung 1937 und 1938 trug deutlich die Zeichen einer Konsolidierung. Die Fakultät war bestrebt, den neuen Studienplan für sich selbst ressourcenschonend zur Anwendung kommen zu lassen. Die Professoren hielten im Wesentlichen die gleichen Vorlesungen, ein Drang zur Einarbeitung in neue Themenfelder und Unterrichtskonzeptionen – etwa aus Anlass der Studienordnung – bestand nicht. Allein die öffentlich-rechtlichen Lehrstühle rotierten in den Fächern. Die sonstigen Änderungen waren mit dem sich stetig veränderten Personalbestand erklärbar.

Im Zivilrecht war auffällig, dass die neu konzipierte Auftaktvorlesung „Familie", eigentlich das Prunkstück der neuen Ausbildungsordnung, bei den Jenaer Rechtswissenschaftlern offensichtlich wenig Anklang fand. 1935 hatte sie der reformwillige *Hedemann* gelesen. Nach dessen Weggang wurde sie bis 1945 mehrfach auf „*NN*" gestellt und jeweils von Lehrstuhlvertretern übernommen bzw. im Wintersemester 1942/43 überhaupt nicht angeboten. Auch unter Berücksichtigung der schwierigen Personallage während des Krieges kann festgestellt werden, dass keine andere *Eckhardtsche* Fachneuschöpfung in Jena eine derart schwache Umsetzung erfuhr.

2. Rechtsgeschichte und „*studium generale*"

Die Fakultät zeigte nur die rechtsgeschichtlichen Hauptvorlesungen an. Die von *Eckhardt* vorgeschlagenen Spezialvorlesungen zur „neuesten politischen Geschichte" fanden ebenso wenig Beachtung wie die „Vorgeschichte"; „Sippenforschung" oder „Volk und Rasse". Stattdessen wurden in der Rubrik „Volk" einfach die nicht-rechtswissenschaftlichen und allen Studierenden zugänglichen Veranstaltungen *Karl Astels*[324] angezeigt.

Allein im Sommersemester 1935 boten *Mentz* mit „Deutsche Geschichte im 19. Jahrhundert (1815-1914)" und *Buchda* mit „Deutsche Juristen (ausgewählte Kapitel aus der Geschichte der deutschen Rechtswissenschaft)" und

324 Der Sportmediziner *Karl Astel* bot in jedem Semester Vorlesungen, Kolloquien und Seminare zu rassen- und erbbiologischen Fragen an, z.B. „Grundlagen menschlicher Rassen- und Bevölkerungspolitik", „Mittel und Wege menschlicher Rassen- und Bevölkerungspolitik", „Kolloquium über züchterische Tagesfragen" und „Seminar zu Organisches Denken als Grundlage von Staat und Wissenschaft unter besonderer Berücksichtigung von Kultur und Rechtswissenschaft", „Rassen und Rassenmischung in Deutschland, dazu Kolloquium", „Rassen- und erbbiologisches Praktikum" , „Das Judentum" (Seminar) usw.

„Rechtsgeschichte der deutschen Wehrverfassung“ rechtshistorische Sondervorlesungen an. Letzterer las im Wintersemester 1935/36 noch „Preußische Rechtsgeschichte“ und im Sommersemester 1936 „Geschichte des Handelsrechts“ und erneut „Rechtsgeschichte der deutschen Wehrverfassung“. Anschließend verließ der Privatdozent Jena.

3. Juristische Spezialvorlesungen

Die Studienordnung von 1935 bestimmte, dass die einzelnen Hochschullehrer entsprechend ihren Forschungsschwerpunkten auch Gelegenheit zu „Wahlvorlesungen“ erhalten sollten. *Eckhardt* selbst maß solchen „Spezialvorlesungen“ einen hohen Erkenntnisgewinn für die Studierenden bei.[325] Mit den Wahlvorlesungen sollte das Studium der Rechtswissenschaft durch eine hohe Auswahl an Themen und Ausbildungsstoff auf eine insgesamt breitere Grundlage gestellt werden.

Tatsächlich lässt sich feststellen, dass an der Fakultät regelmäßig solche juristischen Wahlvorlesungen angeboten wurden.[326] Es wurden im Schnitt drei

---

325 Vgl. Eckhardt, Das Studium der Rechtswissenschaft, S. 25/26.

326 Im Strafrecht bot *von Weber* bis zu seinem Weggang mit „Pressrecht“, „Internationale Verbrechensbekämpfung“ und „Kriminalsoziologie“ drei verschiedene Sondervorlesungen an, die sich jeweils wiederholten. Sein Strafrechtskollege *Gerland* widmete sich mehrfach dem „Gewohnheitsverbrechergesetz“ sowie der „Geschichte des Strafrechts in älterer Zeit“. Hinzu kamen „Besprechung richterlicher Entscheidungen, Strafrechtspraktikum“. *Von-Weber*-Vertreter *Karl Peters* wartete mit „Probleme der Strafverfahrenserneuerung“, „Wehrstrafrecht“ und „Jugendstrafrecht“ auf. Während des Krieges wiederholten sich *Richard Lange's* „Wehr- und Kriegsstrafrecht“ sowie sein „Repetitorium zum Strafrecht“. Im öffentlichen Recht bot *Scheuner* jährlich seine „Entwicklung der außenpolitischen Stellung Deutschlands seit dem Friedensvertrag von 1919“ (im Wintersemester 1937/38 interessanterweise mit Stern; in den Trimestern 1940 als „Außenpolitik Deutschlands 1919-1939“) an, sowie ebenfalls im Wintersemester 1937/38 eine Veranstaltung zum „Wehrrecht“. Hinzu kamen „Aufbau und Recht des britischen Weltreiches“ und ein „Repetitorium zum Verwaltungsrecht“. *Jerusalem* zeigte ab dem Wintersemester 1938/39 mehrfach die „Grundzüge der Soziologie“ als Wahlvorlesung für das erste Semester an. Zuvor hatte er einmalig die „Verfassungsentwicklung der Neuzeit“ gelesen. Im Kriege kam dann noch „Soziologie“ hinzu. *Wacke* las mehrfach „Beamtenrecht und öffentliches Dienstrecht“ sowie „Steuerrecht“, „Staatskirchenrecht“ und „Sozialversicherung und Fürsorgerecht“. Im Zivilrecht las *Blomeyer* nur einmal Wahlvorlesungen, dann aber immerhin gleich drei Stück: So bot er im Wintersemester 1936/37 neben „Grundfragen des Bauernrechts“, eine „Geschichte des Bauernrechts“ sowie „Privatversicherungsrecht“ an. Später ka-

bis vier rechtswissenschaftliche Sondervorlesungen pro Semester angezeigt, was aber im Vergleich zur Zeit vor der Studienreform nur eine geringfügige Erhöhung darstellte. Vielfach zeigten die Jenaer Rechtswissenschaftler schlicht dieselben Sondervorlesungen wie vor 1935 an.

4. Übungen und Seminare

Neben den Vorlesungen des neuen Studienplans mussten weiterhin die obligatorischen „Übungen für Vorgerückte" im Bürgerlichen Recht, Straf- und Öffentlichen Recht abgehalten werden. Hinzu kamen Übungen im Arbeitsrecht, Handels- und Gesellschaftsrecht sowie Bauernrecht. Diverse Seminarveranstaltungen rundeten den obligatorischen Vorlesungskanon ab. Ihr Themenspektrum war breit gefächert und auf den Forschungsbereich des jeweiligen Dozenten abgestimmt.

Boehm, dessen universitärer Interessenschwerpunkt außerhalb der juristischen Kernausbildung lag, war auf Seminare als Sonderveranstaltungen in besonderer Weise angewiesen. Im Laufe der dreißiger Jahre kündigte er so eine Vielzahl unterschiedlichster Topoi an. Sie reichten vom „Nationalismus der Ostvölker" (Sommersemester 1936) über „Faschismus und Nationalismus in Westeuropa" (Wintersemester 1935/36) bis hin zum „Privatseminar über die Soziologie des Volkstumskampfes" (Sommersemester 1937) oder über die „Geschichte des Volksgedankens" (Sommersemester 1938). Des Weiteren veranstaltete er eine ganze Seminarreihe zum Themenkomplex „Grenz- und Aus-

---

men „Grund- und Gegenwartsfragen des bürgerlichen Rechts" hinzu. Lehrstuhlvertreter *Friedrich Kühn* bot „Ergänzungen zum Recht der Familie"; *Hedemann* selbst noch „Recht, Staat, Wirtschaft" an. *Heldrich* zeigte lediglich im Wintersemester 1937/38 „Ausgewählte Lehren des Schuldrechtes" an. Im darauffolgenden Jahr las er „Praktische Fälle aus dem Bürgerlichen Recht" sowie ein „Repetitorium des Schuldrechts". *Schultze-von Lasaulx* kündigte „Patentrecht", „Grundfragen des Bauernrechts", die er im Wintersemester 1939/40 als „Geschichte des deutschen Bauern- und Agrarrechts" ähnlich wie zuvor *Blomeyer,* fortführte. Lehrstuhlvertreter *Böhm* zeigte im Sommersemester 1937 eine Sondervorlesung zum „Kartell- und Wettbewerbsrecht" an, später eine Vorlesung zum „Aktienrecht". *Hueck* bot im Sommersemester 1936 mit „Ausgewählte Kapitel aus den beiden ersten Büchern des BGB" eine Ersatzvorlesung für die weggefallenen Veranstaltungen zum „BGB AT" und „Schuldrecht AT" an. *Haupt* kündigte „Handelsgeschäfte", „Privatversicherungsrecht", „Repetitorium zum Schuldrecht" und „Luftrecht" an. *Krusch* las mehrfach die „Freiwillige Gerichtsbarkeit", *Arved Blomeyer* „Konkurs".

landsdeutschtum“, in welchem er jedes Semester einen anderen geographischen Bezugspunkt wählte.[327]

5. Schlussfolgerungen

Es bleibt festzustellen, dass die Fakultät mit der äußerlichen Umsetzung der *Eckhardtschen* Studienordnung versuchte, den Neuerungstendenzen im Ausbildungsgang gerecht zu werden. Allerdings betraf dies allein die kernjuristische Ausbildung.

Die verstärkte Allgemeinbildung wurde in der Rechts- und Wirtschaftswissenschaftlichen Fakultät zunächst durch rechtshistorische Sondervorlesungen abgedeckt, die aber im Grunde zu speziell blieben, um dem Anspruch der „großen Linien“ in Sinne des § 5 JAO zu genügen. Waren diese Spezialvorlesungen hauptsächlich nur durch einen nicht angestellten Privatdozenten realisiert worden, klaffte hier nach dessen Weggang eine Vakanz, welche die Fakultät nicht schloss. Hieran wird deutlich, wie wenig der Fakultät an den allgemeinbildenden Sondervorlesungen zu Beginn des Studiums lag, deren Abschaffung sie auch in der Reformfrage einforderte. Es verwundert nicht, wenn gesonderte Veranstaltungen wie sie Professoren anderer Fakultäten als *studium generale* für alle Studierende anboten, nicht stattfanden. Insgesamt wird deutlich, dass die von *Eckhardt* eingeforderte verstärkte Allgemeinbildung für die Jenaer Rechtsstudenten damit nur im Bereich des *studium generale* stattfinden konnte. Die Beteiligung an diesen Veranstaltungen war ihnen aber grundsätzlich freigestellt, wurde jedenfalls nicht von der Fakultät erwartet. Somit oblag es dem Einzelnen, ob überhaupt und welche allgemeinbildenden Vorlesungen er hören wollte. Folglich unterstützten die hiesigen Rechtswissenschaftler das Ziel einer verstärkten Allgemeinbildung kaum bis gar nicht, so dass die Umsetzung der Studienordnung in diesem Bereich nur unzureichend in Tritt kam.

Zugleich ist auffällig, dass die rechtswissenschaftlichen, hauptsächlich weltanschaulich bedingten Vorlesungen entweder gar nicht angeboten, wie z.B. „Volk und Rasse“, oder an außerhalb der Fakultät stehende Personen, wie z.B. „Erbgesundheitsrecht“[328] abgetreten wurden. Dem lag neben der Tatsache, dass es an qualifiziertem Hochschulpersonal mangelte, wohl auch zugrunde, dass keiner der ansässigen Hochschullehrer sich auf diesen Gebieten besonders profilieren wollte. Als Spezialmaterie geltend, nahm man insbesondere die

---

327 „Westen“ Sommersemester 1936; „Nordosten“ Wintersemester 1936/37; Südosten“ Sommersemester 1937.

328 Sommersemester 1938, gehalten von Oberlandesgerichtsrat *Johannes Lorey*.

Kombination aus Rasse und Recht in der traditionellen Rechtswissenschaft allenfalls als naturwissenschaftlichen Sonderzweig wahr. So gesehen, verschob die Fakultät damit zugleich die betont weltanschaulichen Themen aus ihrem Zuständigkeitsbereich und schuf sich in der Beschränkung auf die eigentliche juristische Kernausbildung einen eigenen, möglicherweise weltanschaulich-neutralen, Freiraum.

Gleiches findet sich wieder, wenn man den Bereich der Sonderveranstaltungen näher betrachtet: Zum einen gab es Sondervorlesungen, die ein spezielles Rechtsgebiet abdeckten, das nicht direkter Bestandteil der Ausbildung und des Studienplanes war, wie z.B. „Freiwillige Gerichtsbarkeit", „Gewohnheitsverbrechergesetz", „Pressrecht", „Privatversicherungsrecht" oder „Luftrecht". Hier wirkten mitunter auch externe Dozenten.[329] Zum anderen wurde mit Sondervorlesungen offensichtlich versucht, Lücken im Studienplan zu schließen. Anders lassen sich Spezialvorlesungen mit den Titeln „Ausgewählte Lehren des Schuldrechtes", „Ausgewählte Kapitel aus den ersten beiden Büchern des BGB", „Grund- und Gegenwartsfragen des bürgerlichen Rechts", „Ergänzungen zum Recht der Familie" oder auch „Handelsgeschäfte" nicht erklären.

Die Ausbildungsbreite des juristischen Studiums in Jena änderte sich so mit der Studienordnung kaum. Hier bestand eine Kontinuität zu der Zeit vor 1935. Echte Erweiterungen und Neuerungen, ausgelöst durch die Möglichkeiten der Studienreform, bestanden letztlich nur in solchen Bereichen, die sich aus der stofflichen Neuordnung ergaben, zumeist reparierend in das neue System eingriffen und damit schließlich reformimmanent waren. Die Zielsetzung *Eckhardts*, nämlich durch eine reduzierte Lehrbelastung zu einer Belebung und Steigerung der Vielfalt juristischer Ausbildungsveranstaltungen zu gelangen, wurde daher – im Hinblick auf rechtswissenschaftliche Wahlvorlesungen – in Jena keinesfalls erreicht.[330]

---

329 Beispielhaft: *Friedrich Stier* „Landwirtschaftsrecht" bzw. „Bauern- und Bodenrecht" (Sommersemester 1932, 1933, 1934, 1935, 1939; Wintersemester 1933/34, 1935/36, 1937/38, 1938/39), *Gerhard Buhtz* „Naturwissenschaftliche Kriminalistik (Tatortspuren)", „Kriminalistisches Seminar", „Gerichtliche Medizin für Juristen" und „Arbeiten im kriminalistischen Laboratorium für Juristen" (Wintersemester 1935/36, Sommersemester 1936)

330 Eine Sonderstellung in dieser Frage nahm der Volkskundler *Boehm* ein. Angekündigt im juristischen Vorlesungsverzeichnis bot er in den dreißiger Jahren ein breites Portfolio an volkstheoretischen und volkstumssoziologischen Veranstaltungen an. Neben seiner „Volkslehre I" (jeweils im Wintersemester) und „Volkslehre II" (jeweils im Sommersemester) kamen so Vorlesungen über „Geschichtsphilosophie auf völkischer Grundlage" (Sommersemester 1935); „Sprachenpolitik und Nationalitätenrecht" (Win-

Hinsichtlich der verordneten Besternung war die Jenaer Fakultät übrigens freigiebiger als die Studienordnung.[331] Es liegt nahe, dass sich die Hochschullehrer auf diese Weise das Bewertungssystem der Studienordnung zunutze machen wollten, um damit ihre eigenen Veranstaltungen zu bewerben.

IV. Inhaltliche Änderungen durch die Studienreform

1. Problemlage und Herangehensweise

Fraglich ist, ob mit den äußerlichen Modifikationen, insbesondere den neuen Vorlesungsbezeichnungen und dem neuen Vorlesungszuschnitt, auch inhaltliche Änderungen einhergingen oder ob sich die Reform hinsichtlich der juristischen Kernausbildung letztlich auf eine bloße Umetikettierung der Lehrfächer reduzierte. Daneben wird zu untersuchen sein, inwieweit tatsächlich die nationalsozialistische Ideologie Eingang in die Juristenausbildung fand.

Für eine Analyse des Vorlesungsbetriebes in Jena fehlt es bislang an verlässlichen Studien, was sich im Wesentlichen mit der Ungunst der Überlieferung erklären lässt. Will man den Inhalt der Vorlesungen rekonstruieren, so stellt sich nach über 70 Jahren die Schwierigkeit, dass sich die wenigen Zeit-

---

tersemester 1935/36), „Der völkische Aufbau Mitteleuropas" (Sommersemester 1936), „Geschichte des deutschen Volksgedankens" (Wintersemester 1936/37), „Formenlehre der Politik" (einsternig), „Gliederung und Rechtslage des deutschen Volkstums in der Welt" (beide im Wintersemester 1937/38), „Nationalismus als Idee und Aktion" (Sommersemester 1938), „Die Nationalitätenfrage im 19. und 20. Jh." (einsternig, Wintersemester 1938/39) oder „Geschichte des deutschen Volksbewusstseins vor *Herder*" (Sommersemester 1939) zustande. Auch *Boehm* übernahm einige Veranstaltungsthemen aus der Zeit vor der Studienreform (z.B. „Formenlehre der Politik", bereits im Sommersemester 1934, „Der Nationalismus der europäischen Völker", bereits im Wintersemester 1934/35) erschloss sich aber auch neue Forschungs- und Lehrfelder. Insofern stellten seine Wahlvorlesungen grundsätzlich die von *Eckhardt* beabsichtigte, extensivere Ausrichtung des Ausbildungskanons dar. Allerdings belegen die Quellen, dass die *Boehmschen* Vorlesungen wenig bis keinen Anklang unter den juristischen Studierenden fanden und stattdessen vor allem von Studenten der Sozial- und Verhaltenswissenschaften besucht wurden.

331 Z.B. erhielt *Boehms* „Politische Volkskunde" interessanterweise stets einen Stern. Seine im WS 1935/36 angekündigte „Volkslehre I: Volk und Staat" wurde sogar mit zwei Sternen versehen. Im Sommersemester 1937 erhielt auch *von Webers* „Kriminalsoziologie" einen Stern; im Wintersemester 1937/38 *Scheuner*'s „Entwicklung der außenpolitischen Stellung Deutschlands seit dem Friedensvertrag von 1919".

zeugen kaum an die konkrete Stoffvermittlung erinnern können. Haftengebliebene sind lediglich manche Anekdoten. Vorlesungsmitschriften haben diese Zeitspanne in der Regel ebenso wenig überdauert, wie bislang Typoskripte der Hochschullehrer in deren Nachlässen aufgefunden wurden. Zudem liegt nahe, dass solche – im Falle einer gewissen Fragwürdigkeit – nach 1945 der Vernichtung anheimgefallen sind, zumal ihr eigentlicher Verwendungszweck durch die nach 1945 einsetzende Rückbesinnung in der Juristenausbildung entfiel.

Im Folgenden soll sich der Problemstellung daher auf dreierlei Weise angenähert werden. Zunächst soll der Stoffplan *Eckhardtscher* Prägung erfasst werden, um ein Bild davon zu erhalten, was als Vorlesungsgegenstand grundsätzlich angedacht war. Sodann wird anhand von Zeitdokumenten, Lehrbüchern und Aufsätzen versucht, den konkreten Stoffinhalt der in Jena gehaltenen Vorlesungen nachzuvollziehen. Dabei wird von der These ausgegangen, dass zeitgenössische Monographien zu den Themen der Vorlesungen deren wesentlichen Inhalt wiedergeben. Dies gilt insbesondere für solche Lehrbücher, die im Zuge der Studienreform entstanden und die den Titel der Lehrveranstaltung trugen.[332]

Letztlich soll das Prüfungsverhalten im ersten juristischen Staatsexamen untersucht werden. Das dort abgefragte Wissen sollte sicherstellen, dass der Kandidat befähigt war, in den Vorbereitungsdienst einzutreten und die Gewähr bot, ein guter „Rechtswahrer“ zu werden. Dafür musste er jedoch zuvor entsprechend unterrichtet worden sein.

2. Bildungspolitik und Weltanschauung

Hinsichtlich des Eingangs der NS-Ideologie ins Studium darf der Maßstab, den es bei der nachfolgenden Analyse anzulegen gilt, nicht überzeichnet werden. Jeder Bildungspolitik ist eine Vermittlung weltanschaulicher Grundlagen immanent. Jede Gesellschaft ist bestrebt, die sie tragenden gesellschaftspolitischen Grundsätze an die nächste Generation zu ihrem Erhalt weiterzugeben. Dies gilt erst recht in Zeiten fundamentaler Systemumbrüche, in denen es zunächst darauf ankommt, die erreichte Änderung zu verfestigen. Im Nationalsozialismus hieß es daher, dass die „nationale Revolution“ alle Bevölkerungsschichten zu erfassen habe und sich ein jeder – „Arbeiter der Faust“ wie „Ar-

332 Dabei soll aber nicht verkannt werden, dass zwischen der persönlichen Vermittlung einerseits und der schriftlichen Darlegung andererseits durchaus Unterschiede liegen können. Generelle Rückschlüsse sind aber ohne weiteres möglich.

beiter der Stirn" – in den Dienst der Bewegung zu stellen hatte. Die Berücksichtigung weltanschaulicher Grundlagen wurde von jeder Tätigkeit eingefordert. In besonderem Maße galt dies für diejenigen Verrichtungen, die mit einem Erziehungs- und Bildungsauftrag ausgestattet waren. Der „liberale Charakter der Wissenschaft" war „ebenso Sache des Denkstils, wie der Denkinhalte". Beide sollten sich wandeln. Es kam jetzt „sowohl darauf an, was erforscht wird, als darauf, in welch innerer Haltung geforscht wird."[333]

Untersucht man folglich die Rechtswissenschaft und deren Protagonisten der damaligen Zeit, dann erscheint es nahezu zwangsläufig, dass diese nationalsozialistische Züge beinhalten. Jeder Hochschullehrer musste sich – wollte er Stellung und Ansehen im Dritten Reich behalten – mit dem Regime und dessen Weltanschauung arrangieren, es teilweise oder zur Gänze adaptieren. Die Frage, die sich aber vorliegend stellt, ist, wie weit diese Vereinnahmung in der Juristenausbildung ging und ob für den einzelnen Hochschullehrer Freiräume blieben, in denen er sich von dieser Beeinflussung freimachen konnte – sofern er das wollte. Das wäre dann der Fall, wenn eine thematische Reduktion auf das juristische Kerngeschäft möglich gewesen wäre und eine Ausklammerung speziell nationalsozialistischer Materien in Frage kam. Es geht also darum herauszufiltern, ob und wo die *Eckhardtsche* Studienordnung eine Vermittlung bisheriger Topoi, die keiner weltanschaulichen Veränderung unterlegen waren, zuließ.

3. Analyse der Lehrveranstaltungen

Im Folgenden soll untersucht werden, welchen konkreten Inhalt die Lehrfächer hatten und in welcher Weise sie von der nationalsozialistischen Weltanschauung beeinflusst waren. Bei der Analyse gilt es zwei Gesichtspunkten besonderes Augenmerk zuzuwenden:

Zum einen erklärt sich die zunächst getroffene Fächerauswahl mit dem Umfang des zur Verfügung stehenden Quellenmaterials. Nicht zu jeder Vorlesung sind Zeitdokumente verfügbar, die einen Rückschluss auf die hiesige Lehre zulassen. Der Schriften-Untersuchung lagen daher vor allem diejenigen Werke zugrunde, die von Jenaer Hochschullehrern verfasst wurden und die aufgrund des Titels und des Inhalts einen direkten Bezug zur *Eckhardtschen* Studienordnung aufwiesen. Zur Erfassung des juristischen Ausbildungsstoffes eigneten sich in besonderem Maße die als „Grundrisse" bezeichneten Publika-

---

333 Deutsches Adelsblatt, ThHStAW, ThürVoBi, C 96, Bl. 155.

tionen. Sie geben Einblick in den Mikrokosmos des Vorlesungsbetriebes. Hier ging es nämlich weniger um problembezogene Richtungskämpfe, sondern darum, den Studierenden das Handwerkszeug eines Juristen nahezubringen. Dabei durften als Ausgangspunkt nur gesicherte, wissenschaftliche Ergebnisse verwendet werden. Eine Lehre, die heftig umstrittene Tagesprobleme der Rechtspolitik aufnahm, vermochte in Zeiten relativer wissenschaftlicher Unsicherheit kein tragbares Fundament für zukünftige Juristengenerationen bieten. Weil in den Grundrissen zudem wenig Raum für eigene Forschungsergebnisse oder wissenschaftliche Auseinandersetzungen blieb, und diese explizit auf ein studentisches Massenpublikum zugeschnitten waren, lässt sich hieran die tatsächliche Tragweite der erneuerten Rechtslehre messen.

Zum anderen kann es hinsichtlich der ideologischen Suggestion nicht allein auf die Verwendung von NS-Vokabular ankommen, sondern vielmehr darauf, inwieweit tragende Rechtsprinzipien des Dritten Reiches sich bereits derart in der Lehre etabliert hatten, dass eine Vermittlung der juristischen Grundkenntnisse in den universitären Veranstaltungen ohne dieselben nicht hinweg gedacht werden konnte. Die im Folgenden dargestellten veränderten Rechtsdogmen erheben keinen Anspruch auf Vollständigkeit, sollen aber zeigen, dass ohne sie ein rechtswissenschaftlicher Unterricht in dem jeweiligen Fach nicht (mehr) möglich war und damit ein Lehrspielraum des einzelnen Hochschullehrers für eine „unpolitische" Unterrichtung nicht (mehr) bestand.

a) Juristische Kernvorlesungen

aa) Lehrbücher und Grundrisse

(1) „Arbeiter"

Unter „Arbeiter" sollten sämtliche arbeitsrechtlichen Veranstaltungen vereint werden. Die Veranstaltung dauerte 2-3 Stunden und erhielt zwei Sterne. Eine von *Eckhardt* für „ratsam" gehaltene Vereinigung mit dem Wirtschaftsrecht kam nicht zustande, weil beide Rechtsgebiete genügend emanzipiert waren und ausreichend Lernstoff boten. Dies galt in besonderem Maße für das Arbeitsrecht, das mit dem „Gesetz zur Ordnung der nationalen Arbeit" vom 20. Januar 1934 (AOG) ein eigenes, neues nationalsozialistisches Sonderrecht erhalten hatte.

(a) „Deutsches Arbeitsrecht" von *Alfred Hueck*

Das 1938 in der *Koellreutter*-Reihe des Verlags Junker&Dünnhaupt herausgegebene Werk[334] stellte eine „systematische Darstellung des geltenden Arbeitsrechts" dar, wie es durch das AOG festgelegt wurde. Die Veröffentlichung folgte einem studentischen Bedürfnis dieser „in voller Umgestaltung" begriffenen Rechtsmaterie.[335] *Hueck* hielt die Vorlesung „Arbeiter" im Wintersemester 1935/36 in Jena.[336]

Nach einer allgemeinen Hinführung zu „Wesen, Geschichte, Grundbegriffen und Quellen des Arbeitsrechtes" folgte ein kürzerer zweiter Abschnitt zu „Arbeitsvermittlung und Arbeitsbeschaffung". Sodann widmete er sich dem „Recht des Arbeitsverhältnisses", um mit „Staatlicher Arbeitsschutz" fortzufahren. Anschließend bearbeitete er die Themenkomplexe „Tarifordnung und Betriebsordnung" sowie „Betriebsverfassung". Die letzten drei Abschnitte erläuterten genuin nationalsozialistische Institutionen, nämlich den „Reichstreuhänder der Arbeit", die „soziale Ehrengerichtsbarkeit" und die „Deutsche Arbeitsfront" (DAF) als überbetrieblichem Zusammenschluss. Die Schwerpunkte des *Hueckschen* Lehrbuches lagen in der Einführung, dem Recht des Arbeitsverhältnisses und in der Darstellung der letzten drei Abschnitte.

Die ideologische Nähe der Lehrmaterialien hing mit der grundsätzlich geänderten Rechtslage zusammen. Daher musste *Hueck* sein bis 1931 zusammen mit *Nipperdey* veröffentlichtes „Lehrbuch des Arbeitsrechts" grundlegend reformieren. Gemeinschaftsrechtlich ausgerichtet hieß es nun, Arbeitsrecht sei das „Sonderrecht der durch die Eingliederung in eine Gemeinschaft zur Arbeit in abhängiger Stellung verpflichteter Personen".[337] Des Weiteren betonte

---

334 Der Verlag Junker und Dünnhaupt aus Berlin brachte unter der Herausgeberschaft *Otto Koellreutter's* bis 1943 zum Erscheinen: *Mezger* „Deutsches Strafrecht", *von Schwerin* „Germanische Rechtsgeschichte", *Reu* „Anwendung fremden Rechts", *Koellreutter* „Deutsches Verfassungsrecht", „Deutsches Verwaltungsrecht", *Hueck* „Deutsches Arbeitsrecht", *Schilling* „Staats- und Rechtsphilosophie", *Hedemann* „Deutsches Wirtschaftsrecht", *Boor* „Rechtsstreit, einschl. Zwangsvollstreckung", *Forsthoff* „Deutsches Verfassungsgeschichte der Neuzeit", *Richter* „Deutsches Bauernrecht", *Dietz* „Deutsches Personen-, Familien- und Erbrecht", *Gleispach* „Deutsches Strafverfahrensrecht".

335 Hueck, Arbeitsrecht, S. 5.

336 Im Wintersemester 1936/37 hielt die Veranstaltung *Franz Böhm* als Vertretung, im Wintersemester 1937/38 *Friedrich Kühn* als Vertretung, im Wintersemester 1938/39 war sie auf „NN" gestellt. Ab 1939 las *Walter Krusch.*

337 Hueck, Arbeitsrecht, S. 14.

Hueck den „im älteren deutschen Recht stets lebendig“ gewesenen Grundsatz des Arbeitsverhältnisses als von „beiderseitiger Treue und Fürsorge beherrschtes Gemeinschaftsverhältnis“, das in der Zeit der „kapitalistischen Wirtschaft“ immer mehr zurückgetreten sei.[338] Dabei seien weniger die rechtlichen Regelungen zum Arbeitsrecht zu kritisieren, als vielmehr „die Gesinnung, mit der die vom Gesetzgeber zur Verfügung gestellten Rechtsformen gehandhabt und zur Verschärfung der Gegensätze, zur Wahrnehmung einseitiger Interessen, zur Schürung des Klassenkampfes ausgenutzt“ worden sei. Nunmehr sei es aber möglich „das entscheidende Ziel“, nämlich die „Überwindung des Klassenkampfgedankens durch echten Gemeinschaftsgeist“, zu realisieren.[339] Vor diesem Hintergrund befürwortete er auch, die Beseitigung der „dem Marxismus besonders nahestehenden freien Gewerkschaften“ sowie des kollektiven Arbeitsrechts. Koalitionsrecht, Arbeitsverbandsrecht und das Arbeitskampfrecht hätten im neuen Arbeitsrecht keine Zukunft mehr. Ihnen stehe „positiv [...] der Aufbau einer neuen Betriebsverfassung gegenüber, die durch die Einführung des Führerprinzips, Schaffung des Vertrauensrates und Betonung der Fürsorgepflicht des Betriebsführers, der Treuepflicht der Gefolgschaft charakterisiert“ werde. Hinzu komme eine starke staatliche Kontrolle durch die überragende Stellung des Reichstreuhänders und die Schaffung sozialer Ehrengerichte.

Das nationalsozialistische AOG stelle das Arbeitsverhältnis auf eine „neue ethische Grundlage“, weil es wieder die „Ehre in den Vordergrund“ rücke und damit zugleich mit der früheren „materialistischen Auffassung [...] (Kauf der Ware Arbeit)“ breche und das Arbeitsverhältnis aus der vermögensrechtlichen Sphäre herauslöse.[340]

Weil „Gemeinschaft“ aber „Gemeinschaftsgeist, Gemeinschaftsgesinnung“ voraussetze und diese „nach den langen Jahren des Klassenkampfes“ nicht überall gleich vorhanden sei, müsse der Staat „alle Beteiligten zu dieser Gesinnung erziehen“ und grobe Verstöße gegen sie bekämpfen.[341] Daraus rechtfertigte *Hueck* letztendlich auch die Leitung der DAF durch die NSDAP, weil so deren „weltanschauliche Ausrichtung“ im Sinne der nationalsozialistischen Ideen gewährleistet sei und die „Bildung einer wirklichen Volks- und Leistungsgemeinschaft aller Deutschen“ erreicht werden könne.[342]

---

338 Hueck, Arbeitsrecht, S. 18.

339 Hueck, Arbeitsrecht, S. 31.

340 Hueck, Arbeitsrecht, S. 206.

341 Hueck, Arbeitsrecht, S. 206.

342 Hueck, Arbeitsrecht, S. 224/225.

Huecks Werk erfuhr 1944 eine inhaltsgleiche zweite Auflage, die lediglich um einen Sonderabschnitt zum „Kriegsarbeitsrecht“ ergänzt wurde.

(b) „Arbeitsrecht“ von *Walter Krusch*

Die Schrift *Kruschs* erschien 1939 in der Reihe „Die Handelshochschule – Ein Lehrgang der Wirtschaftshochschule“ im Spaeth&Linde Industrieverlag Berlin/Wien. *Krusch* übernahm ab dem Sommersemester 1939 zunächst als Vertretung, sodann als ordentlicher Professor, die Vorlesung „Arbeiter“ und hielt sie bis zum Ende des Dritten Reiches in Jena.

Krusch unterschied lediglich materielles und formelles Arbeitsrecht. Innerhalb dieser Gebiete wurde zunächst das Recht des Arbeitsverhältnisses, anschließend das Recht der Arbeitsgemeinschaft behandelt. Implizit wurden als ergänzende Vorschriften der Dienstvertrag des BGB und damit auch Lehren des Allgemeinen Teils und des Schuldrechtes dargestellt. Während *Krusch* bei der Behandlung des Arbeitsverhältnisses häufig auf BGB-Normen zurückgriff, spielte das AOG erst im – mit insgesamt 15 Seiten deutlich kürzeren – zweiten Teil, beim Recht der Betriebsgemeinschaft, eine Rolle. *Krusch* stellte hier die Organe von Vertrauensrat über Treuhänder der Arbeit, Deutsche Arbeitsfront und soziale Ehrengerichte dar. Das Werk schloss mit dem Verfahrensrecht.

Ideologische Ansätze finden sich auch bei *Krusch*, blieben aber im Wesentlichen im Hintergrund. So folgte er dem Schlagwort des neuen Gerechtigkeitsdenkens mit „Jedem das Seine“, anstelle des bisherigen „Jedem das Gleiche“.[343] Er akzeptierte die nichtarische Abstammung als außerordentlichen Kündigungs-[344] sowie als Anfechtungsgrund im Rahmen des Eigenschaftsirrtums nach § 119 Abs. 2 BGB[345]. Die Überwindung der Unterscheidung zwischen öffentlichem und privatem Recht (*Eckhardt*) teilte er zwar nicht, verdeutlichte allerdings diese Veränderung, indem er durchgängig den neu geprägten Begriff des „volksgenössischen Rechts“ anstelle des Privatrechtes verwendete.[346] Ferner findet man auch bei *Krusch* einen herausgehobenen

343 Krusch, Arbeitsrecht, S. 9.

344 Krusch, Arbeitsrecht, S. 72.

345 Krusch, Arbeitsrecht, S. 34.

346 Dahinter stand der Rechtsgedanke, dass Privatrecht nunmehr das Recht sei, welches „die Beziehungen der einander gleichwertigen und deshalb gleichgeordneten Volksgenossen zueinander“ regele, währenddessen öffentliches Recht es mit den Verhältnissen zu tun habe, „in denen die Glieder zum übergeordneten Ganzen“ stünden. Krusch, Arbeitsrecht, S. 5.

Treuegedanken wieder, den er für alle Persönlichkeitsverhältnisse annehmen wollte.

Hinzu traten grundsätzliche Bedenken gegen die Inanspruchnahme von Regelungen des BGB als Ersatzsonderrecht, weil der dem Arbeitsvertrag zugrunde liegende eigenartige Charakter im BGB nicht zum Ausdruck gekommen sei.[347] Generell sei die auf römisch-rechtlichen Gedanken fußende Gegenüberstellung von Dienstvertrags- und Werkvertragsrecht verfehlt. Weil bei Letzterem neben der Arbeit ein Erfolg versprochen werde, weise dieser Vertrag eher in Richtung Vermögen und stehe daher dem Kauf viel näher. Das Persönliche des Dienstverhältnisses dagegen habe eher eine Verwandtschaft mit der Gesellschaft.[348]

Insgesamt wurde das BGB mit seinem liberalistischen Denken des *laissez faire, laissez passer* kritisiert. Die Einzelnen hätten ihre „Kräfte so gut, aber auch so rigoros ausnutzen" können, wie es ihnen möglich war, so dass ein wirtschaftliches Übergewicht des Unternehmers zu einer tatsächlichen Überordnung geführt habe.[349] Das Arbeitsrecht des Dritten Reiches stehe dazu in „schärfsten Gegensatze".[350]

(c) Einschätzung

Die Lehrbücher zum Arbeitsrecht von *Hueck* und *Krusch* brachten zwar eine weitgehend sachliche Darstellung des geltenden Rechts und verzichteten auf Ausführungen zu den Motiven der nationalsozialistischen Arbeitsgesetzgebung ebenso wie auf parteipolitische Äußerungen zum nationalsozialistischen

---

347 So betonte *Krusch* z.B. stets die Unanwendbarkeit der Vorschriften über gegenseitige Verträge. Weil die Normen der §§ 320 BGB ff. allein auf die „vermögensrechtliche Augenblicksleistung" abzielten, sei ihre Stellung im allgemeinen Teil des Schuldrechtes verfehlt, weil dadurch eine Inhaltsbestimmung in das Recht der bloßen Einigung Eingang gefunden habe. Die Erstreckung dieser systematisch allgemeinen Normen auf das speziellere Arbeitsverhältnis begegne „größten Bedenken", weil es sich bei diesem weder um ein allein vermögensrechtliches noch um ein Augenblicksverhältnis handele. Wie bei *Siebert* hatte dieser dogmatische Einwand auch bei *Krusch* keine praktischen Folgen. Im Falle der Nicht- oder Schlechtleistung sollten nämlich diejenigen Regeln Anwendung finden, die den §§ 323 ff, 275 ff BGB „zu Grunde liegen" und die in den Vorschriften lediglich für die „vermögensrechtliche Augenblicksleistung" besonders ausgestaltet worden seien.

348 Krusch, Arbeitsrecht, S. 16.

349 Krusch, Arbeitsrecht, S. 11.

350 Krusch, Arbeitsrecht, S. 12.

Staat.[351] Nichts desto trotz stellten beide Werke die nationalsozialistischen Prinzipien als richtig, wegweisend und alternativlos dar und übten damit einen nicht zu unterschätzenden Einfluss auf die rezipierende, studentische Leserschaft aus. Auch wenn, wie *Weißhuhn* in seiner Untersuchung annimmt, *Hueck* einer Realisierung der im AOG angestrebten Gemeinschaftsintension eher skeptisch gegenüberstand, vertrat er sie zumindest systemkonform nach außen.[352] Gleiches gilt für *Krusch.*

(2) „Unternehmer"

Die Vorlesung „Unternehmer" repräsentierte das gesamte Wirtschaftsrecht. Das bedeutete vor allem das Wirtschaftsrecht des Gewerbes, des Handels usw. ohne die Landwirtschaft.[353] Ein Schwerpunkt sollte – nach *Eckhardt* – auf den ständischen Aufbau gelegt werden.

(a) „Deutsches Wirtschaftsrecht" von *Justus Wilhelm Hedemann*

1939 brachte *Hedemann* im Verlag Junker&Dünnhaupt sein „Deutsches Wirtschaftsrecht" heraus. Die Schrift gehörte zu den wenigen umfassenden Darstellungen dessen, was die Studienordnung „etwas unscharf unter dem Titel ‚Unternehmer' zusammenfassen" wollte.[354] *Hedemann* ließ sich ausweislich des Vorwortes von seiner jahrelangen Lehrerfahrung an den Universitäten Jena und Berlin leiten. Nicht zuletzt weil *Hedemann* in Jena die von ihm gelesene Vorlesung „Unternehmer" mit dem Klammerzusatz „Wirtschaftsrecht" verband, ist eine Synchronität annehmbar.

Hedemann begann sein Werk mit einer geschichtlichen Zusammenfassung der Entwicklung des Wirtschaftsrechtes. Im Anschluss teilte er das Buch in

---

351 Vgl. Weißhuhn, Hueck, S. 137. Als Literaturempfehlung gab *Krusch* dann auch das Arbeitsrechtslehrbuch von *Hueck* aus dem Jahre 1931 mit dem Hinweis an, dass lediglich die Teile zum kollektiven Arbeitsrecht überholt sein. Das *Siebertsche* Arbeitsrechtsbuch, als einem Vertreter der Reformbewegung, wurde dagegen lediglich als „Spezialwerk" geführt.

352 Vgl. Weißhuhn, Hueck, S. 136. *Weißhuhn* kommt zu dem Schluss, dass *Hueck* sich zwischen den Systemen bewegte und daher zwangsläufig auf beiden Seiten auftauchte, um zumindest teilweise den nationalsozialistischen Erwartungen zu entsprechen (vgl. S. 140 ff.). Dem folgend lässt sich sein Lehrbuch als Beispiel für ein Arrangieren mit der NS-Ideologie anführen. *Hueck* war hier zumindest opportun im Werke, wenn nicht im Geiste.

353 Richter, Deutsches Bauernrecht, S. 16.

354 Reinhardt, Deutsches Recht, S. 130.

zwei große Blöcke. Im „I. Hauptstück" stellte er das Verhältnis des Staates zur Wirtschaft dar.[355] Im „II. Hauptstück" ging es dann um das Eigenleben der Wirtschaft, wobei der Einzelne bzw. die wirtschaftliche Selbstverwaltung im Mittelpunkt stand.[356] *Hedemanns* „Wirtschaftsrecht" zeigte so eine Vernetzung mit anderen Vorlesungsstoffen wie dem Handels-, Arbeits- und Steuerrecht, aber auch dem allgemeinen BGB.

In der geschichtlichen Darstellung hielt sich *Hedemann* mit ideologisierten Passagen zurück. Der Liberalismus mit dem „freien Spiel der Kräfte" wurde als Zeitgeist dokumentiert, der „viele Zweige der Wirtschaft mächtig beflügelt habe". Auch „seine Ideologie" sei zu einem „wichtigen Teile nicht verwerflich gewesen", die aufgetretenen „Entartungen" lediglich auf das Fehlen einer gefestigten Weltanschauung zurückzuführen.[357] Dann gelangte er zum Nationalsozialismus, dessen ideologische Grundlage das „in genialem Wurf" gezeichnete NSDAP-Parteiprogramm darstelle.[358] Kennzeichen sei die Eingliederung der Wirtschaft in das Volksganze zum Wohle des Volkes. Daraus folgten die „Bekämpfung volksschädlichen Gebarens", die „Erziehung zum Gemeinschaftsdenken", die „Pflicht zur Tätigkeit" sowie der „Sinn für Übersichtlichkeit, Planung und Zentralisation."[359]

Weil das erste Hauptstück zu einem guten Teile im öffentlichen Wirtschaftsrecht bestand, wurden nationalsozialistische und ideologisch bedingte Lenkungsstrukturen der Wirtschaft von der „Kommission für Wirtschaftspolitik" über den „Gauwirtschaftsberater" bis zum „Vierjahresplan" zum Lehrgegenstand. Dazu thematisierte *Hedemann* auch Gesetzgebungsmechanismen, Wirtschaftsstrafrecht, Wirtschaftspolizei und Wirtschaftsgerichtsbarkeit. Nach 1918 hätten „jüdische Geschäftsleute einen in keiner Weise gerechtfertigten übermäßigen Einfluß auf breite Teile des wirtschaftlichen Lebens gewon-

---

355 Etwas feiner gesponnen wurde im ersten Teil die Auffassung des Staates von der Wirtschaft behandelt. Hier wurden der Vorrang des Staates, die Anteilnahme der Partei an der Wirtschaftslenkung, die staatliche Wirtschaftsplanung, die Regulierung des wirtschaftlichen Wettbewerbs, die zentrale Marktordnung bis hin zu Autarkiebestrebungen Bearbeitungsgegenstand.

356 Der – im Umfang gleichstarke – zweite Block behandelte die Begriffe Unternehmer, ständischer Aufbau, Privateigentum, Boden und Rohstoffe, Geld und Preise aber auch Arbeitskraft, Vertrag, Allgemeine Geschäftsbedingungen, Gesellschaften, Kartelle und Konzerne.

357 Hedemann, Deutsches Wirtschaftsrecht, S. 3.

358 Hedemann, Deutsches Wirtschaftsrecht, S. 11.

359 Hedemann, Deutsches Wirtschaftsrecht, S. 12.

nen".[360] Und weiter: „Das artete stellenweise zu ernsten Gefahren für wichtigste Teile des Wirtschaftslebens aus. Einzelne schwere politische Verbrechen, die von Juden ausgingen, traten hinzu. Die nationalsozialistische Gesetzgebung hat deshalb schrittweise einen Abbau des jüdischen Einflusses bis zur fast vollständigen Ausschaltung der Juden aus dem deutschen Wirtschaftsleben in die Wege geleitet."[361]

Ähnliches setzte sich im II. Hauptstück fort. Exemplarisch können hier *Hedemanns* Ansichten vom Boden und vom Vertrag herhalten. Die Regelungen des Sachenrechts trügen „kein sichtbares Leben" in sich. Erst der Nationalsozialismus habe hier mit seiner „begeisterten Herausstellung" des Bodens im Zusammenhang mit seiner „Rassenlehre" den völkischen Wert deutlich gemacht. Gesetze wie das Reichserbhofgesetz hätten sich „über ein bloßes Paragraphenwerk erhoben" und den Boden als Ewigkeitswert wiederentdeckt.[362]

In der Vertragsdiskussion folgte *Hedemann* der zeitgenössischen Lehre, die einer „gänzlich ungezügelte[n] Vertragsfreiheit" nunmehr Beschränkungen auferlegte. Die neuen Grenzen der Vertragsfreiheit lägen zum einen in der Indisponibilität ganzer Rechtsgebiete, wie z.B. des Personen- und Familienrechts, zum anderen in der auf völkischen Grundlagen beruhenden Sittlichkeitsschranke. Im Bereich des Wirtschaftsrechts war es unter anderem der Vierjahresplan, der aufgrund der Staatslenkung wirtschaftlicher Prozesse, letztlich die Vertragsfreiheit zur Ausnahme degradierte.[363]

(b) Einschätzung

Hedemanns „Deutsches Wirtschaftsrecht" war als Kompendium für eine Vielzahl rechtlicher Bereiche mit wirtschaftrechtlichem Hintergrund konzipiert. Die Vorlesung „Unternehmer" bot, am *Hedemannschen* Grundriss ausgerichtet, verknappt ausgedrückt, eine Darstellung der im Dritten Reich zentralstaatlich eingebundenen Wirtschaft und ihre Strukturen. Bezugnahmen zur nationalsozialistischen Gegenwart waren hier unvermeidlich und waren als solche auch explizit gewollt.

---

360 Hedemann, Deutsches Wirtschaftsrecht, S. 102.
361 Hedemann, Deutsches Wirtschaftsrecht, S. 103.
362 Hedemann, Deutsches Wirtschaftsrecht, S. 214 f.
363 Hedemann, Deutsches Wirtschaftsrecht, S. 288.

(3) „Bauer“

Das Bauernrecht unterschied sich nach der Nutzungsform von der Vorlesung „Boden“. Die „Materie von ungeheurer Lebensbedeutung“ (*Eckhardt*) war durch das Reichserbhofgesetz vom 29. September 1933 (REG) in den deutschen Rechtskanon aufgenommen worden. Seine Bedeutung, die *Eckhardt* anfangs noch „von verhältnismäßig geringer rechtspädagogischer“ Art angesehen hatte, entwickelte sich rasant in der Rechtsausbildung des Dritten Reiches. Mit dem REG entstand nicht nur ein neues, besonderes Grundstücksrecht, in dem der Erbhof durch berufsständische und sippenrechtliche Bindung grundsätzlich unveräußerlich und unbelastbar wurde, sondern zugleich, ob der Sonderstellung des „Bauers“ ein neues Personen-, Vermögens- und Erbrecht.[364] Es wurde alsbald zentraler Bestandteil von Hausarbeiten sowie mündlichen und schriftlichen Prüfungsleistungen.[365] Nach *Eckhardt* sollte die Bedeutung des Bauerntums für die Erhaltung von Rasse und Volk, der Aufbau des Reichsnährstandes und das Erbhofrecht dargestellt werden und zugleich die alte Vorlesung zum Landwirtschaftsrecht ersetzen.

(a) „Deutsches Bauernrecht“ von *Karl Blomeyer*

Als Grundlage des Jenaischen Rechtsunterrichts soll das 1936 von *Karl Blomeyer* veröffentlichte „Deutsches Bauernrecht“ herangezogen werden. Dieser hielt die Vorlesung ab 1935 durchgängig bis zu seinem Weggang nach München. Es gehörte zu den Pioniererscheinungen der Lehrbuchreihe aus dem Vahlen-Verlag.[366] Das Werk war spätestens 1944 vollständig vergriffen.

---

364 Wollschläger, Zivilistische Schriften, S. 434., Vgl. auch Wieacker, Bodenrecht, S. 9.

365 Trotz dessen blieben die in der Studienordnung von 1935 veranschlagten zwei Stunden, die anfangs als „beinahe zu viel“ (*Eckhardt*) angesehen worden waren, ebenso bestehen, wie die Bewertung mit lediglich einem Stern.

366 Der Verlag Franz Vahlen aus München brachte unter der Herausgeberschaft des Jenaers *Karl Blomeyer* ab 1936 die Lehrbuchreihe „Neue Rechtsbücher für das Studium der Rechts- und Wirtschaftswissenschaften“ heraus. Dabei verstand sich die *Blomeyer*-Reihe als konservative Alternative, die zu „gründlichem wissenschaftlichem Denken“ anleiten und die „Kunst der Rechtsanwendung“ lehren wollte. Im Vorspruch vom 24.11.1935, also zu Beginn der erstmaligen Umsetzens der Studienordnung zum WS 1935/36, stellte *Blomeyer* unmissverständlich fest, dass die „Neuen Rechtsbücher“ die einzelnen Gebiete des juristischen Universitätsstudiums „zeitgemäß, aber streng wissenschaftlich“ zu behandeln hätten (Vgl. Vorspruch entnommen: Köttgen, Deutsche Verwaltung (Nachdruck der 3. Auflage (1944) 1995), Verlag Keip, Goldbach. Ohne Seitenangabe). Auch warb man mit dem „streng systematischen Aufbau“ (Vgl. Werbe-

Blomeyers Bauernrecht bot zunächst eine Einleitung über Volk, Bauer und nationalsozialistische Bauernpolitik und gab anschließend einen dezidierten Überblick vom Reichsnährstand über das Marktordnungsrecht bis hin zum Entschuldungs- und Siedlungsrecht. Das inhaltliche Hauptstück stellte das Reichserbhofrecht dar. Es enthielt eine umfassende Erörterung der rechtlichen Regeln des Reichserbhofgesetzes.[367]

Ideologische motivierte Passagen hafteten dem Werk notwendigerweise an, weil das neue „Bauernrecht" mit seinen wesentlichen Bestimmungen auf das Engste mit den Grundanschauungen des Nationalsozialismus verbunden war. So war es erklärtes Hauptziel dieses Rechtsgebietes ein „deutschblütiges Bauerntum" als „Blut- und Lebensquell des deutschen Volkes" zu schaffen.[368] Die erhoffte „Wiedergesundung des deutschen Volkes an Leib und Seele" hing dabei sehr stark mit der nationalsozialistischen Rassenlehre zusammen.[369] Das „durch das Eindringen der Juden" in seinem „Volkstum schwer geschädigt[e]" deutsche Volk sollte sich am Bauer ein Beispiel nehmen, der eine „besonders gesunde Bevölkerungsschicht" darstelle, weil er infolge seines „gesunden Instinktes" noch mehr als die übrige Landbevölkerung „sich von der Vermischung mit jüdischem Blut rein gehalten" habe.[370] Dagegen sei bei der Stadtbevölkerung durch „jüdischen" Einfluss „vieles in das deutsche Volkstum gelangt, was dem deutschen Volke nicht artgemäß" sei und frühere Wesenszüge verdrängt habe. Mit der Ursache hierfür war *Blomeyer* schnell bei der Hand: „Die Aufnahme der Juden aber in das deutsche Volk hat weit stärker noch das deutsche Volkstum beeinflußt. Es hat sich gezeigt, daß, wenn Juden und Deutsche gleichberechtigt sind, die Juden in der inneren Entwicklung des Volkes einen Einfluß erlangen, der viel stärker ist, als ihrer Zahl entsprechen würde."[371]

Abdruck in Boehm, Volkskunde). Geplant aber nicht realisiert wurden: Familie (*Hedemann*), Privatrechtsgeschichte der Neuzeit (*Hedemann*), Verfassung (*Scheuner*), Gesellschaften (*Lehmann*). Stattdessen erschienen: „Germanische Rechtsgeschichte" (*Planitz*), „Deutsche Verwaltung" (*Köttgen*), „Recht der Wertpapiere" (*Hueck*), „Handel und Gewerbe" (*Lehmann*), „Volkswirtschaftspolitik" (*von Dietze*), „Anwendung fremden Rechts" (*Raape*) sowie „Volkskunde" (*Boehm*).

367 Blomeyer, Deutsches Bauernrecht, S. 83.

368 Blomeyer, Deutsches Bauernrecht, S. 67, 104.

369 Blomeyer, Deutsches Bauernrecht, S. 12.

370 Blomeyer, Deutsches Bauernrecht, S. 11.

371 Blomeyer, Deutsches Bauernrecht, S. 5.

Durch das Judentum sei schließlich der Individualismus, der Liberalismus und die materialistische Lebensauffassung besonders gefördert worden.[372] Dagegen wurde die Bodenständigkeit des Bauern, sein Umgang mit „lebendem Werkzeug“, mit seiner Familie als Arbeitsgemeinschaft, dazu die „Härte des bäuerlichen Berufs“ sowie sein „besonders zähes Festhalten am Überkommenen“ und nicht zuletzt die „Abhängigkeit von höheren Gewalten“ in Anschlag gebracht. Die Verwurzelung des Bauern mit seiner Scholle, als Verbindung von „Blut und Boden“ gepriesen, sollte dazu führen, dass „das Bauerntum [...] dem deutschen Volke immer das beste Menschenmaterial“ liefere.[373]

Neben diesen „Grundlagen“ konnten sich das Lehrfach und damit auch der Grundriss anderen ideologischen Ansätzen nicht entziehen. Bei der Gesetzesanwendung seien nicht nur die Gesetze, „die die heutige Rechtsordnung ausmachen, sondern auch die anderen Willenskundgebungen der Staatsführung zu berücksichtigen“, allen voran „die großen Reden des Führers und Reichskanzlers, aber auch die Kundgebungen des Reichsbauernführers bei besonderen Anlässen und ähnliche Veröffentlichungen.“[374]

Durch die immer wiederkehrenden Verweise auf die Intention des Gesetzes begegnete dem Leser die NS-Ideologie auch bei den Ausführungen zur Siedlungs- und zur Bauernfähigkeit.[375]

(b) Einschätzung

Blomeyers „Deutsches Bauernrecht“ bemühte sich um eine Integration nationalsozialistischer Rechtsgedanken ins geltende Recht und lag damit auf einer Linie mit den Reformbestrebungen.[376] Sein Inhalt deckte sich im Wesentlichen

---

372 Blomeyer, Deutsches Bauernrecht, S. 5.

373 Blomeyer, Deutsches Bauernrecht, S. 18.

374 Blomeyer, Deutsches Bauernrecht, S. 86.

375 Nur die „blutmäßig Besten“ sollten mit dem „Boden verwurzelt“ werden, was eine „Erbtüchtigkeit“ im Sinne rassischer, erbgesundheitlicher und beruflicher Eignung bedinge. Und zur Bauernfähigkeit: „Einer der Züge, die das Wesen des Nationalsozialismus ausmachen, ist seine Einstellung zur Rasse. Das deutsche Volk ist durch gewisse Rassenmischungen verschlechtert worden [...].Als dem deutschen Volkstum abträglich haben sich die Mischungen mit jüdischem und farbigem Blut erwiesen.“ Vgl. Blomeyer, Deutsches Bauernrecht, S. 76 und 107.

376 Vgl. auch Blomeyer, Hat der Bauer Eigentum am Erbhof?, in FS Hübner, S. 92ff.

mit dem zeitgenössischer Konkurrenzwerke.[377] Nationalsozialistische Bezugnahmen waren hier ebenso unvermeidlich wie fachlich indiziert.

(4) „Gesellschaften“

Die Vorlesung war eine Neuschöpfung der Studienordnung. Sie sollte nach ministeriellem Willen die Vereine und die Gesellschaften des BGB und des HGB, mit den einschlägigen Nebengesetzen kombiniert, erörtern.

(a) „Gesellschaftsrecht“ von *Günter Haupt*

Kurz vor Kriegsbeginn erschien „Gesellschaftsrecht“ des Jenaer Rechtslehrers *Günter Haupt* in der *Stoll/Lange*-Reihe im Tübinger Mohr-Verlag.[378] Es erschien bis 1945 in drei weiteren Auflagen.

Haupt bearbeitete das Gesellschaftsrecht auf klassische Weise. Nach einem Grundlagenteil wurden die verschiedenen Gesellschaftsformen besprochen. *Haupt* verstand unter „Gesellschaften“ gemäß der Studienordnung alle Vereinigungsformen des Zivilrechts, so dass er in seiner Schrift insgesamt 13 verschiedene Gesellschaftsformen des Personen- und Kapitalgesellschaftsrechts erläuterte.[379]

---

377 Inhaltlich gleich, aber sprachlich distanzierter: Vgl. Richter, Deutsches Bauernrecht, auch Merkel/Wöhrmann, Deutsches Bauernrecht. Bei *Busse* „Grundriss des Bauernrechts“ wurde nicht nur das Erbhofrecht, sondern das gesamte landwirtschaftliche Boden- und Berufsrecht, u.a. das Recht des Reichsnährstandes, das Jagd-, Fischerei- und Wasserrecht dargestellt, was aber auch auf einer privaten Absprache mit *Wieacker* als Autor des Schwestergrundrisses zum Bodenrecht beruhte. Vgl. Wieacker, Bodenrecht, S. 6.

378 Die Reihe verstand sich als Alternative zu der von *Eckhardt* und der Kieler Richtung editierten Reihe aus der Hanseatischen Verlagsanstalt (Vgl. Lange, Die Entwicklung der Wissenschaft vom bürgerlichen Recht seit 1933, S. 17, vor allem Fn. 1, zitiert nach Wolf, Vom alten zum neuen Privatrecht, S. 63). Ihre Werke versprachen eine konservativere Herangehensweise an die Juristenausbildung und Rechtsgestaltung (Vgl. z.B. Rezension von *Oestreich* zu *Feine* in: Historische Zeitschrift, Bd. 159, H, 2 (1939), S. 327/328). Es erschienen: „Deutsches Bauernrecht“ (1935), *Stoll*; „Vertrag und Unrecht“ (1936), *Stoll*; „Arbeitsrecht“ (1936), *Nikisch*; „Römische Rechtsgeschichte“ (1936), *Kreller*; „Boden, Ware und Geld“ (1937), *Lange*; „Deutsche Verfassungsgeschichte der Neuzeit“ (1937), *Feine*; „Familie und Familienerbe“ (1938), *Isele*; „Handel und Gewerbe“ (1938), *Reinhardt.*

379 Haupt, Gesellschaftsrecht, S. 1.

Die zweite Auflage 1942 sowie die dritte Auflage 1944 erweiterte *Haupt*, nunmehr Professor in Leipzig, jeweils um ein Kapitel zur Umwandlung und Verschmelzung, wobei Inhalt und Stil gleichblieben.

(b) Einschätzung

Haupts „Gesellschaftsrecht" war streng normorientiert und vermied Bezugnahmen zu politischen Leitmotiven des Gesellschaftsrechts. Ideologische Grundaussagen wurden nicht explizit transportiert. Es handelte sich um ein weitgehend wertneutrales Abarbeiten der gesetzlichen Regelungen, wobei viel Wert auf eine nüchterne Darstellung der Tatbestandsvoraussetzungen und ihres Normzwecks gelegt wurde. Dazu passt auch, dass *Haupt,* entgegen der Studienordnung, für seinen Grundriss nicht „Gesellschaften", sondern „Gesellschaftsrecht" als Titelüberschrift wählte. Für die Unverfänglichkeit der Ausführungen spricht zudem, dass 1952 eine vierte Auflage des Gesellschaftsrechts unter Neubearbeitung von *Rudolf Reinhard* erschien, welche die dritte Auflage mit nur wenigen Strukturänderungen nahezu wörtlich übernahm.

(2) „Wertpapiere"

Die einfach besternte Vorlesung „Wertpapiere" sollte nach *Eckhardt* die wertpapierrechtlichen Teile des BGB und HGB sowie das Wechsel- und Scheckrecht darstellen.

(a) „Wertpapiere" von *Alfred Hueck*

Zur Charakterisierung der Vorlesung und ihres Inhaltes in Jena liegt der Untersuchung das 1936 in der *Blomeyer*-Reihe des Vahlen-Verlages herausgebrachte Werk *Alfred Huecks* zugrunde. Es entstand aufgrund seiner „langjährigen Erfahrungen in Vorlesungen, Übungen und Prüfungen", wohl vor allem in seiner Jenaer Zeit.[380]

Man kann in *Huecks* „Wertpapiere" den Versuch erblicken, die durch die Studienordnung eingeführte Methodenverschiebung auch lehrbuchmäßig umzusetzen. So verzichtete er auf eine „Darstellung allgemeiner Grundsätze des Wertpapierrechts, wie sie sich aus der Regelung der einzelnen Papiere abstrahieren lassen", sondern versuchte stattdessen, „das Verständnis dadurch zu erleichtern, daß er [der Grundriss, S.W.] die Rechtsnormen am einzelnen konkre-

380 *Alfred Hueck* wirkte bis 1936 in Jena. Das Vorwort seines Grundrisses datiert vom 01.10.1936.

ten Wertpapier entwickelt.“[381] Dementsprechend begann *Hueck* nach einem einleitenden Kapitel zunächst mit der Darstellung des „am eingehendsten geregelten“ Wechselrechts und stellte sodann das Scheckrecht, die kaufmännischen Orderpapiere sowie die Inhaberschuldverschreibungen vor. Der Schwerpunkt seines Werkes lag im Wechselgesetz vom 21. Juni 1933. Zum besseren Verständnis waren einige Fallbeispiele eingearbeitet. *Hueck* übernahm auch Forderungen *Eckhardts* in der schematischen Darstellung von Rechtsgebieten. Dazu gehörten die zwingende geschichtliche Erörterung in der Einleitung, Übersichten zu Schrifttum und Quellen, Systematik und allgemeine Begrifflichkeiten.

(b) Einschätzung

Hueck vermied in „Wertpapiere“ Bezugnahmen zur nationalsozialistischen Gegenwart und bot lediglich eine nüchterne Darstellung des damals geltenden Wertpapierrechts.[382] Dabei kam ihm entgegen, dass es an einer einheitlichen Kodifikation des Wertpapierrechts fehlte. Im – stark angegriffenen – BGB fanden sich z.B. nur einige Sonderregeln; Wechsel- und Scheckgesetz regelten zudem nur Teilgebiete. Sie beruhten außerdem auf internationalen Vorarbeiten und völkerrechtlichen Verpflichtungen aus der Zeit vor 1933 und wurden vom Dritten Reich im Außenverkehr auch benötigt. Die weiterführende Literatur bei *Hueck* war dann ausschließlich aus der Zeit vor 1933 angegeben. Der große Erfolg des Buches veranlasste *Hueck* zu nahezu inhaltsgleichen Neuauflagen in den Jahren 1942 und 1944.

Huecks „Wertpapiere“ erreichten, verbal unverändert, 1948 und 1949 als 4. und 5. Auflage weitere Neuauflagen.

bb) Feldpostbriefe und Aufsätze

(1) „Privatrechtsgeschichte der Neuzeit“

Die „Privatrechtsgeschichte der Neuzeit“ oder die „Neuere Privatrechtsgeschichte“, stellte ein Novum in der juristischen Ausbildung dar. Sie vereinigte die früheren Veranstaltungen „Deutsches Privatrecht“ und „Römisches Privatrecht“ seit dem ausgehenden Mittelalter zu einer nunmehr einheitlichen Vorlesung, entlastete damit den Studienplan und führte zu einer Überwindung der

---

381 Hueck, Wertpapiere, Vorwort und S. 17.
382 Hueck, Wertpapiere, S. 17.

Trennung zwischen Romanistik und Germanistik.[383] Als funktionslos gewordene Relikte aus der Entstehungszeit des BGB wurde ihre Ablösung als seit langem überfälliger Modernisierungsfortschritt empfunden.[384]

Nach der Institutionalisierung des Faches in der Studienordnung von 1935 suchte man das Ziel zu erfüllen, dass *Eckhardt* bereits in seinem Referat ausgegeben hatte. Danach war darzulegen, dass das vor dem BGB geltende Privatrecht aus der Überlagerung und gegenseitigen Durchdringung zweier Rechtsmassen entstanden war, nämlich zum einen aus „dem eigenwüchsigen deutschen Recht" und zum anderen aus dem im 15. und 16. Jahrhundert von Wissenschaft und Praxis aufgenommenen (rezipierten) fremden – letztlich auf römische Grundlagen zurückgehenden – Recht.[385] Die Darstellung der Rezeption des römischen Rechts und die Weiterentwicklung des Privatrechts sollten bis zur Gegenwart bearbeitet werden.[386]

(a) „Privatrechtsgeschichte der Neuzeit" von *Justus Wilhelm Hedemann*

Für die Jenaer Verhältnisse von besonderem Interesse ist in diesem Zusammenhang ein Aufsatz *Hedemanns* in der Festschrift für *Rudolf Hübner* aus dem Jahre 1935. Darin setzte er sich mit dem neuen Feld auseinander und gab Einblicke in zu vermittelnde Lehrinhalte. Weil er die Veranstaltung im selben Jahre in Jena abhielt, liegt eine enge Verknüpfung von Beitrag und Vorlesung nahe.

Er stellte sich drei Hauptkomplexe vor, nämlich den *usus modernus pandectarum*, das Naturrecht und die privatrechtliche Kodifikationsgeschichte.[387] Die Vorlesung sollte durch bekannte Rechtsbiographien wie z.B. von *Hugo Grotius*, *Christian Thomasius, Friedrich Karl von Savigny* oder *Otto Gierke* „belebt" werden. Die Integration einer rechtvergleichenden Perspektive benachbarter Länder hielt *Hedemann* für lohnenswert. Er warnte zugleich vor einer „gefährliche[n] Nähe" zur Dogmatik und damit zum Positivismus.

(b) Einschätzung

Die Privatrechtsgeschichte nach *Hedemann* sollte in erster Linie eine historische Veranstaltung sein, deren „unmittelbare Nutzbarkeit für das geltende

---

383 Stolleis/Simon, Rechtsgeschichte im NS: Beiträge zur Geschichte einer Disziplin, S. 180.

384 Vgl. Klippel, Privatrechtsgeschichte der Neuzeit, S. 145-167 mwN.

385 Vgl. Kreller, Röm. RG, S. 1.

386 Eckhardt, Studium der Rechtswissenschaften, 2. Auflage, S. 28.

387 Vgl. Hedemann, Privatrechtsgeschichte, S. 15.

Recht“ nicht zwangsläufig sein müsse.[388] Vielmehr wurde die rechtshistorische „Selbstständigkeit gegenüber dem gesetzten Recht“ als Ausbildungsmaxime definiert.[389] So verstanden war eine ideologische Kontaminierung mangels Gegenwartsbezugs nicht zwingend erforderlich.

Weil die „Privatrechtsgeschichte“ vor 1933 zwar als Gebiet wissenschaftlicher Forschung schon bestand, jedoch nicht als „einheitliches Arbeitsgebiet“ aufgefasst wurde[390], fehlte es an genauen Abgrenzungskriterien hinsichtlich der Quantität der Stoffmenge, der Nähe zur Gegenwart sowie an Monographien.[391] Man fühlte sich nur ungenügend vorbereitet.[392] Das neue Fach rang damit nicht nur um inhaltliche, sondern vor allem um methodische Werte.

Die „Privatrechtsgeschichte der Neuzeit“ emanzipierte sich im Laufe der Zeit von einer rein rechtshistorischen Vorlesung durch einen immer stärker werdenden Gegenwartsbezug, indem man die Rezeption als „Angelpunkt der neueren deutschen Privatrechtsgeschichte“ neu deutete.[393] Sie wurde nicht mehr als „Nationalunglück“ empfunden, das zu einer inhaltlichen „Überfremdung des nationalen Rechts“ geführt habe. In den Blickpunkt rückten nun der „umfassende Rationalisierungsprozess“ (*Dahm*) oder die „Verwissenschaftlichung und Rationalisierung“ (*Wieacker*) in der Folgezeit. Mit der veränderten Perspektive erfolgte ab 1940 eine Aufwertung des Naturrechts und des humanistischen Einflusses auf die Rechtswissenschaft. Die Folge war eine privatrechtsgeschichtliche Ausbildung, die mit der Entethisierung des Rechts durch *Thomasius* und *Kant* das Bild einer immer „formaler“ werdenden Privatrechtsordnung im 19. Jahrhundert annahm, die durch Rechtsdenker wie *Kant*, *Savigny*, *Puchta* oder *Windscheid* repräsentiert wurde.[394] Erzählt wurde jetzt die Geschichte vom Aufstieg und Fall des Positivismus.[395]

---

388 Vgl. Hedemann, Privatrechtsgeschichte, S. 16.

389 Thieme, DJZ 1935, Sp. 339 f.

390 Vgl. Hattenhauer/Buschmann, Textbuch zur Privatrechtsgeschichte der Neuzeit mit Übersetzungen, S. 1.

391 Vgl. Hedemann, Privatrechtsgeschichte, S. 15.

392 Vgl. Koschaker, Die Krise der römischen Rechts und die romanistische Rechtswissenschaft, S. 71 Fn 1.; ebenso Kaser, ZRG Rom. Abt. 57 (1937), S. 525, der meinte, dass es „der Arbeit eines Menschenalters“ bedürfe, „bis die großen Linien der neueren Privatrechtsgeschichte in ihrem überaus komplexen Verlauf einigermaßen sichergestellt“ seien.

393 Kunkel, Quellen zur Neueren Privatrechtsgeschichte Deutschlands, 1936, XI, Einleitung.

394 Haferkamp, ZNR 32, 2010, Nr. 1, S. 70.

395 Haferkamp, ZNR 32, 2010, Nr. 1, S. 64.

Die ideologische Beeinflussung des Lehrfaches lässt sich damit nur schwer einschätzen. Während *Hedemann* in seiner Neueren Privatrechtsgeschichte noch keinen unmittelbaren Gegenwartsbezug annahm, dürften sich weltanschauliche Tendenzen auf die Rezeptionsgeschichte mit ihrer Überfremdungsthese beschränkt haben. Dazu kam die Kritik an der Aufklärung und Naturrechtslehre. Zudem empfahlen die Hochschullehrer mangels neuer Publikationen weiter die Benutzung der älteren Darstellungen der Institutionen des deutschen Privatrechts z.B. *Hübners* 1908 erstmals erschienene „Grundzüge des deutschen Privatrechts", so dass hier traditionelle Rechtsgedanken fortwirken konnten.[396] Andererseits entwickelte sich das Lehrfach recht schnell zu einer gegenwartsbezogenen Veranstaltung, die sich notwendigerweise mit der geltenden Staats- und Gesellschaftsauffassung auseinander zu setzen hatte. Dafür aber löste man sich vom Rezeptionsgedanken und wandte sich besonders kritisch dem Positivismus des 19. Jahrhunderts zu. Die ideologische Beeinflussung bestimmte sich je nach Lesart des dozierenden Hochschullehrers. Die Vorlesung *Hedemanns* dürfte dabei weniger betroffen gewesen sein, als die seiner Nachfolger *Schultze-von Lasaulx* und später *Walter Erbe*, weil hier die Entwicklung des Lehrfaches weiter vorangeschritten war und es sich auch inhaltlich etabliert hatte.

(2) „Verfassung", „Verwaltung", „Finanzrecht", „Volk und Staat"

Nach *Eckhardt* sollten die bisherigen Themenbereiche des Öffentlichen Rechts erhalten bleiben. „Volk und Staat" sollte die „Allgemeine Staatslehre" in dem Bereich der Politik aufnehmen.

(a) „Einführung in das öffentliche Recht" von *Gerhard Wacke*

Für Jena haben sich außer einem Feldpostbrief *Gerhard Wackes* aus dem Jahre 1944 keine Zeitzeugnisse über den Vorlesungsinhalt der öffentlich-rechtlichen Vorlesungen erhalten.

„Verfassung" behandelte die „grundlegenden Bestimmungen über den Aufbau des Staates und die Tätigkeit der obersten Regierungsorgane sowie […] das Verhältnis des Staates zu seinen Angehörigen."[397] Ferner gehörten die Grundsätze der Gesetzgebung zur Eigentumsordnung, Gemeindeverfassung, Wehrpflicht und Arbeitsdienstpflicht dazu. Auch das Recht der NSDAP war „in den wichtigsten Grundzügen" Vorlesungsbestandteil.

---

396 Reinhardt, Deutsches Recht, S. 233 ff.

397 Wacke, Einführung in das öffentliche Recht, S. 12.

„Verwaltung" umfasste an der *Salana* die „allgemeinen Grundsätze für das Handeln der Verwaltungsbehörden sowie die Rechtsnormen für die Tätigkeit der Behörden auf den einzelnen Gebieten der öffentlichen Verwaltung".[398] Insgesamt brachte „das Verwaltungsrecht die nähere Ausführung der staatsrechtlichen Grundsätze für das Wirken des Staates.[399] Auch Abgrenzungstheorien – *Wacke* benennt hier explizit den Versuch *Köttgens,* das Wesen der Verwaltung als Institution mit unpersönlicher Ämterverfassung im Gegensatz zur persönlichen Staatsführung zu erfassen – sowie rechtsphilosophische Analysen von Lehrsätzen[400] bildeten den Gegenstand der Ausbildung.

„Finanzrecht" sollte das alte „Steuerrecht" unter neuem Namen ablösen. Danach waren die Haushaltsplanung und -führung, das Staatsschuldenrecht, die allgemeinen Grundsätze des Steuerrechts, das Finanzausgleichsrecht, das Staatsvermögensrecht, das Besteuerungsverfahren, das Steuerstrafrecht und das Recht der Finanzverwaltung Vorlesungsstoff.

In „Volk und Staat" wollte man dagegen die alten Werte der „Allgemeinen Staatslehre" nicht ohne weiteres für die Juristenausbildung verloren geben. So diente „Volk und Staat" zusammen mit der „Verfassungsgeschichte der Neuzeit" zur Vorbereitung der drittsemestrigen Vorlesung „Verfassung" in staatsrechtlicher und historischer Hinsicht. Die Behandlung der „Allgemeinen Staatslehre" im Rechtsunterricht wurde dabei als wissenschaftliche, rechtsvergleichende Lehre von Rechtsbegriffen und Rechtseinrichtungen verschiedener Staaten unter Herausstellung von Gemeinsamkeiten als unverzichtbare Methode für rechtswissenschaftlichen Erkenntnisgewinn verstanden. Ihr Inhalt sei durch die Neufassung und Neubezeichnung der Lehrfächer nicht aufgegeben worden, sondern habe lediglich dem Zeitgeist entsprochen, der eine „grundsätzliche Abneigung gegen allgemeine Lehren" pflegte und fürchtete, das „Besondere des einzelnen Falls" könne bei rechtsvergleichenden Verallgemeinerungen zu kurz geraten.[401]

Der Bereich der „politischen Staatslehre" wurde in Jena offensichtlich entwertet. Denn *Wacke* legte durch Fett- und Sperrdruck hohen Wert auf die Feststellung, dass Recht und Politik verschiedene Dinge seien. In der Rechtswissenschaft im Allgemeinen und im Öffentlichen Recht im Besonderen sei nicht die Politik selbst, sondern das Recht, der Arbeitsbereich. Man müsse die

---

398 Wacke, Einführung in das öffentliche Recht, S. 12.

399 Wacke, Einführung in das öffentliche Recht, S. 12.

400 wie „Das Staatsrecht stellt den Staat im Ruhezustand, das Verwaltungsrecht in der Bewegung dar" oder „Verfassungsrecht vergeht, Verwaltungsrecht besteht".

401 Wacke, Einführung in das öffentliche Recht, S. 2.

„wissenschaftliche Einsicht“ bewahren, dass zwischen der Staatsführung und dem von ihr gesetzten Recht ein Unterschied bestehe. Der Rechtswahrer solle nicht „die politische Führung des Volkes übernehmen, sondern der von der politischen Führung gesetzten Rechtsordnung dienen“.[402] Etwaige rechtspolitische, in die Zukunft gerichtete, rechtliche Gestaltungsmöglichkeiten seien der politischen Führung vorbehalten und nicht Aufgabe des Rechtsstudenten. Der gerade im Öffentlichen Recht immer wieder auftretende Begriff des Politischen – oft verwendet ohne einen für „die rechtliche Arbeit einigermaßen brauchbaren Inhalt“[403] – sei vom angehenden „Jünger der Wissenschaft von Recht und Gesetz“ stets genau auf seine Anwendbarkeit zu prüfen. Die Rechtswissenschaften seien nur insoweit eine „politische Wissenschaft“, als sie „von den Grundlagen nationalsozialistischen Fühlens und Denkens“ beherrscht seien. Das hieße, dass der Jurist nicht im „luftleeren Raum der Paragraphen“ arbeiten dürfe, sondern daran denken müsse, dass das Recht „in seinen Normen die politische Grundordnung des deutschen Volkes zu entwickeln und zu unterstützen“ habe. Eine Wertfreiheit des Rechts oder eine Losgelöstheit von den politischen Grundlagen der Volksgemeinschaft existiere nicht. Daraus folge im Wesentlichen ein Rückgriff auf die politische Weltanschauung vor allem im Bereich der „Auslegung des Rechts“ sowie bei der Entscheidung von „Billigkeits- und Zweckmäßigkeitsfragen“.

Weiter einschränkend formulierte *Wacke*, dass dieses „Denken aus der politischen Gestalt“ (*E.R. Huber*) selbst für den „Kenner des Rechts“ eine „außerordentlich schwierige Aufgabe“ sei, zugleich dem „Anfänger kaum zugänglich“.[404] Zudem bestehe die Schwierigkeit, dass „unser heutiger Gesetzgeber zahlreichen von überzeugten Nationalsozialisten in ihrer juristischen Arbeit aufgestellten rechtlichen Theorien keineswegs gefolgt“ sei.[405]

(b) Einschätzung

Inhaltliche und strukturelle Modifikationen infolge der *Eckhardtschen* Studienreform ergaben sich in besonderem Maße für die öffentlich-rechtlichen Lehrfächer. Hier hatte die gesellschaftspolitische Umstrukturierung von der parlamentarischen Demokratie hin zum Führerstaat *per se* vollständige Neudeutungen zur Folge. Eine von der nationalsozialistisch-politischen Gegenwart losgelöste Vermittlung war weder möglich noch gewünscht. Vielmehr lag gerade in

402 Wacke, Einführung in das öffentliche Recht, S. 3.
403 Wacke, Einführung in das öffentliche Recht, S. 4.
404 Wacke, Einführung in das öffentliche Recht, S. 3.
405 Wacke, Einführung in das öffentliche Recht, S. 3.

der politischen Ausrichtung der Lehrfächer ihr Neuerungswert. Ihm entzog man sich in Jena nicht. Denn man verzichtete in „Verwaltung" auf die Hereinnahme der Verwaltungslehre als Rückzugsgebiet. *Wacke* betonte, dass die „Behandlung der Verwaltungsgrundsätze vom außerrechtlichen Standpunkt her sowie die Darstellung der eigentlichen Verwaltungskunst (Personalführung, Organisation, Technik der Verwaltung)" lediglich als Ergänzung angestrebt sei und „an manchen Universitäten schon gelesen" werde. Die Formulierung legt nahe, dass es sich bei „manchen" Hochschulen nicht um die Friedrich-Schiller-Universität handelte, obwohl auch *Wacke* zu den Verfechtern einer auf die Hilfsmittel der Verwaltung erweiterten Verwaltungswissenschaft gehörte.[406]

Doch überwog wohl bei ihm die Lehre von einer geordneten und rechtsgebundenen Verwaltung. Für eine konservativere Spielart in der Vermittlung nationalsozialistischer Rechtssätze sprechen auch *Wackes* Ansichten zum subjektiv-öffentlichen Recht sowie zur Frage nach einer Dichotomie von öffentlichem Recht und Privatrecht. In beiden Fällen lehnte er die nach 1933 im Schrifttum aufgekommenen Ansichten ab.[407] Damit fügte er sich in die Reihe derer ein, die sich einen starken, aber doch in rechtlichen Formen handelnden Staat wünschten und vom Beamtentum „korrekte Gesetzesbefolgung und neutrale Gemeinwohlorientierung" erwarteten. In diesem Sinne ist wohl auch der Beitrag des zweiten Jenaer öffentlich-rechtlichen Hochschullehrers *Franz Wilhelm Jerusalems* „Das Verwaltungsrecht und der neue Staat"[408] zu lesen.[409] Vertreter einer „progressiven" Linie im Staats- und Verwaltungsrecht konnten sich in Jena nicht durchsetzen. Innerhalb der Systemkonformität blieb man konservativ.

---

406 *Wacke* war der Ansicht, dass eine Verwaltungswissenschaft oder Verwaltungslehre im Rechtsunterricht fehle. Er schrieb 1941 eine Monographie mit dem Titel „Schicksal und Aufgabe der Verwaltungslehre", die im Kohlhammer-Verlag erscheinen sollte. Eine Veröffentlichung scheiterte schließlich an der fehlenden Papiergenehmigung. Vgl. Schreiben vom 07.09.1941, UAJ, K 531, ebenso Stolleis, Geschichte des ÖR in Dtl., Bd. 3, S. 377.

407 Die Unterscheidung zwischen Privat- und Öffentlichen Recht sei geschichtlich seit langem überliefert. Obwohl weder rechtslogisch noch in der Rechtsidee begründet, habe sie sich als „Gliederungsmaßstab für die Erkennung und Systematisierung der Rechtsordnung" aufgrund ihrer Zweckmäßigkeit historisch und staatspolitisch eingebürgert. Im Übrigen hätten auch die Gegner dieser Rechte deren Bedeutung mittlerweile erkannt. Vgl. Wacke, Einführung in das öffentliche Recht, S. 8/9.

408 FS Hübner, S. 124 – 153.

409 So Stolleis, Geschichte des ÖR in Dtl, Bd. 3, S. 356.

Die Bewahrung von Kernelementen der „Allgemeinen Staatslehre“ und die deutliche Abgrenzung von Recht und Politik widersprachen den von *Eckhardt* angedachten ministeriellen Vorgaben. Das Abstellen allein auf die Rechtsordnung als Arbeitsbereich des Juristen wirkte insoweit wie eine Flucht in einen nationalsozialistischen Normativismus. Die von *Eckhardt* als politisches Element konzipierte Veranstaltung „Volk und Staat“ konnte durch die strikte Unterscheidung von Recht und Politik, die Negation rechtspolitischer Bestrebungen sowie die Feststellung der Schwierigkeit der Erfassung politischer Gemengelagen nicht zur Entfaltung gelangen. Ihr Lehrzweck blieb ihr in der Praxis in Jena zumindest ab 1941 versagt.[410]

(3) „Verbrechen und Strafe“

Nach der amtlichen Erläuterung wurden die früheren Strafrechtsveranstaltungen „Allgemeiner Teil“ und „Besonderer Teil“ zu einer fünf- bis sechsstündigen Hauptvorlesung zusammengefasst. Aus didaktischen Gründen war jedoch auch seitens des Ministeriums weiter zulässig, die Materie in zwei Teilen zu lehren. In Jena wurde hiervon Gebrauch gemacht, so dass äußerlich eine Kontinuität zur Zeit vor 1933 eintrat.[411]

(a) „Einführung in das Strafrecht“ von *Richard Lange*

Zur Untersuchung des konkreten Vorlesungsinhaltes wird hier auf den 1944 erschienenen Feldpostbrief des Jenaer Strafrechtlers *Richard Lange* abgestellt. Der Zweck der Schrift bestand in der Unterrichtung und Heranführung geeigneter Rechtsstudenten an das Strafrecht, so dass *Langes* Feststellungen als vorlesungsadäquat zu bezeichnen sind.

Inhalt der Vorlesung „Verbrechen und Strafe“ war danach das durch die umfassende Novellengesetzgebung des Dritten Reiches und diverse Einzelge-

---

410 Dies stützt auch ein Zeitzeugenbericht: In einer sehr akademisch vorgetragenen Vorlesung seien bei *Wacke* die Grundlagen des Staatsrechts und der Staatslehre - Abgrenzung zur Soziologie; Entstehung und Untergang von Staaten (Auseinandersetzung mit *Carl Schmitt* und *Schwinge* - konkr. Ordnungsdenken - Irrationalismus) abgehandelt wurden, wobei das Credo nach dem gesunden Volksempfinden zu urteilen oder das für "Recht" anzusehen, was dem deutschen Volk nützt, abgelehnt worden sei. Vgl. Bläser, Mein bewegtes Leben, S. V.

411 Schon damals hatten sich die Jenaer Strafrechtler *von Weber* und *Gerland* mit dem „Allgemeinen Teil (Strafrecht I)“ und dem „Besonderen Teil (Strafrecht II)“ in jedem Semester abgewechselt. Auch nach 1935 wurden sie für die Vorlesung „Verbrechen und Strafe“ gemeinsam angekündigt. Es liegt nahe, dass an der alternierenden Darbietung des Stoffes festgehalten wurde.

setze an die nationalsozialistische Gegenwart angepasste Strafgesetzbuch. Dabei kam der Grundlagenlehre besondere Bedeutung zu. *Lange* stellte die Selbständigkeit des Strafrechts im Rahmen der Rechtsordnung und die Bindung des Rechts als „Organ des Volkslebens" und als ein „Stück unserer inneren Existenz als Sozialwesen" an den Beginn seiner Ausführungen.[412] Daraus ergab sich die Funktion des Strafrechts als die stetige „Wiederherstellung der Kultur- und Sittenordnung des Volkes aus sich selbst", quasi eine Art „innere Reinigung des Volkskörpers aus eigener Kraft und mit eigenen Organen".[413] Weil das Verbrechen neben dem betroffenen Rechtsgut zugleich durch die Tat die gesamte Rechtsordnung betreffe, könne der Sinn der Strafe nicht nur der Rechtsgüterschutz sein. Vielmehr erfordere der „Sühnegedanke" eine Strafe, gerade weil ein Verbrechen begangen worden sei. Diesen archaischen Gedanken für die Zukunft abzulehnen sei deshalb nicht erstrebenswert, weil dies eine Veränderung des ureigenen Rechtsgefühls zur Folge habe. Vielmehr gelte es den „Eigenwert" des Sühnegedankens zu entwickeln und eine „gerechte Vergeltung" zu erreichen.[414] Der Nationalsozialismus habe daher an mehreren Stellen das „Bedürfnis nach gerechter Sühne" neben den „Schutz der Volksgemeinschaft" gestellt.

Das Maß der Strafe wiederum richte sich nach der Schuld des Täters. Hier sah *Lange* die Grundfrage darin, ob sich die Schuld nach „der Schwere der einzelnen Tat oder nach einer Bewertung der Gesamtpersönlichkeit" beurteile. Das Gewicht der objektiven Rechtsverletzung werde zu den subjektiven, personalen Elementen des täterschaftlichen Handelns verlagert. Einwände, dass die Verinnerlichung des Strafrechts nach dem Rechtsempfinden auf Kosten einer objektiven Berechenbarkeit der Rechtsfolgen und damit der Rechtssicherheit ginge, wies *Lange* zurück. Bei ihm war es der Richter, der mit seinem Charakter und seinem „gesunden Volksempfinden" diese Rechtssicherheit garantieren solle. Der „Wendung vom Tat- zum Täterstrafrecht" entspreche so auch auf Seiten des Gerichts eine „Wendung ins Persönliche".[415]

Für die Tat selbst sei neben den Tatbeständen die analoge Anwendung eines Strafgesetzes von grundsätzlicher Bedeutung, wenn die Tat nach dem ge-

---

412 Lange, Einführung in das Strafrecht, S. 2.

413 Lange, Einführung in das Strafrecht, S. 3.

414 Lange, Einführung in das Strafrecht, S. 4.

415 Der Richter trete in den Vordergrund, den „weiten Spielraum des Ermessens durchschreitend, verantwortlich wägend und wertend. Hierfür bedürfe er der vier Tugenden des Schwabenspiegels: Gerechtigkeit, Weisheit, Stärke und Maß." Vgl. Lange, Einführung in das Strafrecht, S. 13.

sunden Volksempfinden Strafe verdiene. So werde der Programmsatz des Gesetzgebers „*nullum crimen sine poena*“ erfüllt.

(b) Einschätzung

Die ideologische Beeinträchtigung von „Verbrechen und Strafe“ war mit der Verschiebung vom Tat- zum Täterstrafrecht immanent. Es waren weniger die klassischen Straftatbestände im Einzelnen wie Diebstahl und Körperverletzung, die der neuen Zeit Zugänge eröffneten. Gleiches galt für die verschärften Strafrahmen, die ebenso nicht Hauptgegenstand universitärer Ausbildung wurden. Ideologische Einflüsse gab es daher vor allem in den Fragen des Allgemeinen Teils bei Analogien, der Neufassung von § 2 StGB und dem erweiterten Ermessensspielraum des Richters. Daneben spielten aber vor allem die üblichen strafrechtlichen Themen eine Rolle.

(4) „Boden“

Die Studienordnung von 1935 hatte mit den Vorlesungen „Ware und Geld“ sowie „Boden“ zwei einander entgegengesetzte Lehrfächer geschaffen, die mit der Systematik des BGB brachen und dem geltenden Recht das Wunschbild eines Kommenden entgegenstellten. Die neue Einteilung hatte die bisher vertikal, zwischen Schuld- und Sachenrecht bzw. Verpflichtungs- und Verfügungsgeschäft, verlaufende Trennlinie zugunsten einer jetzt horizontalen Unterscheidung zwischen beweglichen (Fahrnis) und unbeweglichen Sachen (Boden) verändert. Hinzu kam die Sonderstellung des Bodens im Nationalsozialismus, der ihn aus dem Bereich der übrigen Lebensgüter heraushob und somit einer besonderen Betrachtung zugänglich machte.

In „Boden“ sollten nach *Eckhardt* die nicht erbhofgebundenen Liegenschaften in obligatorischer, dinglicher und verfahrensmäßiger Beziehung behandelt werden.

(a) „Das neue Bodenrecht und die Rechtslehre“ von *Karl Blomeyer*

Blomeyer, der die Vorlesung in Jena bis zu seinem Weggang allein verantwortete, gab 1941 einen Überblick über den Rechtsstand und über sein Verständnis des neuen Bodenrechts. Danach zählte er zum Bodenrecht im engeren Sinne eine Vielzahl ausgesprochener Spezialmaterien.[416] Für die Vorlesung bedeutete

---

416 So z.B. das Reichsheimstättengesetz, das Gesetz über die Neugestaltung deutscher Städte, das Gesetz über die Landbeschaffung zum Zwecke der Wehrmacht, die Raumordnungsgesetzgebung, das Gesetz über die Beschränkung von Grundeigentum aus

dies die Darstellung aller den Boden betreffenden Rechtssätze einmal in sachenrechtlicher und schuldrechtlicher Hinsicht und zum anderen in außerhalb des BGB angesiedelter privatrechtlicher, verfahrensrechtlicher (besonders das Grundbuchrecht) und sogar öffentlich-rechtlicher Gesetze. Es sollte so eine Gesamtschau über die Rechtsverhältnisse bezüglich des Grund und Bodens erfolgen. Hierbei wiederum strebte er eine Abgrenzung nach Lebensgebieten an.[417] Den Hauptteil des Bodenrechts sollten aber noch immer das Bodenrecht des BGB und die Grundbuchordnung bilden.

Als Grundzug des nationalsozialistischen Rechts hatte *Blomeyer* die freie Entziehbarkeit aller Rechte des Einzelnen zur Wahrung von Gemeinschaftsbelangen ausgemacht. Es gäbe für den Nationalsozialismus keine „von Gott oder der Natur dem Einzelnen gegebenen Rechte, die der Staat achten müßte und nicht entziehen dürfte". Jedes Recht könne durch ein gewöhnliches Gesetz neuen Bindungen unterworfen werden. Im Bodenrecht erlangte diese Haltung durch die Enteignung eine besondere Bedeutung. *Blomeyer* zählte dann auch das Bodenrecht zum Rechtskreis des neuen „politischen Rechts". Eine Eingliederung, die, wie er selbst hervorhob, in der universitären Praxis aufgrund des vorhandenen Beharrungstriebes dazu verführe, das neue Bodenrecht „ganz unbeachtet zu lassen oder es doch nur gelegentlich am Rande" zu berücksichtigen.[418]

(b) Einschätzung

Für „Boden" kann gelten, dass es durch die Bezugnahme auf öffentlich-rechtliche Gebiete, vor allem im Raumplanungsrecht, nur noch teilweise das alte Sachenrecht des BGB abbildete. Gerade im Bereich der Raumplanung spielten politisch-ideologische Gesichtspunkte eine nicht unwesentliche Rolle. Dies legt den Verdacht nahe, dass sich „Boden" zu einer durchaus politisierten Veranstaltung entwickeln konnte.

Gründen der Reichsverteidigung, das Gesetz zur Erschließung von Bodenschätzen, das Luftschutzgesetz, das Luftverkehrsgesetz, das Energiewirtschaftsgesetz, das Reichsnaturschutzgesetz etc. Vgl. Blomeyer, Das neue Bodenrecht und die Rechtslehre, in: Forschungen und Fortschritte, Heft 7/8, Berlin 1941, S. 2.

417 Blomeyer, Das neue Bodenrecht und die Rechtslehre, in: Forschungen und Fortschritte, Heft 6, Berlin 1941, S. 4.

418 Blomeyer, Das neue Bodenrecht und die Rechtslehre, in: Forschungen und Fortschritte, Heft 6, Berlin 1941, S. 3.

Der Weg dahin war aber keinesfalls zwangsläufig wie ein Vergleich des „Bodenrechts“ von *Wieacker*[419] mit dem Grundriss „Boden“ von *Lange*[420] zeigt. Weil auch für „Boden“ keine inhaltlichen und systemischen Vorgaben gemacht worden waren, setzte eine Diskussion um die neue Lehre ein. Ein Teil der deutschen Rechtslehrer wie *Stoll*, *Würdinger*, *Fr. v. Hippel* oder *Lange* sprach sich auch im Bodenrecht für eine Durchsetzung des neuen Rechtsdenkens im Rahmen der bestehenden Grundsätze aus. Andere suchten nach neuen Institutionen und einem neuen System, also einer begrifflichen Runderneuerung der gesamten Bodenrechtswissenschaft (*Wieacker*, *Busse*, *Hedemann*).

Die einen stellten die pädagogischen und rechtstechnischen Werte der bisherigen Bodenrechtspraxis in den Vordergrund, während die Reformvorschläge stärkeres Gewicht auf systematische oder theoretische Folgerichtigkeit der Darstellung des neuen Bodenrechts legten.[421] Für den akademischen Unterricht bedeutete dies einmal die Möglichkeit einer stärkeren Annäherung von Fahrnis- und Grundstücksrecht mit gemeinsamen Grundlagen des Sachenrechts („Boden, Ware und Geld“ von *Lange*) oder die Darstellung eines systematisch einheitlichen neuen Bodenrechts mit Raumrecht, Grundstücksrecht und Raumnutzungsrecht („Bodenrecht“ von *Wieacker*). Die ungewisse Lage führte zu einer erheblichen Lehrfreiheit für den einzelnen Hochschullehrer, weil sich sowohl eine Neugestaltung wie ein Festhalten an bisherigen Regelungen rechtfertigen ließen.[422]

Blomeyers Ausführungen zum neuen Bodenrecht lassen jedoch darauf schließen, dass in Jena unter seiner Führung das Bodenrecht besonders zielstrebig vor allem im neuen Sinne gelehrt wurde. Trotz der Hauptlast des alten Sachenrechts bot die Veranstaltung genügend Ansatzpunkte für ein Einzughalten nationalsozialistischer Rechtsideen.

---

419 Wieacker, Bodenrecht, 1938.

420 Lange, Boden, Ware und Geld, 1. Auflage 1937.

421 Wollschläger, Zivilistische Schriften, S. 436.

422 *Wieacker* selbst musste Anfang der vierziger Jahre eingestehen, dass das Grundstücksrecht an den deutschen Universitäten „nach wie vor“ den Hauptgegenstand der Vorlesung „Boden“ bilde. Die neue Schwerpunktverlagerung des Unterrichts rufe „bei hervorragenden Rechtslehrern Bedenken“ hervor, weil man „die wesentlichen Schulungswerte vorzugsweise im privaten Liegenschaftsrecht“ sähe und folglich in der Vorlesung einen prinzipiellen Hinweis auf den öffentlich-rechtlichen Rahmen des Raumrechtes für „genügend“ erachte. Zudem würden die „beunruhigende Stoffülle“ sowie die „ungeordnete Vielfalt“ von Rechtsquellen, Gestaltungsmitteln, Behörden und Anwendungsfällen des öffentlichen Bodenrechts als nicht lehrbar angesehen. Vgl. Wollschläger, Zivilistische Schriften, S. 457.

b) Volkskunde, Übungen, Seminare und Sonderveranstaltungen

aa) „Volkskunde“

Über die „Volkskunde“ hatte sich *Eckhardt* ausgeschwiegen und den Ausbau den Universitäten überlassen.

(a) „Volkskunde“ von *Max Hildebert Boehm*

In Jena stand – reichsweit einzigartig – eine eigene Professur für Volkskunde zur Verfügung. *Boehm* las die Vorlesung ab 1935 bis zum Ende des Zweiten Weltkrieges. Über ihren Inhalt schrieb er: „Da Erläuterungen zum Lehrplan über den beabsichtigten Inhalt dieser Vorlesung keine Angaben erhielten, nahm ich nach der Platzierung der Vorlesung in der Gruppe ‚Volk' an, dass nicht etwa die Volkskunde im herkömmlichen Sinne, also eine Darstellung der primitiv-traditionellen volksrechtlichen Bräuche und Symbole, in diesem Zusammenhang gemeint ist. [...] Ich fasse [...] die Stoffgebiete von Landes-, Siedlungs- und Grenzkunde, ferner Stamm und Gauschlag, Sippe, Stand und Beruf, Sprache und Namen auf volkstheoretischer Grundlage zusammen.“[423]

Boehms gleichnamiges Werk erschien noch 1936 in der *Blomeyer*-Reihe des Vahlen-Verlages und entsprach, ob der mangelnden amtlichen Vorgabe, einem Bedürfnis des akademischen Unterrichts. Es bot eine Zusammenschau seiner in Berlin und Jena abgehaltenen volkskundlichen Vorlesung und gibt damit einen unmittelbaren Einblick in Inhalt und Umfang der in Jena abgehaltenen Vorlesung.[424]

Seine Volkskunde stellte „eine Besinnung auf die wesentlichsten Grundfragen einer Kunde von Volk und Volkstum frei von allen Bindungen an Forschungsrichtung und Methodenzweifeln“ dar.[425] Ziel war es eine „volkskundliche Grundlehre“ zu kreieren, die als „Traditions- und Wesenserhellung“ des deutschen Volkstumes verstanden werden konnte. Einen „lähmenden Historismus“ lehnte er ab, sah die Volkskunde vielmehr als „politisch [...] verantwortliche und verantwortungsbereite Wissenschaft.“

Im „Volksboden“ (1. Teil) gab er eine kurz gefasste Siedlungskunde, die mit einer Grenzlandkunde schloss. Im zweiten Teil beschäftigte sich *Boehm* mit der „Volksgliederung“. Ausgehend von der Familie als bester „Hort brauchtümlicher Überlieferung“ beleuchtete er Wesen und Ursprung der deut-

---

423 Vgl. Vorschlag *Boehm* zur Studienrefom UAJ, K 462; auch UAJ, BA 1024.

424 Boehm, Volkskunde, S. V.

425 Boehm, Volkskunde, S. V.

schen Stämme sowie ihr Rassen- und Stammesgefüge. Der dritte Teil behandelte die „Volksordnung" als einen historischen Überblick über die schichtenmäßige Stufung zum einen und ständische Sonderung im Zeichen des autoritären Führerstaates zum anderen. Im Anschluss wurden vom „Krieger" über den „Fischer und Jäger" bis zum „Arbeiter" und „Beamten" verschiedene „ständische Überlieferungen" beleuchtet. Das letzte Kapitel war dem „Sprachgut des Volkes" als „seelischem Kern und geistiger Krönung des Volkstums" vorbehalten. Anschließend widmete sich *Boehm* der deutschen Namenskunde. Der Grundriss endete mit einem Ausblick auf Volkstum und Volksgemeinschaft.

Der abrissartig dargestellte Inhalt zeigt deutlich, dass es sich bei der Volkskunde *Boehms* nicht um ein juristisches Lehrfach handelte. Auch der Autor selbst, wollte die Veranstaltung nicht auf „Juristen und Volkswirte" beschränkt wissen. Stattdessen sollte den Studierenden „das Gemeinsame des Volkes" nahegebracht werden.[426]

Die ideologische Beeinflussung in diesem, politisch verstandenen, interdisziplinären Lehrfach war an vielen Stellen gegeben. Bei den „Überfremdungsgefahren für den deutschen Volksboden" (1. Kapitel) warnte *Boehm* eindringlich vor dem „höchst verderblich[en]" Einfluss des Judentums als „völkisch-rassischen Fremdkörper" und die Ausmaße der „jüdisch-deutschen Blutmischung". Die Juden hätten sich nicht in den „Dienst der Wahrung ehrlichen jüdischen Volkstums" gestellt, sondern stattdessen eine „sublime Vormachts- und Weltbeherrschungspolitik" betrieben.[427]

Die „deutschen Stämme" als „gottgewollte Bausteine" des Volkes wurden im zweiten Teil einer rassischen Untersuchung unterzogen. Hier folgten die Schlagworte „Vitalrasse", „Elementarrasse", „Ausgangsrasse" mit ihren jeweiligen seelischen Eigenarten und der Einsicht, dass die „bedeutsamen nationalsozialistischen Maßnahmen" eine „künftige Fernhaltung und möglichste Ausscheidung jüdischer Blutbeimischung und auf Rassepflege im weiteren Sinne (Verhütung erbkranken Nachwuchses)" erwarten ließen (2. Kapitel).[428] Die seelischen Eigenarten wurden nach Volksstämmen geordnet und katalogisiert.[429] Die Darstellung des „sozialen Neubaus" der Volksordnung (3. Kapitel)

---

426 Boehm, Volkskunde, S. 1.

427 Boehm, Volkskunde, S. 50.

428 Boehm, Volkskunde, S. 78.

429 Z.B. charakterisierte *Boehm* den Thüringer als „fröhlich, fügsam und anstellig, dabei geweckt und aufnahmefähig für Einflüsse von außen". Sein „ausgeprägt geselliges Bedürfnis" zeitige eine „Neigung zu mitunter formloser Behaglichkeit" für die „namentlich der norddeutsche Besucher" wenig „Verständnis" haben dürfe. Die „mitteldeut-

orientierte sich an den nationalsozialistischen Ideen von Führertum, Eigentums- und Leistungsprinzip, Sittlichkeit und Kameradschaftserlebnis.[430]
In der Namenskunde (4. Kapitel) widmete *Boehm* den „Judennamen" einen besonderen Abschnitt. So gingen die „bekannten grotesken Judennamen (z.B. Geldschrank, Maschinendraht, Kanalgitterbestandteil usw.)" auf den Humor österreichischer Namengebungskommissionen zurück. Auch hätten sich mittelalterliche Spitznamen wie „Hundertmark, Blutwurst, Hasenbalg" zum Teil in „echt deutschen Familiennamen" erhalten. Jedenfalls müsse nicht zuletzt wegen des starken Namenstausches zwischen Juden und ihren „Wirtsvölkern" sowie der „geglückten Tarnung" zahlreicher jüdischer Familien mit deutschen „Sippennamen" vor „übereilten Schlüssen auf jüdische Herkunft" gewarnt werden.[431]

(b) Einschätzung

Die „Volkskunde" unter *Boehm* war eine interdisziplinäre Veranstaltung, die angetreten war, die Polarität zwischen Volk und Staat auszugleichen.[432] Hieraus zog sie als „lebendige Wissenschaft" ihre Rechtfertigung.[433] Sie war nicht allein historisch angelegt, sondern stand mit ihrem Themenfeld in vorderster Reihe der nationalsozialistischen Ideologie.

bb) Übungen

Obgleich für die Forschungsfrage von erheblicher Bedeutung, lässt sich der Inhalt der Übungen im Zivil-, Straf- und Öffentlichen Recht an der Universität Jena leider nicht mehr nachvollziehen. Aufzeichnungen über gestellte Fälle oder Sachverhalte haben sich nicht erhalten. Lediglich die von den einzelnen Hochschullehrern ausgestellten Leistungsscheine sind verfügbar. Sie geben aber nur Auskunft über die gehaltene Übung an sich, über die vom Teilnehmer

---

sche Lage" und „liebliche Landschaft" habe den Hang zu „bescheidenden Mittelmaß" begünstigt. Während er sich im Lande der Führung anderer Repräsentanten zugezogener Stämme überlasse, bringe es der Thüringer außerhalb seiner Heimat zu „bedeutenden und anerkannten Leistungen". Boehm, Volkskunde, S. 85.

430 Boehm, Volkskunde, S. 111 ff.

431 Boehm, Volkskunde, S. 161.

432 Wacke, Einführung in das öffentliche Recht, S. 7.

433 Boehm, Volkskunde, S. 167. Nach einem Zeitzeugenbericht stellte die Vorlesung bei *Boehm* maßgeblich auf den Begriff des „Volkes" als entscheidendes Kriterium ab, entsprach damit den Staatszielen, brachte inhaltlich aber wenig. Bläser, Mein bewegtes Leben, Eigenverlag, S. V.

erbrachte Leistung (Klausur, Referat) sowie über dessen Benotung. Danach ist nur sicher, dass in Jena der von der Studienordnung geforderte Gleichlauf von Hauptvorlesung und Übung unter der Federführung desselben Dozenten zunächst gewährleistet war, und dass Übungen in regelmäßiger Weise veranstaltet wurden.

In Jena lassen sich somit Übungen zu den Hauptfächern wie „Vertrag und Unrecht“, „Boden“, „Ware und Geld“, „Handel und Gewerbe“, „Gesellschaften“, „Rechtsstreit“, „Verbrechen und Strafe“, „Bauer“, „Familie“, „Verfassung“ und „Verwaltung“ nachweisen. Sie galten als Anfängerübungen. Daneben bot die Fakultät jedes Semester auch noch Fortgeschrittenenübungen im Straf-, Zivil- und Öffentlichen Recht an.

Recht schnell ging man in Jena dazu über, die Anfängerübungen verschiedener Vorlesungen zu kombinieren. So wurden dann regelmäßig die Übungen zu „Boden“ und „Ware und Geld“ gemeinsam behandelt. Hier wurde dann der Gleichlauf der Dozenten von Vorlesung und Übung dergestalt unterbrochen, dass nur einer der beiden Hochschullehrer die gemeinsame Übung abhielt. Gleiches galt für die Übung „Handel und Gewerbe“, die sich mit „Gesellschaften“ vereinigte. Des Weiteren bot die Fakultät regelmäßig noch gesonderte Klausurenkurse zum BGB an.

cc) Seminare

Seminare boten im Hochschulbetrieb für Dozenten und Studenten besondere Möglichkeiten. Der Dozent konnte sich hier mit konkreten Detailfragen auseinandersetzen und seinen Forschungsschwerpunkt bearbeiten. Neben dem – im Vergleich zur Vorlesung – eingegrenzten Stoff, war es nicht zuletzt auch die geringere Teilnehmerzahl, die eine besonders eindringliche Stoffvermittlung und Betreuung erlaubte. Auch wenn die JAO nur ein Seminar erforderte, lassen die in den Prüfungsakten aufgefundenen Seminarscheine darauf schließen, dass es wohl üblich war, mehrere Seminare zu belegen. Solches würde deren Wert für die Ausbildung nochmals steigern.

Leider lassen sich Seminare und Seminarthemen in Jena heute kaum noch vollständig nachvollziehen. Die Hochschullehrer der Fakultät boten jedes Semester verschiedene Seminare an. Nicht alle dieser Veranstaltungen fanden Eingang ins Vorlesungsverzeichnis. Zudem haben sich allenfalls Seminartitel erhalten, die keinen Rückschluss auf einzelne Seminarthemen oder Referate enthalten. Es ist unklar, was genau im Seminar behandelt wurde, wer in welche Richtung argumentierte, ob und wie Diskussionen stattfanden. Immerhin haben sich in den Personalakten verschiedene Seminarscheine erhalten. Einige benennen auch die gehaltenen Seminarthemen, aus denen sich ein vager Rückschluss ergibt. Im Privatseminar für Wirtschaftsrecht bei *Haupt* im Sommersemester 1939 z.B. ging es u.a. um die „Kritik und Abgrenzung des Kaufmannsbegriffes“[434] sowie die „Verantwortlichkeit des Unternehmers als wirtschaftsverfassungsrechtliches Auslöseprinzip“[435]. In *Blomeyers* Privatseminar zum „Bürgerlichen Recht, Bauern- und Zivilprozeßrecht“ im Sommersemester 1937 und Wintersemester 1937/38 musste ein Teilnehmer zur „*clausula rebus sic stantibus* im Bürgerlichen Recht“ referieren.[436] Sein Fachkollege *Hueck* erarbeitete im Wintersemester 1935/36 in seinem Privatseminar über „Bürgerliches Recht, Arbeitsrecht und Handelsrecht“ u.a. den „Unterschied von Aktiengesellschaft und GmbH“.[437] Im Strafrecht bei *Peters* im Sommersemester 1938 wurde das „Jugendstrafrecht“ thematisiert. Ein Seminarthema war die „Frage der Halberwachsenen“.[438] Im öffentlichen Recht bei *Scheuners* Seminar über „Öffentliches Recht und Politik“ im Wintersemester 1936/37 und 1937/38 ging es u.a. um die „Amtshaftung“.[439]

Die wenigen Beispiele machen deutlich, wie schwierig Aussagen zum konkreten Inhalt und damit der Rechtsausbildung getroffen werden können. Jedenfalls kann als gesichert gelten, dass sich im Seminarbereich auch weiter klassische rechtswissenschaftliche Themen hielten und die Rechtserneuerung nicht durchgehend in diesen Ausbildungsabschnitt eindrang. So blieb wohl z.B. *Gerland* in seinen strafrechtlichen Seminaren im Rahmen der tradierten Strafrechtsdogmatik.[440] Auch tauchen im Seminarkanon bisweilen überraschende Themenkreise auf, wie z.B. *Scheuners* „Seminaristische Übungen zur Geschichte der Deutschen Naturrechtslehre mit Quellenlektüre“ (Sommersemester 1937) oder *Erbes* „Einführung in die römischen Rechtsquellen“ (Sommersemester 1941).

Neben der kernwissenschaftlichen Ausbildung wurden in der Fakultät durch *Jerusalem* regelmäßig „Soziologische Seminare“ angeboten, die auch Themenkreise wie „Die Masse“, „Die Hierarchie“ (Sommersemester 1939, 1.Trimester 1940) oder „Nationalismus“, „Sozialismus“ enthielten.
Besondere Erwähnung im Vorlesungsverzeichnis fanden stets die Seminare von *Boehm* zur Volks- und Grenzlandkunde. Ein Querschnitt seiner Seminar-

---

434 Vgl. Seminarschein vom 25.10.1939 in der PA Nr. 8742, ThHStAW.
435 Vgl. Seminarschein vom 29.09.1939 in der PA Nr. 10690, ThHStAW.
436 Vgl. Seminarschein vom 22.02.1938 in der PA Nr. 2213, ThHStAW.
437 Vgl. Seminarschein vom 15.02.1936 in der PA Nr. 2475, ThHStAW.
438 Vgl. Seminarschein vom 30.06.1938 in der PA Nr. 11967, ThHStAW.
439 Vgl. Seminarschein vom 22.02.1938 in der PA Nr. 5784, ThHStAW.
440 Vgl. Lingelbach, Heinrich Gerland, S. 212.

veranstaltungen ergibt ein breites Portfolio an volkskundlichen und volkstheoretischen Fragestellungen.[441] Die hier behandelten Themen lassen aufgrund der Ausrichtung der Professur erahnen, in welche Richtung hier Lehre betrieben wurde. Für das Sommersemester 1934 hat sich eine Inhaltsaufstellung erhalten. Danach wurden im „Proseminar über ostmitteleuropäisches Grenz- und Auslandsdeutschtum“ unter anderen das „Erwachen der Donauschwaben“, die „Traditionskrise im Siebenbürger Sachsentum“, die „Stellung der Sudetendeutschen zum Staat“, „Südtirol zwischen Faschismus und Nationalsozialismus“, die „Fortsetzung des Weltkrieges im Grenzkampf“, „Danzig und Memel zwischen Ost und West“ sowie die „Entösterreicherung der Südostdeutschen und schwarzgelbe Reaktion“ behandelt. Im Seminar über „Ideengut der nationalen Bewegung 1890-1933“ erörterten *Boehm* und seine Schüler unter anderem „Vorläufer (*Lagarde, Langbehn*)“, „Begründung der Rassebewegung (*Chamberlain, Woltmann*), „*Möller van den Bruck* und sein Kreis“, der „neue Nationalismus“ der Frontsoldaten *(Jünger, Schauwecker, Seldte)* oder „Ideengrundlagen des werdenden Nationalsozialismus (*Hitler, Rosenberg, Darré, Feder*)“.[442] Die Auflistungen zeigen deutlich den ideologischen Gehalt der Veranstaltungen.

Ab 1940 kamen in jedem Studienhalbjahr zur Bandbreite der Seminarthemen noch die – zunächst unentgeltlichen – Privatseminare von *Ruttke* über „Amerikanisches Rassenrecht“ (3. Trimester 1940), über „Fragen aus der Praxis von Rasse und Recht“ (Sommersemester 1941) und „Praktische Fragen aus Erb- und Rassenpflege“ (Wintersemester 1941/42) hinzu. Es handelte sich um eine vertiefende Ausbildung in der für das nationalsozialistische Regime wesentlichen Erbgesundheitspflege und Rassenlehre.

---

441 z.B.: „Faschismus und Nationalismus in Westeuropa“ (Wintersemester 1935/36) bzw. als Folgeveranstaltung „Nationalismus der Ostvölker“ (Sommersemester 1936), Volkstheoretische Seminare über „Stand und soziale Schichtung“ (Wintersemester 1937/38), „Geschichte des Volksgedankens“ (Sommersemester 1938), „Entdeutschungspolitik“ (Sommersemester 1939), Proseminare über „Grenz und Auslandsdeutschtum“ - Nordosten (Sommersemester 1935, Wintersemester 1936/37), Südosten (Wintersemester 1935/36, Sommersemester 1937), Westen (Sommersemester 1936), Tschechoslowakei (Wintersemester 1938/39), „Journalistisches Praktikum über Ostfragen“ (1. Trimester 1940).

442 Siehe in ThHStAW, ThürVoBi, C 325.

dd) Arbeitsgemeinschaften

Die Arbeitsgemeinschaften wurden von der juristischen Fachschaft geleitet. Durch ihre Integration als Pflichtveranstaltung des rechtswissenschaftlichen Studiums, war der Besuch nicht nur politisch geboten, sondern auch obligatorisch, weil er als Voraussetzung für die Anmeldung zum Staatsexamen galt. In den Arbeitsgemeinschaften sollten unter Hinzuziehung jüngerer Dozenten vorwiegend Fragen der Rechtserneuerung behandelt werden. Die Arbeitsgemeinschaften fanden als wöchentliche Sitzungen oder als Blockveranstaltungen meist im Semester statt. Dazu kamen die als Wissenschafts-, Forschungs- oder Schulungslager deklarierten Ausfahrten, die mit der Zeit den Unmut der Jenaer Hochschullehrer nach sich zogen.[443] Hatte sich die Fakultät im November 1934 noch damit einverstanden erklärt, dass *Blomeyers* Vorlesungen über Zivilprozessrecht aufgrund einer Kollision mit der Fachschaftsarbeit ausfallen könnten[444], äußerte sie sich später kritisch gegen die „in immer steigendem Maße“ abgehaltenen „Lager“, ohne jedoch die „wertvolle Idee des Forschungslagers“ (*Hueck*) und „die Bedeutung dieser Lager für die Ertüchtigung unseres Nachwuchses“ (*Blomeyer*) in Frage stellen zu wollen.[445] Trotz dessen wurden immer wieder Fachschaftslager (auch verschiedener Fachrichtungen) im Semester genehmigt und durchgeführt.[446]

Wie die Lehre auf solchen „Lagern“ aussah, zeigen Erfahrungsberichte: So berichtete *Heldrich* 1935 von einem Fachschaftslager in Trassdorf bei Arnstadt. Die 22 Teilnehmer hätten „hälftig Fragen des BGB erörtert“. Die andere Hälfte war durch Vorträge auswärtiger Redner und durch gemeinsame Wanderungen ausgefüllt worden. *Heldrich* schrieb, dass „derartige Veranstaltungen in Zukunft mit allen Mitteln gefördert werden“ müssten, weil „sie das beste, vielleicht das einzige Mittel“ seien, „um denjenigen seelischen Konnex zwischen Dozenten und Studenten herzustellen, den sich jeder Dozent“ ersehne, „der aber durch Vorlesungen und Übungen allein“ nicht zu gewinnen sei.[447]

---

443 So schrieb Dekan *Heldrich* an den Fachschaftsleiter *Moschkowitz* am 26.02.1935, dass er „zufällig“ erfahren habe, dass Fachschaftsveranstaltungen zeitgleich mit „Pflichtvorlesungen für die Fakultäten“ angekündigt werden. Dies sei nicht hinzunehmen. Die Fachschaft habe „solche Stunden auszuwählen, in denen keine Pflichtvorlesungen gehalten werden“. Vgl. UAJ, K 462.

444 Vgl. Fakultätssitzungsniederschriften in UAJ, K 558.

445 Schreiben an den Dekan vom 13.01.1936 und 20.02.1936, UAJ, K 462.

446 Vgl. Schreiben des Rektors vom 23.06.1939, ebenso Schreiben vom 22.06.1936; ebenso Schreiben vom 22.05.1935, alle UAJ, K 462.

447 Siehe in ThHStAW, ThürVoBi, C 314.

Welchen Inhalt die Vorträge der „anderen Hälfte“ des Lagers hatten, lässt sich an der Tagesordnung eines anderen „juristischen Wissenschaftslagers“ ablesen: Dort waren Vorträge der Landesbauernschaft Thüringen, des Kreisbauernführers, des Beauftragten für die Thüringer Molkereien, des Gausozialwalters des Gaues Thüringen der DAF und vor allem des Schulungsamtes des Kreises Jena der NSDAP abgehalten worden. Einen ganzen Tag veranschlagte man für Vorträge zu den Sterilisationsgesetzen und den Erbgesundheitsgerichten mit anschließender Besichtigung des Milchhofes Arnstadt und des „Krüppelheimes“.[448]

Nicht selten begann der Lageralltag mit dem „Wecken“ und endete mit dem „Zapfenstreich“.[449] Die militärische Haltung kam auch in Tagesordnungspunkten wie „Anrücken der Lagerteilnehmer“, „Lagerabend“, „Flaggenappell“ oder darin zum Ausdruck, dass man hinsichtlich der Kleiderordnung ein „Uniform erwünscht“ beifügte.[450] Auch schmückte man sich gern mit professoraler Beteiligung in den Schulungslagern.[451]

Neben den Lagern gab es zudem Arbeitsgemeinschaften, die als wöchentliche Veranstaltungen im Semester stattfanden. Hier haben sich beim Prüfungsamt Aufstellungen über die besprochenen Inhalte erhalten. Im Sommersemester 1936 und im Wintersemester 1936/37 wurden so in Jena zwei bauernrechtliche (Anfänger und Fortgeschrittene) und eine arbeitsrechtliche Arbeitsgemeinschaft angeboten. Die Themenkreise hier deckten sich mit den Vorlesungsinhalten. Im Bauernrecht ging es u.a. um die „Abmeierung als Vollzug der bäuerlichen Ordnung gegen schlechte Bauern“, „Erbhofrecht und Hofesübergabe“, „Die bäuerliche Kreditordnung“, „Das Jagdrecht nach dem Reichsjagdgesetz als Beispiel einer Gemeinschaftsordnung“ aber auch in historischer Dimension um die „Germanen als Bauern“, „Die Verfassung der germanischen Sippe, Hausgemeinschaft und Marktgenossenschaft und ihre Auflösung“ oder auch das Fehlen einer einheitlichen Boden-, Arbeits- und Marktordnung im 19. Jahrhundert und ihre Folgen. Im Arbeitsrecht wurde die historische Entwicklung von 1800-1933 thematisiert, ebenso die Aufgaben der DAF, die soziale Ehre, die Grundzüge des AOG und seine Behörden, sowie generell „Der

---

448 Tagesplan vom 29.06. in UAJ, K 462.

449 Tagesplan vom 29.06. in UAJ, K 462.

450 Vgl. diverse Ablaufpläne für Fachschaftslager in UAJ, K 462.

451 Vgl. Schreiben des Fachschaftsleiters *Moschkowitz* an Dekan *Heldrich* ohne Datum: „Dankbar wäre ich Ihnen, wenn Sie sich bereit erklärten im Lager das Wort zu ergreifen, um in Ihrer Eigenschaft als Dekan der hiesigen Fakultät zu den Kameraden zu sprechen.“ Vgl. UAJ, K 462.

deutsche Arbeiter im neuen Reich“ und „Die Stellung des Betriebsführers (Führerprinzip)“.[452]

Die genaue Anzahl der Arbeitsgemeinschaften lässt sich in Jena kaum noch ermitteln. In den Personalakten haben sich Teilnahmescheine erhalten, die einen allgemeinen Überblick über die stattgefundenen Veranstaltungen erlauben.[453]

ee) Wahl- und Sondervorlesungen

Wie bereits festgestellt, erfolgten kaum thematische Neuerungen im Vergleich zu der Zeit vor der Studienreform. Über den tatsächlichen Inhalt solcher Veranstaltungen wie „Die Entwicklung der außenpolitischen Stellung Deutschlands seit dem Friedensvertrag“ (*Scheuner*), „Recht, Staat, Wirtschaft“ (*Hedemann*) oder „Grund- und Gegenwartsfragen des bürgerlichen Rechts“ (*Blomeyer*) ist nichts bekannt. Bei manchen lassen die Titel den Vorlesungsstoff erahnen, wie „Pressrecht“ (*von Weber*), „Wettbewerbs- und Kartellrecht“ (*Franz Böhm*), „Wehrstrafrecht“, „Jugendstrafrecht“ (*Peters*) oder auch „Geschichte des Strafrechts in älterer Zeit“ (*Gerland*). Auffällig ist die recht hohe Anzahl der Veranstaltungen, die offenkundig Lücken im Lehrplan schließen sollten wie „Ergänzungen zum Recht der Familie“ (*Kühn*), „Ausgewählte Lehren des Schuldrechts“ (*Heldrich*) oder auch „Ausgewählte Kapitel aus den beiden ersten Büchern des BGB“ (*Hueck*).

Neben Sondervorlesungen Jenaer Rechtswissenschaftler fanden noch Spezialvorlesungen, die von außerhalb der Fakultät angesiedelten Dozenten gehalten wurden, statt. Dazu gehörten u.a. das „Landwirtschaftsrecht“ (*Stier*), „Erb-

---

452 Schreiben vom 14.07.1936 und vom 05.04.1937, ThHStAW, ThürOLG, Nr. 620 Bl. 5 und 11.

453 Danach gab es im Wintersemester 1935/36 ein arbeitsgemeinschaftliches Kurzlager auf der Leuchtenburg bei Kahla zum Bauernrecht, im Sommersemester 1936 zudem eine Arbeitsgemeinschaft zur „Erbgesundheitsgerichtsbarkeit“, im Sommersemester 1937 mindestens eine weitere arbeitsrechtliche und eine wirtschaftsrechtliche Arbeitsgemeinschaft, im Wintersemester 1937/38 eine strafrechtliche Arbeitsgemeinschaft, im Sommersemester 1938 eine Veranstaltung zum „Deutschen Erbpflegerecht“ und zum Bauernrecht, im Wintersemester 1938/39 eine eherechtliche Arbeitsgemeinschaft und im Sommersemester 1939 eine Arbeitsgemeinschaft zum Jugendstrafrecht. Vgl. diverse Bescheinigungen in ThHStAW, Bestand Personalakten.

gesundheitsrecht“ (*Lorey*), oder die Vorlesungen *Schmid-Burgks.*[454] Über deren Inhalt ist nichts bekannt.

Boehm hielt ausschließlich eine Vielzahl von Vorlesungen zur Volkstheorie und Grenzlandkunde. *Ruttke* zeigte in den Trimestern 1940 „Volk und Rasse, ein Beitrag zur kämpferischen Rechtsgestaltung“, in den Sommersemestern 1941, 1942 und 1943 „Nationalsozialistische Volksführung, dargestellt an den Grundgesetzen des Großdeutschen Reiches als Anwendung der rassengesetzlichen Rechtslehre“ (ab 1942 dann vier- statt vorher zweistündig) und in den Wintersemestern 1941/42 und 1942/43 „Rasse und Recht im Schrifttum seit 1933“ an. Inhaltsangaben dieser „Jenaer Hilfswissenschaften“ (*Wacke*) haben sich nicht erhalten; die Themenkreise sprechen jedoch für sich.

4. Schlussfolgerungen zu den Vorlesungen/Lehrbüchern

Anhand der untersuchten Lehrbücher/Aufsätze und des vorhandenen Faktenmaterials über den Rechtsunterricht an der Rechts- und Wirtschaftswissenschaftlichen Fakultät der Friedrich-Schiller-Universität Jena lassen sich folgende Aussagen treffen:

a) Nationalsozialistische Sondergesetze

Dort, wo der nationalsozialistische Gesetzgeber tätig geworden war und in etablierten Fächern neue Rechtskodifikationen geschaffen hatte („Arbeiter“, „Bauer“, „Unternehmer“), war eine Vermittlung im neuen Geist augenscheinlich.

b) Politische Lehrfächer

In manchen Fächern zwang die gesellschaftspolitische Umwälzung von parlamentarischer Demokratie zum Führerstaat unter besonderer Ausrichtung auf Rasse und Volkstum zu wesentlichen inhaltlichen Anpassungen.

aa) Das Öffentliche Recht

Inhaltliche und strukturelle Modifikationen infolge der *Eckhardtschen* Studienreform ergaben sich in besonderem Maße für die öffentlich-rechtlichen Lehrfächer wie „Verfassung“, „Verwaltung“ und „Volk und Staat“.

---

454 u.a. zu „Einführung in die Organisation der Arbeit“, „Die Regelung des Arbeitseinsatz im Krieg und Frieden“ oder „Die Stellung der Arbeitseinsatzpolitik im Gesamtrahmen staatspolitischer Maßnahmen“.

Dies bestätigt ein auch Vergleich mit zeitgenössischen Konkurrenzwerken, die damals in den Jenaer Bibliotheken von Universität und Oberlandesgericht Lernenden und Lehrenden zur Verfügung standen.

Die gängigen Lehrbücher zu „Verfassung“[455] stellten einen kompendienartigen Überblick über alle staatsrechtlich relevanten Vorgänge dar. Ausgangspunkt der neuen Staatsrechtslehre war ein neuer Volksbegriff.[456] Der anschließenden Darstellung des Führerstaates und des Führerprinzips war die neue Verfassungsrechtslehre immanent.[457] Zumindest *Hubers* Schrift gilt als Ver-

---

455 Otto Koellreutter, „Deutsches Verfassungsrecht“; Ernst Rudolf Huber, „Verfassung“.

456 „Blut und Boden“ wurden jetzt als „völkisch-politische Grundwerte“ erkannt (Vgl. Koellreutter, Verfassungsrecht, S. 66). Während der liberale Volksbegriff die historische Seite überbetonte und im Volk eine „historische Schicksalsgemeinschaft“ erblickte, knüpfte der Volksbegriff des Nationalsozialismus in erster Linie an die Naturgemeinsamkeiten des Volkes an: „Danach versteht man unter Volk eine durch Abstammung und Geschlechtsverbindung entstandene, durch das Leben in einem bestimmten Raum geprägte, durch gemeinsame Kultur gewordene Schicksalsgemeinschaft, die im wesentlichen Ausdruck in einer gemeinsamen Sprache (Muttersprache) findet.“ (Vgl. Koellreutter, Verfassungsrecht, S. 67). Weil „Rasse und Heimat“ konstitutive Elemente des nationalsozialistischen Volksbegriffes seien, müsse die „Erhaltung und Stärkung wertvollen, artgleichen Blutes“ als „eine der wichtigsten Voraussetzungen für das gesunde Wachstum des Volkskörpers“ vorangetrieben werden. Dies führe notwendigerweise dazu, dass in der „Rassenpflege, sowohl in der positiven Förderung erbgesunder Familien, wie in der notwendigen Ausscheidung rassisch Minderwertiger aus der Fortpflanzung“ eine der „wichtigsten Aufgaben der nationalsozialistischen Gesetzgebung“ zu erblicken sei (Vgl. Koellreutter, Verfassungsrecht, S. 68). Da die „Erzielung gesunder Familien“ als Zielvorgabe ausgegeben wurde, könne ein „völkischer Staat“ eine „absolute ‚Heiratsfreiheit‘ im liberalen Sinne nicht anerkennen“ (Vgl. Koellreutter, Verfassungsrecht, S. 70). Lapidar führte er aus: „Daß sich diese Maßnahmen vor allem gegen das Judentum richten, ergab sich aus der ausschlaggebenden Rolle, die das Judentum bei der Überfremdung des deutschen Volkes gespielt hat.“ (Koellreutter, Verfassungsrecht, S. 69).

457 So habe sich das Amt des Führers aus der nationalsozialistischen Bewegung entwickelt und sei in seinem Ursprung kein staatliches Amt, weshalb eine „Ämtervereinigung“ von Reichspräsidenten und Reichskanzler nicht vorliegen könne. Der Führer stelle nach der nationalsozialistischen Rechtsauffassung verfassungsrechtlich ein „einheitliches neues Amt“ dar (Vgl. Huber, Verfassung, S. 106). Das Führertum beinhalte die stärkste Verantwortung überhaupt, weil die Entlastung durch ein Parlament nicht vorgesehen sei, sondern sich die „Bewährung“ allein „an der geschichtlichen Aufgabe des Volkes“ vollziehe. Die Treue des Führers zum Volk und des Volkes zum Führer bewirke dann auch, dass „der Führer an das Ergebnis [einer] Volksabstimmung“ nicht gebunden sei. Es sei mit dem Amt des Führers unvereinbar, dass er die „letzte Freiheit

such, den Staat aus dem revolutionären Chaos in „ein festes verfassungsrechtliches System zu bringen und dadurch ein berechenbares und zuverlässiges Rechtsgefüge wiederherzustellen".[458] Ein Unterfangen, das sich letztlich als Utopie entpuppte und ohne „optimistisch verschleierten Blick auf die Realitäten" nicht möglich war.[459] *Huber* selbst hat das später in einem Brief an *Schmitt* treffend analysiert: „Was an berechtigtem Vorwurf bleibt, ist, daß wir eine Zeitlang geglaubt haben, ideologische Fassaden zu existentiellen Ordnungen verdichten zu können".[460]

Im Verfassungsrecht war der Einschnitt durch den politischen Umbau am Eindrücklichsten erfahrbar. Die Begründung neuer und die veränderten Funktionen bestehender, staatlicher Entscheidungsträger führten zur erzwungenen Auseinandersetzung der Hochschullehrer mit dem neuen Staatsrecht. In der Vermittlung dieser neuen Strukturen war ein Ausblenden der gegenwärtigen politischen Lage und des System nicht praktikabel. Auch eine Rückblende und ein Gegenüberstellen mit der als überkommen bezeichneten „Systemzeit" ver-

---

der Entschließung" abgeben könne, er sich also dem Volk unterwerfe, weil er anerkenne, „daß in einer bestimmten politischen Situation das abstimmende Volk den wahren Volkswillen besser zu erkennen vermag als er selbst [...] Durch die Volksbefragung wird der Führer kein bloßer Exponent des abstimmenden Volkes; er wird kein bloß ausführender Arm des in der Abstimmung ausgedrückten Willens." Eine Volksbefragung habe vielmehr nur den Sinn, „den Willen des Führers nach außen zu kräftigen und deutlich als Willen der völkischen Einheit in die Erscheinung treten zu lassen". Des Volkes eigentlicher Willensträger bleibe aber der Führer selbst, der „vor den in der Abstimmung zutage tretenden Meinungen und Bestrebungen nicht zurückzuweichen" müsse. Er sei es, „der die objektive Sendung des Volkes verkörpert". Deshalb könne eine Maßnahme dennoch durchgeführt werden, auch wenn sie das Volk nicht billige. Genauso müsse eine bereits erfolgte Maßnahme nicht aufgehoben werden. Weiter könne ein im Wege der Volksabstimmung beschlossenes Gesetz jederzeit durch „Führergesetz" wieder aufgehoben werden (Vgl. Huber, Verfassung, S. 97). Das Volk aber habe die Möglichkeit durch eine Volksabstimmung „ein vertrauendes Bekenntnis zum Führer und zu seinen politischen Entscheidungen abzulegen. Aber sie beeinträchtigt den Führergedanken nicht durch Restbestände des überwundenen Mehrheitsprinzips." (Vgl. Huber, Verfassung, S. 97/98).

458 Vgl. Grothe, Huber und NS-Vergangenheit, in: Schumann, Kontinuitäten und Zäsuren, S. 334 dort auf das Exposé von *Huber* aus dem Jahre 1945/46 im Nachlass *Smend* bezugnehmend.

459 Stolleis, Geschichte des ÖR in Dtl, Bd. 3, S. 348.

460 Vgl. HStA Düsseldorf, Nachlass Schmitt, RW 265, Nr. 6280 (07.02.1950), zit. nach Grothe, Huber und NS-Vergangenheit, in: Schumann, Kontinuitäten und Zäsuren, S. 339.

mochten hier nicht den Lehrschwerpunkt zu verändern. Die politische Universität beließ im Bereich der Vermittlung des Staatsrechts keinen Handlungsspielraum für die Hochschullehrer.

Ähnliches lässt sich für die Vorlesung „Verwaltung" konstatieren. Nimmt man *Arnold Köttgens*[461] Lehrbuch „Deutsche Verwaltung" zur Hand, so fällt auf, dass die Wissenschaft andere Wege ging, als *Eckhardt* beabsichtigte. Ausgehend von der Debatte um die Begrifflichkeiten von Verwaltung, Verwaltungslehre und Verwaltungsrecht, stellte man einerseits die Frage, welche Intention der bewussten Entscheidung gegen den Begriff „Verwaltungsrecht" zugunsten von „Verwaltung" innewohne. Waren bisher Wesen und Funktion der öffentlichen Verwaltung sowie der Aufbau und die Aufgaben, insbesondere der Reichsverwaltung, in den Vordergrund der Veranstaltung getreten, überlegte man nun, ob die geänderte Bezeichnung auch zugunsten einer – nicht juristisch verstandenen – Verwaltungslehre auszulegen sei.[462] Andererseits bewirkte die ausgiebige Gesetzgebungs-, Verordnungs- und Ministerialpraxis nach 1933 jedoch, dass der „Verwaltung" vorwiegend die „Klärung rechtswissenschaftlicher Begriffe als Hauptgegenstand" verblieb und damit „eine durchaus rechtswissenschaftliche Vorlesung" darstellte.[463]

Bezüge zur nationalsozialistischen Ideologie waren dem Verwaltungsrecht als Disziplin des öffentlichen Rechts aufgrund der veränderten verfassungsrechtlichen Ordnung immanent. Es kam aufgrund innerer Distanz zwischen liberaler Vergangenheit und autoritärer Gegenwart auch im Verwaltungsrecht zu einer „Umwertung aller Werte". Der Rechtsschutz des Einzelnen gegenüber

---

461 Privatdozent in Jena bis 1931.

462 Dennewitz, Verwaltung und Verwaltungsrecht, S. 19, mit Verweis auf die Verwaltungslehre *Lorenz von Stein's*, der hierin eine rechtsphilosophische und ethische Betrachtung vom Staate verstand. Jedenfalls sei der „methodische Ansatz der bisherigen Verwaltungsrechtswissenschaft", der in der „juristischen Methode" *Otto Mayer's* gesehen wurde und die „wissenschaftliche Forschung auf die in einer rein begrifflichen Sphäre isolierte juristische Norm beschränkte und alle über diesen eigentlichen normativen Bezirk hinausreichenden Fragen anderen Wissenschaftszweigen glaubte überlassen zu müssen", von der Gegenwart preisgegeben worden. Vgl. Köttgen, Deutsche Verwaltung (1936), S. 1/2.

463 Vgl. Dennewitz, Verwaltung und Verwaltungsrecht, S. 19/20. Wie schon *Heckel* auf der Hochschullehrertagung festgestellt hatte, war auch für *Köttgen* die Organisation der Verwaltung das Kernstück der Vorlesung. Vgl. Köttgen, Deutsche Verwaltung (1936), in dem der II. Hauptteil „Organisation der Verwaltung" mit 60 Seiten den größten Platzbedarf beansprucht.

staatlichen Akten trat auch im Verwaltungsrecht stark in den Hintergrund, währenddessen „der Nutzen für das Ganze […] zum beherrschenden Zweck und zum neuen Gravitationszentrum verwaltungsrechtlichen Denkens“ ausersehen wurde.[464] Die alten Rechtsschranken, Grundrechte und andere subjektiv-öffentliche Rechte, aber auch die Kontrolle der Verwaltung durch unabhängige Richter, büßten ihre Funktion als Selbstzweck ein und wurden zum Mittel degradiert, dessen Sinnhaftigkeit sich allenfalls dadurch rechtfertigen ließ, als dass ihre Erhaltung dem Nutzen der Volksgemeinschaft eher diente als ihre Abschaffung.[465] Ein normorientiertes Verwaltungsrecht alter Prägung galt als „Klotz am Bein des schaffensfreudigen Verwaltungsbeamten.“[466] Für das Lehrfach hinzu kam die erstmalige systematische Einordnung völlig neuer verwaltungsrechtlicher Phänomene.[467]

Köttgens „Deutsche Verwaltung“ war ebenso ein Versuch Verwaltungsrecht und Verwaltungswirklichkeit systematisch und theoretisch miteinander zu verknüpfen und gegen das „Chaos regelloser Machtausübung“ zu verteidigen.[468] Der Vergleich seiner drei Auflagen zeigt an verschiedenen Stellen wie ambivalent Rechtsausbildung im Dritten Reich sein konnte: Unter Verwendung weltanschaulicher Aspekte und mittels unangreifbarer zeitgemäßer NS-Tonart wurden im Verwaltungsrecht zum einen argumentativ auch geringste Interpretationslücken genutzt und versucht, einer sich totalisierenden Verwaltung Einhalt zu gebieten, um so Teile des Weimarer Verwaltungsrechtsstaats, z.B. die

---

464 Vgl. Stolleis, Geschichte des öR in Dtl., S. 360.

465 Vgl. Stolleis, Geschichte des öR in Dtl., S. 360. Es kam auch im Verwaltungsrecht zu einer Entwertung des abstrakten allgemeinen Teils und zu dem Versuch an dessen Stelle bereichsspezifische Teilordnungen treten zu lassen. Bei der Gestaltung solcher partiellen Bereiche des Verwaltungsrechts wiederum bot sich der Rückgriff auf die „konkreten Ordnungen“ im Sinne *Carl Schmitts* an, die somit ebenfalls Eingang ins Verwaltungsrecht fanden.

466 Köttgen, Deutsche Verwaltung (1936), S. 9.

467 Auf allen Gebieten der Daseinsvorsorge entwickelte sich eine immer stärkere Intensität des Staates einhergehend mit einer immer größer werdenden Zahl an Beamten, Behörden und Dienststellen. Damit verbunden war die Problematik der verfassungspolitischen Einbindung von Verwaltung in die Staatsstruktur. Die Gleichsetzung von Gesetzgebung und Regierung bedeutete für die Verwaltung eine weitgehende Anpassung an politische Prinzipien des Staatsrechts und der obersten Staatsführung. *Otto Mayer's* Kernsatz „Verfassungsrecht vergeht, Verwaltungsrecht besteht“ konnte so für die Nationalsozialisten keine Gültigkeit mehr besitzen. Vgl. Dennewitz, Verwaltung und Verwaltungsrecht, S. 36.

468 Vgl. Stolleis, Geschichte des öR in Dtl, S. 359.

Verbindlichkeit des Verwaltungsrechts, auch in der neuen Zeit zu erhalten.[469] Eine Methode, deren Handlungsspielraum sich aber im Laufe der Zeit stetig verringerte.[470] Außerdem wurde ein vollständig neues Verwaltungsrechtsbild unter Einbeziehung der Verwaltungswirklichkeit und neuen Aufgaben der Verwaltung auf der Grundlage des NS-Führerstaates und seiner Ideologie entworfen.

Die Vorlesung musste daher als deutlich ideologisiert gelten und fügte sich nahtlos in die Reihe der besonders politisch geprägten Lehrfächer des Öffentlichen Rechts ein. Die Zahl derer, die schon in der Umbenennung der Hauptvorlesungen die wesentliche Veränderung für erbracht hielten, dürfte so deutlich geringer ausfallen als bislang gedacht.[471] Die 1939 von *Jescheck* formulierte Ansicht, dass der „revolutionäre Umbruch“ sich im Wesentlichen in den privatrechtlichen Vorlesungen ausgewirkt habe, ist jedenfalls, worauf *Stolleis* zu Recht hinweist, im Blick auf das Staats- und Verwaltungsrecht kaum haltbar.[472]

Auch „Volk und Staat“[473] hatte einen klaren politischen Auftrag. Weil die Akzentverschiebung auf den „Primat des Politischen“ eine politische Erziehung, Schulung und Lenkung schon vor dem Universitätsstudium aufgrund der Pflichtmitgliedschaft in diversen Parteiverbänden und -organisationen ermöglicht hatte, sollte der Hochschullehrer von „Volk und Staat“ auf theoretische Kenntnisse und praktische Erfahrungen aufbauen können. Daher versuchte *Glungler* die ideologischen und weltanschaulichen Kernsätze jetzt in ein rechtstheoretisches, staatsrechtlich-juristisches Gewand einzukleiden.[474] Den-

469 Vgl. Stolleis, Geschichte des öR in Dtl., Bd. 3, S. 342.

470 Besonders auffällig bei der Frage nach „subjektiv-öffentlichen Rechten“. Während *Köttgen* deren Existenz in der ersten Auflage noch bejahte, musste er seine Ansicht mit jeder Auflage einschränken. In der letzten Auflage 1944 stellte er dann resignierend fest, dass sich der Gesetzgeber im Wesentlichen mit objektivrechtlichen Bindungen begnügt habe. Vgl. Köttgen, Deutsche Verwaltung (1944), S. 192.

471 So zu Recht Stolleis, Geschichte des ÖR in Dtl., Bd. 3, S. 342. Immerhin hob sich *Köttgen* von anderen Autoren seiner Zeit dadurch ab, dass er in seiner lehrbuchhaften Darstellung auf künftige rechtspolitische Visionen *de lege ferenda* verzichtete und lediglich gegenwartbezogenes, geltendes Recht abzubilden suchte.

472 Stolleis, Geschichte des ÖR in Dtl., Bd. 3, S. 342.

473 Glungler, „Volk und Staat“, ebenso Fraunhofer, „Volk und Staat“.

474 Die Lehre von „Volk und Staat“ wurde als Staatstheorie von der „leitordnungsmäßigen Zusammenfassung des Volkes zur politischen Wirkeinheit“ definiert, in der „der vollkommene Staat [...] die vollkommene Wirkeinheit des Volkes“ darstelle. (Vgl. Glungler, S. 10.) „Politische Strategie“ als Anleitung zu richtiger Staatsführung und „Partei-

noch konnte der Stoff der früheren „Allgemeinen Staatslehre“ bei ihm nur noch am Rande weiterwirken. Das Lehrfach, wie es *Glungler* verstand, diente ausschließlich der Sicherung der weltanschaulichen Grundlagen, die den früheren Vorlesungsinhalt einer „Allgemeinen Staatslehre“ weitgehend ersetzt hatten. Als Überblicksveranstaltung nahm zwar die historische Entwicklung einen wesentlichen Teil der Veranstaltung in Anspruch, beließ aber ihren Hauptzweck in der Darstellung der NS-Weltanschauung – mit mehr oder minder juristischem Bezug.[475]

---

taktik“ als Anleitung zur Erreichung eines Zieles im „politischen Kampf“ bildeten Bestandteile der theoretischen Politik als Wissenschaft. Ziel der politischen Erziehung sei „Eingliederung und Unterordnung zum Gemeinschaftsbewußtsein“ (Vgl. Glungler, S. 53). Im „wahren Rechtsstaat des 20. Jahrhundert“ stehe das Recht des Staates vor dem Individuum, die Rechtsmäßigkeit der Justiz vor deren Tatbestandsmäßigkeit. Die Folge sei ein „Richterkönigtum“ mit einer erhöhten Freiheit gegenüber dem Gesetz, nämlich dann, wenn das „gesunde Volksempfinden“ eine Anwendung ausschließe. Die einstmalige Unabhängigkeit der Rechtspflege sei nunmehr an die „konkrete Gemeinschaftsordnung“ und die „Entscheidungen des Führers“ gebunden und die Gesetzmäßigkeit der Verwaltung durch deren Rechtmäßigkeit ersetzt, was eine Bindung nicht allein an das Gesetz sondern jetzt auch an die Ziele der Staatsführung und der NSDAP bewirke (Vgl. Glungler, Volk und Staat, S. 80. Sich scharf dagegen und diese Lehre wendend, entgegen namhafter Vertreter wie *Huber*, *Köttgen, Maunz* aber *Jerusalem*, Gesetzmäßigkeit der Verwaltung oder Rechtmäßigkeit der Verwaltung, FS Hübner, S. 106ff).

475 Die großen Philosophen wie *Plato, Macciavelli, Bodin, Hobbes, Pufendorf, Descartes, Montesquieu* aber auch *Kant, Savigny, Marx, Hegel* etc. wurden ebenso eingebunden wie – in Nebensätzen – besondere Ereignisse aus Kunst und Wissenschaft (beispielhaft: „Als *Bodin* seine „6 Bücher über den Staat“ schrieb, baute *Giacomo della Porta* bereits seine berühmte Fassade des Jesuskirche in Rom und während *Althusius* das erste deutsche System der Politik schuf, vollendet *Peter Paul Rubens* seine berühmtesten Gemälde.“ Vgl. Glungler, S. 25 ff.) In dieser allgemeinbildenden Einführung wurden jedoch ideologische Berührungspunkte deutlich, die zu einer Färbung der Darstellung führten. So interpretierte *Glungler* z.B. *Rousseaus* Gesellschaftsvertrag (contrat social) im Sinne der Identitätstheorie, nämlich als „totale Hingabe des Einzelnen mit allen seinen Rechten an die Ganzheit der Gemeinschaft“. Durch den Willen der Allgemeinheit (*volonté générale*) gäbe es „naturrechtlich keine Einzelnen“ sondern nur „die Gemeinschaft“. Die Folge sei die „ideologische Gleichsetzung von Individuum und Staat“ oder nach *Hitler*: „Das innerste Wesen jeder Organisation beruht darauf, daß der einzelne auf die Vertretung seiner persönlichen Meinung sowohl als seiner Interessen verzichtet und beides zugunsten einer Mehrzahl von Menschen opfert. Erst über den Umweg dieser Allgemeinheit erhält er dann seinen Teil wieder zurück. (Mein Kampf, 1. Bd., 11. Kap).“(Vgl. Glungler, S. 31) Ein ähnliche Indienststellung lässt sich bei der

Es nimmt nicht wunder, dass man „Volk und Staat" mancherorts als allgemein gehaltenes, staatspolitische Grundlagen vermittelndes Kolleg, auffasste, das außerhalb der eigentlichen juristischen Kernausbildung belegen war.[476]

Für Jena muss dabei einschränkend gesagt werden, dass die Bewahrung von Kernelementen der „Allgemeinen Staatslehre" in *Wackes* „Volk und Staat" und die deutliche Abgrenzung von Recht und Politik den von *Eckhardt* angedachten ministeriellen Vorgaben widersprachen.

bb) Das Personenrecht des BGB

Für das Zivilrecht existieren bezüglich der Jenaer Lehre keine konkreten Anhaltspunkte. Unter Berücksichtigung der in den Bibliotheken verfügbaren Grundrisse wird sich aber sagen lassen, dass auch die zivilrechtliche Auftaktveranstaltung „Familie"[477] deutlich in der neuen Zeit verhaftet gewesen war. Sie hatte mit der früheren BGB-AT-Vorlesung nur noch wenig gemein.

Ausgehend vom Persönlichkeitsrecht umfasste sie die Rechtsstellung des Einzelnen in der Gemeinschaft (Rechtsfähigkeit, Geschäftsfähigkeit, Minderjährigenrecht) sowie das Familien- und Eherecht mit ihren weit über die Befriedigung idealer Einzelinteressen hinausgehenden überpersönlichen Zwecken. Besonders im Personenrecht waren die Bestandteile des BGB zugunsten der nationalsozialistischen Sondergesetzgebung zum Familien- und Eherecht sehr weit zurückgedrängt worden. Hier hatte die Wandlungen privatrechtlichen

---

Würdigung der Leistungen *Christian Thomasius*' beobachten. So habe dieser zwar einerseits der Rechtswissenschaft die deutsche Sprache und der Rechtspraxis den gesunden Menschenverstand erschlossen, andererseits aber zugleich die „gesunde" Auffassung von Recht und Staat zerstört, indem er das Recht von Sitte und Sittlichkeit loslöste und die Wahrung des Rechtsfriedens zur einzigen Staatsaufgabe erklärte (Vgl. Glungler, S. 36).

476 Vgl. Reinhardt, Deutsches Recht, S. 84: „Das Kolleg Volk und Staat soll dem jungen Studenten allgemeine staatspolitische Grundlagen geben. Es ist so allgemein gehalten, daß man seine Teilnahme eigentlich den Studenten aller Fakultäten wünschen sollte." Dieses Ergebnis wird bestätigt, wenn man als Vergleichswerk die Schrift „Volk und Staat (Band 1 Weltanschauliche Grundlagen und Volkswirtschaftslehre, Industrieverlag Spaeth und Linde, Berlin 1938-) aus der Reihe „Die Handelshochschule – ein Lehrgang der Wirtschaftshochschule" des Hauptamtsleiters der NSDAP *Max Frauenhofer* aufgreift. In der Rubrik „Weltanschauliche Grundlagen" herausgegeben, wurde hier allein die NS-Weltanschauung sowie der Kampf der NSDAP um die Macht wiedergegeben.

477 Rolf Dietz, „Deutsches Personen-, Familien- und Erbrecht", 1943; Hellmuth Georg Isele, „Familie und Familienerbe", 1938.

Denkens u. a. durch das Ehegesundheits- und Blutschutzgesetz besonderen Einschlag gefunden.[478] Der Einordnung des Volksgenossen in die Ordnung der Familie konnte hier spiegelbildlich die Ausgrenzung von Nichtvolksgenossen aus der Rechtsordnung gegenübergestellt werden.[479] Die rassen- und erbpflegerechtlichen Vorschriften waren von besonderer Bedeutung. Die Kernlehre des BGB-AT oder des BGB-Familienrechts existierte hier nur noch rudimentär.

Dass es sich bei „Familie“ um eine „neue“ Vorlesung handelte wurde auch daran deutlich, dass sich die Vorlesungsmaterie jetzt auf mehrere Gesetze verteilte. Weil die umgrenzte Lebensordnung der Familie „als Einheit und Gemeinschaft“ im BGB überhaupt nicht in Erscheinung getreten war und der Gesetzgeber außerdem den Weg der Einzelgesetzgebung beschritten hatte, benötigte man nun vorlesungsbegleitend neben dem BGB auch zusätzliche Gesetzeswerke. Da der für das Charakterfundament zentrale Begriff der „Volksgemeinschaft“ auf juristischem Gebiet mit den Kernlehren des BGB zum Familienrecht nicht korrelierte, trug letzteres „am deutlichsten die Zeichen eines tiefgreifenden Umbruchs“.[480] Damit wurden aber zugleich Widersprüche zwischen geltender Rechtsordnung und den neuen Realitäten des Dritten Reiches evident.[481]

---

478 Vgl. auch Wieacker, DRW 1937, S. 3ff.

479 Frassek, Juristenausbildung, S. 90.

480 Isele, Familie und Familienerbe, S. 5.

481 Nach nationalsozialistischer Auffassung sollte die „Familie“ im Rechtssystem eine Schlüsselstellung einnehmen, aus der sich dann das „Recht des Einzelnen“ wie auch das „Erbrecht“ zu entwickeln hatten. Auf diese Weise war es möglich, den familienrechtlichen Begriffen wie „Ehe“, „Familiengemeinschaft“, „Rechtsperson“ und „Familiengut“ im Zuge des Mythos von der Volksgemeinschaft ihr herausragendes, eigenständiges auch rechtliches Gepräge zu geben. Zugleich erlaubte die Ableitung jeglicher persönlicher Rechtsstellung aus der Familiengemeinschaft eine schlüssige Charakterisierung des nationalsozialistischen Credos von der Pflichtengebundenheit des einzelnen Volksgenossen. Nicht zuletzt war damit eine Abwertung der Rechte des Einzelnen verbunden, der seine Rechtsstellung künftig nur noch als dienendes Glied dieser Gemeinschaften erhalten sollte. Rechtstechnisch stieß diese neue Konzeption dagegen an die Grenzen des noch immer geltenden BGB – wie besonders bei *Isele* deutlich wird. Die BGB-Regelungen anerkannten die „Familie“ als solche noch nicht einmal als selbständigen Rechtsverband. Sie galt allenfalls – ebenso wie das Erbrecht – als rechtliches Sondergebiet, welches zu allem Überfluss auch noch von den allgemeinen Vorschriften des „Rechts der Einzelperson“ (§§ 1 – 89 BGB) maßgeblich beeinflusst war. Die schwierige Aufgabe der Hochschullehrer lag darin, die systematisch getrennten drei Rechtsgebiete (Recht der Einzelperson (BGB AT), Familienrecht, Erbrecht) in neuer planmäßiger Darstellung zusammenzuführen und damit zwangsläufig mit der

Der Vorlesungsstoff für „Familie“ war also im Wesentlichen neue nationalsozialistische Gesetzgebung mit einem erhöhten Anteil Rassen- und Erbpflegerecht. Es ist daher nicht verwunderlich, wenn konservative Hochschullehrer – wie in Jena – an der Darbietung dieser Veranstaltung nur wenig Interesse zeigten.

cc) Das internationale Privatrecht

Als ebenso deutlich ideologisch beeinflusst muss – etwas überraschend – das internationale Privatrecht bzw. „Anwendung fremden Rechts“[482] angesehen werden. Hier lag der Schwerpunkt vor allem im Familien- und Erbrecht. Daher beschäftigten sich die meisten der dargestellten Rechtsgebiete auch mit grenzüberschreitenden Ehe-, Kindschafts-, Unterhalts- und Vormundschaftsrecht sowie mit erbrechtlichen Regelungen des Mobiliar- und Immobiliarsachenrechts. Weil hier vorwiegend die Anwendung des neuen, nationalsozialistisch interpretierten Personenrechts gefordert wurde, kam gerade diesem Nischenfach hinsichtlich einer Ideologisierung eine ungeahnte Bedeutung zu.[483]

Systematik des BGB zu brechen. *Isele* bewältigte diese Aufgabe durch ein einleitendes Kapitel, in dem er die neue Familienrechtspolitik und das neue Familienrechtssystem dem geltenden BGB gegenüberstellte. Anschließend erfolgte eine getrennte Behandlung der jeweils einzelnen Komplexe des BGB wie zum Beispiel die „Ehevoraussetzungen“ oder „Ehescheidung“ ohne jedoch diese in einen systematischen Zusammenhang zu stellen. Dagegen erfuhren die Reformgesetze nach 1933 eine besonders intensive Bearbeitung. Auffällig war auch, dass bei der Darstellung der Rassengesetzgebung nicht selten auf ähnlich gelagerte – rassenrechtlich motivierte – Regelungen, vor allen in den nordamerikanischen Staaten aber auch in Europa, hingewiesen und so die Rassenpolitik der Nationalsozialisten letztendlich für den Rezipienten verteidigt wurde.

482 Fritz Reu, „Anwendung fremden Rechts“, 1938.

483 *Reu* gab konkrete Beispiele für internationale privatrechtliche Fallgestaltungen: „Bsp. Erbgesunder Deutscher will erbkranke Französin heiraten: § 1 Ehegesundheitsges. verbietet solche Eheschließung; nach § 5 Abs. I gilt das Ehehindernis nicht, wenn beide Verlobte oder der männliche Verlobte fremde StA.keit besitzen, denn auch im letzteren Fall handelt es sich um eine „fremde Sache“, da Frau in fremde Volksgemeinschaft eintritt (freilich Verlust für deutsche Blutsgemeinschaft). Wenn Deutscher Ausländerin heiratet, gilt grundsätzlich die Hauptregel des § 13 Abs. I a) Mann krank, Ausländerin gesund: Eheschließung verboten, da Mann dem Ehehindernis unterfällt – b) wie hier, Mann gesund, Ausländerin krank: Französin nach ihrem Heimatrecht voll ehefähig, da dieses ein ähnliches Hindernis nicht kennt; der gesunde Deutsche hingegen nicht ehefähig. Die Eheverbote des § 1 Ehegesundheitsges. wirken zweiseitig; sie verbieten nicht nur dem Kranken, eine gesunde Person zu heiraten, sondern auch dem

c) Fachneuschöpfungen

Weiter gab es neugeschaffene Lehrfächer, deren Lehrinhalte sich erst noch etablieren mussten bzw. die eine Entwicklung durchliefen und verschiedene Lehransätze boten (wie gezeigt „Privatrechtsgeschichte der Neuzeit“, „Volkskunde“, „Boden“).

Ebenso hierzu zählte die zweite zivilrechtliche Hauptvorlesung „Vertrag und Unrecht“[484]. Sie verband Reste des allgemeinen Teils, des allgemeinen Schuldrechts, das Delikt- und Bereicherungsrecht sowie die Haftung aus Geschäftsführung ohne Auftrag. Neben dieser inhaltlichen Übereinstimmung waren aber System, Gliederung und Schwerpunktsetzung nicht weiter vorgegeben. Die Folge waren unterschiedliche Herangehensweisen an den Lehrstoff.

Während *Larenz* mit seinem Grundriss ein neues „Denkgebäude“ zu entwerfen suchte, ebenso wie *Wieacker* im Bereich des „Bodenrechts“, behielten andere Rechtswissenschaftler wie *Stoll* und *Felgentraeger* eine enge systematische Nähe zum BGB.[485] Die Folge waren differierende Unterrichtskonzepte, die Lehrenden wie Lernenden eine Auswahl ermöglichten.[486] Es entwickelten

---

gesunden Deutschen, eine Kranke zu ehelichen. Auch wenn gesunder Deutscher kranke Ausländerin heiratet, tritt Verschlechterung des deutschen Blutes ein! Dies alles gem. Art. 13! Ausländerin ist und bleibt ehefähig (nach Heimat- und nach deutschem Recht!) Ähnliche Fragen tauchen auf beim Ehehindernis der Rassenverschiedenheit nach Blutschutzges., des Ehebruchs (§ 1312 BGB.: „zwischen“!) usw.“ Vgl. Reu, Anwendung fremden Rechts, S. 36/37.

484 Karl Larenz, „Vertrag und Unrecht“, 2. Bd., 1936; Heinrich Stoll/Wilhelm Felgentraeger, „Vertrag und Unrecht“, 1936, 2. Bde.,

485 Der zweite Halbband bei *Stoll/Felgentraeger* war daher nicht wie bei *Larenz*, der „Unrecht“-Teil der Veranstaltung, sondern mit den Grundbegriffen des Schuldverhältnisses und seiner Parteien sowie dem Inhalt und der Art und Weise der Leistungserbringung inklusive der Leistungsstörungen die konsequente Fortführung des ersten Halbbandes ab den §§ 241 ff BGB. *Stolls* „rechtspolitische Ansichten“ und seine „Bewertung des geltenden Rechts“ einschließlich seiner Verbesserungsvorschläge wurden in eigenen Abschnitten und Sonderkapiteln dargestellt. Mitunter versanken sie auch im Kleindruck, so dass der Normaldruck stets für das normative BGB verwendet wurde.

486 Dabei verstand sich *Stoll* zurückhaltender als *Larenz*. Sein Verständnis von der „pädagogische Aufgabe“ und den Anforderungen, die an den jungen Juristen gestellt würden, hing eng mit der streng dogmatischen Grundlage des geltenden BGB zusammen. Folglich trug *Stoll* dem neuen Rechtsdenken lediglich dadurch Rechnung, dass er vereinzelte Abschnitte zu „Würdigung der Grundlagen“ oder „Wandel der Rechtsanschauung“ einfügte, sich im Wesentlichen aber weiter der Systematik des BGB, ausgehend vom Oberbegriff des Schuldverhältnisses, verpflichtet fühlte. Dagegen ging *Larenz* von einer dogmatischen Scheidung aus und etablierte einen neuen Vertragsbe-

sich schnell zwei Lager, die den *Larenzschen* Vertragsbegriff und dem weiter vom BGB entfernten Aufbau entweder Zustimmung signalisierten[487] oder ihn ablehnten.[488] Hier findet sich der im ersten Kapitel aufgezeigte Dualismus zwischen „Kieler Schule" und Akademiejuristen wieder. So verstanden, bestand jedenfalls kein staatlich verordnetes einheitliches Ausbildungskonzept.[489] Es

---

griff, dessen Gestalt er in einem Stufensystem zunächst in seiner Entstehung, also den Vertragsabschluss, und sodann in dessen Entwicklung, nachzeichnete. Hier ging es dann um Bedingungen, Leistungsbestimmungen, Einreden, Erfüllung und Beendigung aber auch um den Vertragsbruch. Dieser wurde als Teil der Entwicklung angesehen und behandelte u.a. die schuldhafte Handlung, die verschuldete Unmöglichkeit, Verzug sowie das Mitverschulden des Gläubigers. Der *Larenzsche* Aufbau stilisierte das Vertragsverhältnis als zentrales Faktum und umging damit eine chronologische und systematische Abarbeitung anhand des Aufbaues des bisherigen BGB. Dem – kürzeren – zweiten Band blieben dann die Fälle „außervertraglichen Einstehens im Rechtsverkehr" vorbehalten, namentlich die gesetzlichen Schuldverhältnisse wie unerlaubte Handlung (sowie die Lehre vom Schadensersatz insgesamt), ungerechtfertigte Bereicherung und Geschäftsführung ohne Auftrag sowie das – entsprechend dem damaligen Rechtsverständnis – noch nicht vollständig systematisch erfasste vorvertragliche Schuldverhältnis.

487 Z.B. Beyerle, ZStaatsW 1938, S. 385-392, dem aber der Versuch *Larenz'* nicht weit genug ging. Er kritisierte offen, die gewählte Neusystematisierung unter weiterer Verwendung des bestehenden Denkgefüges der Pandektenlehre. Man müsse sich fragen, ob durch eine „veränderte Anordnung der alten Lehren etwas zu gewinnen" sei. Schließlich glaubte er nicht, dass „sich das pandektische System auf seinem eigenen Boden übertreffen" lasse.

488 Z.B. Krusch, Kritische Vierteljahresschrift für Gesetzgebung und Rechtswissenschaft, n.F., Bd. XXXI, ganze Folge Bd. LXVII (1941), S. 22.

489 Schon die Vorlesungsbezeichnung offenbarte Schwächen. Nach *Stoll* stellte die geltende Rechtsordnung weder den „Vertrag" an den Ausgangspunkt seines Systems, noch ihm den Begriff des „Unrechts" gleichwertig zur Seite. Überhaupt sei Unrecht „weder ein vom Gesetz technisch verwendeter noch ein wissenschaftlich feststehender Begriff". (Vgl. Stoll, Vertrag und Unrecht, S. 9) Weil *Larenz* die Bereiche „Vertrag" und „Unrecht" als dogmatisch eigenständig auffasste und unter dem rechtlich schwer fassbaren Terminus „Unrecht" sowohl den „Vertragsbruch" als Entwicklungsmöglichkeit eines Vertrages und zum anderen die Verletzung einer allgemeinen Friedensordnung verstand, bedurfte es bei ihm einer logischen Klarstellung, weshalb trotz dessen eine gemeinsame Vermittlung in einer Vorlesung fruchtbringend sei. Er löste dieses Dilemma indem er zwischen dem „Einstehen für das gegebene Wort" und dem „Einstehen aus sonstigen Gründen kraft objektiven Rechts für Rechtsverletzungen, gefährdende Handlungen und Verletzung einer besonderen Vertrauensbeziehung" nur eine Art- aber keine Wesensverschiedenheit sah. Daher ergab sich für diese Rechtsverhält-

wird auch deutlich, dass dem verordneten Titel „Vertrag und Unrecht" vor allem das Bestreben nach einem eingängigen – wenn man so will – griffigen Begriff zugrunde lag, als eine ausgereifte systematische Überlegung.[490]

Trotz unterschiedlicher Unterrichtskonzepte herrschte in der ideologischen Beeinflussung, die mit „Familie" im Zivilrecht ihren Anfang genommen hatte und sich jetzt in „Vertrag und Unrecht" fortsetzte, Einigkeit. Dabei beschränkte man sich nicht, wie *Frassek* für *Larenz* richtig erkannt hat, auf eher „oberflächliche Einflussmöglichkeiten" wie die am Ergebnis orientierte Auslegung von Generalklauseln.[491] Natürlich lassen sich auch hier ideologische Grundsätze nachweisen.[492]

Aber die dogmatische Verankerung ging tiefer.[493] Es waren Grundsatzthemen, die durch die Rechtserneuerung dem gesamten Recht eine andere Rich-

---

nisse ein innerer Zusammenhang, der folglich eine gemeinsame Darstellung in der Vorlesung „Vertrag und Unrecht" ermöglichte.

490 Vgl. so zu Recht auch Frassek, Lebensordnung, S. 68 unter Verweis auf zeitgenössische Angaben.

491 Frassek, Göttinger Hegel-Lektüre, Kieler Schule und nationalsozialistische Juristenausbildung, S. 57/58.

492 Die „guten Sitten" wurden nicht mehr als „bloße Verkehrssitte" oder „individuelle Moral" verstanden, sondern galten jetzt als „Beurteilung einer Handlung vom Standpunkt der dem deutschen Volke wesensgemäßen sittlichen Anschauungen, insbesondere seiner nationalsozialistischen Weltanschauung und Gemeinschaftsidee". Entscheidend sei das „lebendige Gewissen" jedes Volksgenossen oder „die Substanz, der Urgrund und konkrete Maßstab der in einem Volke lebendigen Sittlichkeit, die sich „unabhängig von Tagesströmungen und Schwankungen einer trügerischen Mehrheit" auf Dauer im Volksleben durchsetze (Vgl. Larenz, Vertrag und Unrecht, Band I, S. 82). Insgesamt gelte, dass alles was dem Gemeinwohl widerstreite, „unter allem Umständen unzulässig und daher unsittlich" sei (Vgl. Stoll, Vertrag und Unrecht, S. 66). Auch die bisherige BGB-Definition von „Treu und Glauben" als „billiger Ausgleich einander widerstreitender Interessen" lehnte z.B. *Larenz* als eine „Verkümmerung des echten Wesensgehaltes" ab. Im Übrigen wisse „jeder Deutsche" was gemeint sei (Vgl. Larenz, Vertrag und Unrecht, Band I, S. 109). Wer das Vertrauen täusche, wer die Treue breche, setze sich außerhalb der Gemeinschaft, die ihm dann mit Zwang entgegentrete. Wer aber die Treue wahre und sich an die Gemeinschaftsordnung halte, dem stünde sie bei, um ihm das Seinige zu erhalten oder zu verschaffen (Vgl. Larenz, Vertrag und Unrecht, Band I, S. 17). Mit *Larenz* trat der „subjektive Wille" hinter den „objektiven Sinn der Erklärung" zurück und die Erklärung hinter den „Gesamtsinn des Vertrages", der wiederum dem Gestaltungsgesetz der Gemeinschaft unterliege (Vgl. Larenz, Vertrag und Unrecht, Band I, S. 202/203).

493 *Larenz*, als Mitglied der „Kieler Schule", nahm in seinem „Vertrag und Unrecht" den Kampf gegen die Systematik des BGB auf. Er versuchte mit seinem Werk den Zielen

tung geben sollten, ohne dafür den gesetzlichen Überbau ändern zu müssen. *Frassek* hat das metaphorisch mit dem Auswechseln des Tischtuches einer gedeckten Tafel ohne Beschädigung des Geschirrs verglichen.[494] In der Tat bestand die ideologische Rechtserneuerung in „Vertrag und Unrecht" vor allem in der Frage nach der Geltungsweite der Privatautonomie innerhalb der Volksgemeinschaft.[495] Die Begrenzung der Vertragsfreiheit zugunsten von Gemein-

---

der Studienordnung zu entsprechen und eine dogmatische Neuausrichtung des Schuldrechts vorzunehmen, wobei er sich an die Vorgaben *Eckhardts* hielt. Rechtstechnisch schaltete *Larenz* systematisierende Elemente des BGB in ihrer Funktion aus und entwickelte neue Systematisierungskriterien (Vgl. Frassek, Lebensordnung, S. 182). An den bestehenden Instituten aber hielt er fest und gelangte zu Eintrittspunkten für rechtsfremde Werturteile indem er Neue (z.B. den „Missbrauch einer rechtsgeschäftlichen Gestaltungsmöglichkeit") daneben stellte. Auf diese Weise blieb unterhalb des Systems die bestehende Dogmatik erhalten und weiter nutzbar. Weiter erschien in der lediglichen Fortbildung der eigene Rechtsbau dogmatisch wohlüberlegt und tiefgreifend (Vgl. Frassek, Lebensordnung, S. 127). Insofern lag dem *Larenzschen* System nur ein anderer Einstieg zugrunde; der wesentliche Weg zum Zivilrechtsverständnis blieb am BGB orientiert. Die Darstellung tatsächlicher Lebensvorgänge, zunächst ohne konkrete Verweisung auf die entsprechende Vorschrift, führte zu einer überragenden Stellung des „Sinn- und Zweckgehaltes" rechtlicher Regelungen als Beurteilungskriterium (Vgl. Frassek, Lebensordnung, S. 71). Auch dies wiederum erlaubte eine nahezu unbemerkte Einführung rechtsfremde Werturteile, weil ohne logischen Bruch zum Gesetz gearbeitet werden konnte und die bestehende Norm ihren notwendigen Inhalt quasi selbst preisgab. Eine auf Individualfreiheit gegründete Rechtsordnung wurde so zugunsten der Einflussmöglichkeiten staatlicher Stellen ausgehöhlt (Frassek, Lebensordnung, S. 284).

494 Frassek, Göttinger Hegel-Lektüre, Kieler Schule und nationalsozialistische Juristenausbildung, in: Kontinuitäten und Zäsuren, S. 45 (57).

495 Schon der Vertragsbegriff wurde nicht als „abstrakt-allgemeine, formale Kategorie", sondern als „konkreter rechtlicher Typus" verstanden. Hier galt es der vom BGB vorgesehenen – weitestgehend freien – Vertragsgestaltung entgegenzuwirken (Vgl. Frassek, Lebensordnung, S. 63). Sie wurde nur noch „zu rechtem Gebrauch im Dienste der Gemeinschaft" verliehen. Als „höchste[s] Rechtsgut" wurde nicht mehr die Freiheit oder das Wohlergehen des Einzelnen, sondern „das Volk und der Staat" als die „Willenseinheit der […] nationalen Gemeinschaft" (*Larenz*) verstanden. Diese sollte nicht auf eine „verantwortungslose Mehrheit", den „Zufall der Abstimmung" oder das „trügerische Gleichgewicht sich widerstrebender Kräfte" zurückgehen, sondern allein in der Persönlichkeit des Führers, der dem „Lebensgesetz" der in Fleisch und Blut begründeten Gemeinschaft gehorche, entnommen werden. *Frassek* hat in der Anerkennung einer übergesetzlichen und über der eigentlichen Gemeinschaft stehenden Rechtsquelle zu Recht die bewusste Rechtfertigung willkürlicher Rechtsetzung gesehen (Vgl. Frassek, Lebensordnung, S. 66). Ob man sich dessen – auch in seinen Kon-

schaftsidealen reduzierte den Vertrag „zum Gestaltungsmittel der völkischen Ordnung".[496] Die Einbindung völkischer Ziele und Zwecke in das private Vertragsverhältnis ließ zudem die Idee von der Pflichtengebundenheit der Parteien dogmatisch nachvollziehbar erscheinen. Unterhalb dieses Grundansatzes von der beschränkten Privatautonomie – oder um im Bild zu bleiben – „auf dem Tisch" blieb das Geschirr gleich. In dieser dann konkreten Darstellung rechtlicher Regeln mit ihren klaren Tatbestandsvoraussetzungen wich die ideologische Grundordnung zugunsten einer systematisch-praktischen Formaljuristik zurück. Hier finden sich dann auch keine Hinweise mehr auf die neue Zeit, sondern schlicht die nüchterne Rechtslehre und -anwendung. Weil der Kernbereich des allgemeinen Schuldrechts und die rechtsgeschäftlichen Vorschriften des Allgemeinen Teils positivrechtlich unangetastet blieben, mussten national-

sequenzen – tatsächlich bewusst war, darf fraglich bleiben. Daher hatte eine Unterordnung der Einzelinteressen unter das Wohl der Gemeinschaft zu erfolgen Bei *Stoll* hieß es: Die Anerkennung der Privatautonomie bedeute kein Recht zu willkürlichem Tun gegenüber dem Staat, sondern Verpflichtung und Bindung gegenüber der Gemeinschaft, die zu einer „Unterordnung des Parteiwillens" führen müsse. Dieser sei nur „Anstoß und Grundlage des Vertrages, aber nicht einziger Gestalter seines Inhaltes." (Vgl. Stoll, Vertrag und Unrecht, S. 6). Bei *Larenz* klang das noch deutlicher: Die Wirksamkeit eines Vertrages beruhe „zwar unmittelbar auf dem Vertragsschluß [...] mittelbar aber auf der völkischen Ordnung". Sie könne also nur angenommen werden, wenn der Vertrag im Einklang mit den „Lebensgrundlagen und dem Gerechtigkeitswillen des Volkes" stehe (Vgl. Larenz, Vertrag und Unrecht, Band I, S. 24). Dies hatte zur Folge, dass die „grundsätzlich noch als bestehend" vorausgesetzte Vertragsfreiheit einer externen Begrenzung der Gestaltungsmöglichkeiten unterworfen wurde (Vgl. Larenz, Vertrag und Unrecht, Band I, S. 36). Nur wenn der Einzelne sich im „Einklang mit dem Gemeinwillen" befinde, „vermag er im Vertrage Recht zu setzen", urteilte *Larenz* (Vgl. Larenz, Vertrag und Unrecht, Band I, S. 78). Die Gestaltungsmöglichkeit eines Vertrages sei damit für den Einzelnen „konkret" begrenzt. Die Wirksamkeit von Verträgen war nicht mehr von gesetzlichen Regelungen abhängig, sondern davon, wieweit sie mit der „völkischen Lebensordnung" konform gingen (Vgl. Larenz, Vertrag und Unrecht, Band I, S. 87). An anderer Stelle: „Das „Lebensgesetz der Gemeinschaft bindet und löst wiederum die Bindung, wo sie ihren Sinn verlieren würde; es beherrscht den Vertrag in seiner Entstehung wie in seinem Fortbestand und bestimmt auch seine Auflösung." (Vgl. Larenz, Vertrag und Unrecht, Band I, S. 165.) Hier insistierte *Stoll*: „Eine ‚völkische Gesamtordnung', die in erster Linie den Inhalt des Vertrages bestimmen könnte und nur der Ergänzung durch die Beteiligten bedürfe, ist nur eine bildliche Vorstellung." Die „unzähligen Verträge des täglichen Lebens" als Normalfall dürften im Wesentlichen die Parteiabrede als gestaltendes Vertragsprinzip in sich tragen. (Vgl. Stoll, Vertrag und Unrecht, S. 85).

496 Larenz, Vertrag und Unrecht, 1. Halbband, 1. Auflage, S. 31f.

sozialistische Grundsätze sich hier organisch einfügen, um die innere Ordnung des Rechts austauschen zu können. Sie schlugen sich aber in „Vertrag und Unrecht“ (wie im Übrigen auch in „Familie“) vor allem in grundlegenden, herausgehobenen Positionen nieder. Damit beschränkten sie sich auf oberhalb des materiellen Rechts liegende Prinzipien, deren Bedeutung für den Juristen keinesfalls unterschätzt werden darf, die aber – wie z.B. die Rechtsfähigkeit in „Familie“ – in der konkreten Falllösung zumeist keine herausragende Bedeutung erhielt.

In diesem Sinne gewährte auch die neue Vorlesung „Vertrag und Unrecht“ dem einzelnen Hochschullehrer sowohl systemisch, durch die legitime Wahl der Grundrisse, als auch konkret-inhaltlich einen Gestaltungsspielraum, der eine Vermittlung des im BGB geregelten Rechtsstoffes ohne weitreichende ideologische Kontaminierung erlaubte. Daher kann „Vertrag und Unrecht“ nicht ohne weiteres als politisches Lehrfach katalogisiert werden.

Es gab außerhalb der amtlichen Richtlinien, die lediglich ein Gerüst darstellten, kein stimmiges, einheitliches staatlich verordnetes Ausbildungskonzept. Inmitten dieser Grauzone wechselten sich alte und neue Bestrebungen ab, wurden leidenschaftlich bekämpft und verworfen. Noch in den vierziger Jahren musste man für das Aufgabengebiet von „Vertrag und Unrecht“ konstatieren, dass trotz weitgehender Übereinstimmung „doch die Grenzen vielfach unsicher“ seien.[497]

d) Tradierte Rechtslehre

Im Übrigen gab es jedoch Fachbereiche, die kaum Veränderungen unterworfen waren und bei denen eine tradierte Rechtslehre hervortrat („Wertpapiere“, „Gesellschaften“, mit Abstrichen „Verbrechen und Strafe“).

Im Strafrecht fanden sich lediglich in den großen Programmsätzen wie „*nullum crimen sine poena*“, in der Erwähnung der Tätertypenlehre, in der veränderten Einteilung der Straftatbestände oder in der Neufassung des § 2 StGB ideologische Bezugnahmen. Außerhalb dessen verblieb es bei der Darstellung des Bisherigen mit ihren jeweiligen Problemstellungen. Auch wurden obige Grundsätze, so lässt sich wohl angesichts des Feldpostbriefes *Langes* für Jena konstatieren, nicht bedenkenlos übernommen, sondern im Vergleich zur bisherigen Rechtslage diskutiert. Gerade im Hinblick auf die Tätertypenlehre wird

497 Stoll, Vertrag und Unrecht, 2. Auflage, S. V.

man sagen können, dass diese nicht über eine (wissenschaftliche) Lehrmeinung hinausging.[498]

Für die folgenden Fächer haben sich keine inhaltlichen Aufzeichnungen für die Jenaer Lehre erhalten. Eine Durchsicht der in den Jenaer Bibliotheken zur damaligen Zeit verfügbaren Lehrbücher ergibt aber, dass wohl der überwiegende Teil an der bisherigen Ausbildung festhielt.

aa) Rechtsgeschichte

Vorlesungsstoff der „Germanischen Rechtsgeschichte"[499] waren nach *Planitz* und *Schwerin* die klassischen Themen der deutschen Rechtsgeschichte von der Vorgeschichte („germanische Zeit") über die Zeit der Stammesgründungen („fränkische Zeit") bis zum Ende des Mittelalters (Goldene Bulle). Es wurden die „fremden" Einflüsse auf das germanische Recht u.a. durch Kirchenrecht, gegenseitige Germanenrechte und natürlich das römische Recht ebenso thematisiert, wie dessen sittliche Grundlagen in „Treue" und „Ehre".[500] Insgesamt erfüllte die „Germanische Rechtsgeschichte" mit ihrer Ausrichtung, wie sie die Grundrisse wiedergaben, die von JAO und Studienordnung gestellten Ansprüche an eine Übersichtsvorlesung, die die „großen Linien" nachzeichnete. Die Darstellung blieb aber, trotz mancher ideologielastigen Ausführung, im Wesentlichen rein historiographischer Art.

Die „Römische Rechtsgeschichte"[501] nach *Kreller* beinhaltete, entsprechend der *Eckhardtschen* Studienordnung, neben dem römischen Recht auch eine Einführung in das „Volksrecht der Hellenen" und erweiterte sich damit zur „antiken" Rechtsgeschichte.[502] Bestandteil wurde die griechische und römische Rechtsentwicklung bis zum Beginn der römischen Rechtsliteratur um 200 vor Christus. Anschließend widmete er sich dem römischen Recht bis ins dritte nachchristliche Jahrhundert. Im letzten Teil seiner Rechtsgeschichte erörterte *Kreller* sodann die „wichtigsten Lehren des römischen Kunstrechts" für das „heutige deutsche Recht", wobei er im Wesentlichen die „Lehre vom subjekti-

---

498 *Mezger* behandelt z.B. die „Lehre vom Tätertypus" in seinem Grundriss lediglich in zwei Halbsätzen. Vgl. Mezger, Deutsches Strafrecht, S. 45.

499 Planitz, Germanische Rechtsgeschichte, 1936; v. Schwerin, Germanische Rechtsgeschichte, 1936.

500 Vgl. Schwerin, Germanische RG, S. 152.

501 Hans Kreller, Römische Rechtsgeschichte.

502 Vgl. Kreller, Röm. RG, S. 2.

ven Recht“ und die „Lehre von Schuld und Haftung“ behandelte, und damit „einen eben noch kenntlichen ‚Sonder- und Superextrakt‘“ des früheren „System des römischen Privatrechts“ anbot.[503] Auch bei *Kreller* finden sich nur geringe Bezüge zur nationalsozialistischen Weltanschauung. Inhaltlich verharrte er in den ersten beiden Teilen in historischen Tatsachen, die er ohne Bezug zur Gegenwart darstellte. Erst im letzten Teil, wenn es galt, die wichtigsten Lehren des römischen Rechts für das Privatrecht des Nationalsozialismus herauszustellen, war er gezwungen, Partei zu ergreifen. Hier vertrat *Kreller* eine differenzierte Position, die am Ende in Anpassung umschlug.[504]

Die „Verfassungsgeschichte der Neuzeit“[505] begann nach den Grundrissen von *Feine* und *Forsthoff* mit der Verfassungsentwicklung im 14./15. Jahrhundert und stellte dann den weiteren Gang über den westfälischen Frieden, das Zeitalter des Absolutismus bis zum Untergang des Heiligen Römischen Reiches deutscher Nation um 1806 dar. Es folgte die deutsche Entwicklung vom Rheinbund zum Zeitalter der Nationalstaaten bis zur Gründung des deutschen Kaiserreiches 1871. *Feine* bot zudem noch eine Verfassungsentwicklung in Österreich. Beide Werke endeten mit dem verlorenen Weltkrieg 1918, wobei

---

503 Vgl. Stolleis/Simon, Rechtsgeschichte im NS, S. 163.

504 „Unser heutiges Privatrechtssystem ist ein System von subjektiven Rechten; den einzelnen Rechtsgenossen wird zum Schutze bestimmter Interessen eine bestimmt umgrenzte Rechtsmacht verliehen [...] Durch diese Verteilung der rechtlichen Zuständigkeiten auf Individuen hat unsere Rechtsordnung einen stark individualistischen Zug erhalten, und es ist darum wohl verständlich, daß die vom Gemeinschaftsgedanken ausgehende Erneuerungsbewegung scharfe Angriffe gerade gegen das ‚subjektive Recht‘ richtet. Gewiß ist die Rechtserneuerung nicht von einer Neugestaltung der Allgemeinbegriffe abhängig [...], wir brauchen aber auch ein unserem Rechtsdenken adäquates wissenschaftliches System, und darum muß die Romanistik, aus deren Gedankenkreis der angefochtene Begriff stammt, darüber Rechenschaft geben, auf welchen Grundlagen er erwachsen ist und inwieweit er zu den tragenden Vorstellungen völkischer deutscher Wissenschaft paßt. M. E. hat er erst durch die nach römische Entwicklung sein gegenwärtiges individualistisches Gepräge erhalten und kann seine Verwendung als formaler (Zuständigkeits-) Begriff auch weiterhin erfolgen, wenn man ganz klar feststellt, daß er keine andere Funktion hat, als denjenigen Willensträger zu bezeichnen, der eine Rechtspflicht inhaltlich zu bestimmen und ihre Erfüllung zu überwachen hat, daß jedes subjektive Recht dem Berechtigten im Grunde nur zu treuen Händen zusteht.“ Vgl. Kreller, Röm. RG, S. 65/66.

505 Hans Erich Feine, Verfassungsgeschichte der Neuzeit, 1937; Forsthoff, Verfassungsgeschichte der Neuzeit, 1940.

Forsthoff an sich schon 1871 thematisch einstellte und die Zeit bis 1918 lediglich in einem Epilog aufzeigte. Ideologische Bezugnahmen finden sich bei *Forsthoff* gar nicht und halten sich bei *Feine* im unteren Bereich. Weil letzterer als Rechtshistoriker und nicht Staatsrechtslehrer auftrat und vermehrt auf eine historische Abfolge der politischen Entscheidungen und ihrer Auswirkungen setzte, trat damit eine breitere Erörterung der Entwicklung von staatsrechtlichen Institutionen und Ideen zurück.[506]

Dank der ungewollten Ausblendung der Zeit des „Weimarer Zwischenreiches“ war eine unmittelbare Bezugnahme zur Gegenwart nicht unbedingt notwendig. Im Gegenteil: *Feines* Werk führte sogar dazu, dass *Lange* als Herausgeber der Grundrissreihe mit ihm korrespondierte, weil er durch dessen „Objektivität und Gegensatz gegen den totalitären Weltanschauungsmythos und seine dreisten Geschichtsfälschungen“ eine Gefährdung der Publikation befürchtete.[507] Es blieben nur gelegentliche, in die historischen Partien einfließende Gegenwartsbewertungen sowie ein zeitweise pathetischer Duktus.[508]

Die rechtsgeschichtlichen Vorlesungen waren insgesamt damit nur wenig ideologisch beeinflusst. Weil die rechtshistorischen Vorlesungen thematisch 1871 endeten, konnten sie frei von Bezugnahmen zur nationalsozialistischen Gegenwart gelesen werden. Sie boten sich daher auch nicht für eine erneuerte, nationalsozialistische Rechtswahrerausbildung an. Dies entspricht dem geltenden Forschungsstand, nachdem die Rechtsgeschichte zwar ebenfalls dem ideo-

---

506 Vgl. Heckel, Hans Erich Feine, in: Elsener, Lebensbilder zur Geschichte der Tübinger Juristenfakultät, S. 196.

507 K.S. Bader, Hans Erich Feine, ZRG KA 82 (1965), S. XXIII. Vgl. auch Wolf, Vom alten zum neuen Privatrecht, S. 67 ff, wonach eine kritische Auseinandersetzung *Langes* mit *Feine* bezüglich diverser Redewendungen der Verfassungsgeschichte belegt ist.

508 Dies traf in besonderem Maße für den Schlusssatz der ersten Auflage zu, wenn *Feine* in schwerwiegenden Worten mitteilt, dass „*Adolf Hitler* das Reich *Bismarcks* als Einheit neu gegründet und auf ein weit breiteres, tieferes Fundament gestellt“ hat, nämlich „auf die restlose Hingabe des ganzen Volkes an seine geschichtliche Sendung.“ Vgl. Feine, Deutsche Verfassungsgeschichte, S. 122. Dies ist dann jener „Jargon“, dessen sich *Forsthoff* nicht bedienen wollte. Über eine geplante Fortführung seiner „Verfassungsgeschichte“ bis 1933 in einer Zweitauflage bemerkte er gegenüber *Erik Wolf*: Dies sei „für die Zeit nach 1918 ein verdrießliches Geschäft, weil hier die gebotene Fachlichkeit leicht in Widerspruch zu allgemeinen Vorurteilen tritt, zumal wenn man sich des Jargons nicht bedienen will, auf den *Feine* in den entsprechenden Partien seines Buch herabgekommen ist.“ UB Freiburg, NL 66 Wolf, Nr. 2445 (4.1.45) zit. nach Grothe, Zwischen Geschichte und Recht, S. 262.

logischen Zugriff des Nationalsozialismus unterlegen war, allerdings bei der Rechtserneuerung keine maßgebliche Rolle spielte.[509]

Für die Ausbildung ergab diese Situation für den einzelnen Hochschullehrer den Freiraum, die Rechtsgeschichte – gleich ob römisch oder germanisch – entweder gegenwartsbezogen und damit politisch darzustellen oder aber die historischen Rechtsvorstellungen in ihrem jeweiligen zeitlichen Umfeld in den Mittelpunkt zu rücken. Ausgehend von der vorlesungsbegleitenden Literatur dürfte letzteres zumeist der Fall gewesen sein.[510]

So blieb die wesentlichste Neuerung durch die Studienordnung die Verdrängung der alten vertikalen Aufteilung in Römische und Deutsche (Privat-)Rechtsgeschichte zugunsten einer nunmehr horizontalen Untergliederung in Alt- und Neuzeit.[511] Diese Modifikation bewirkte zum einen die Ausschaltung des „Systems des römischen Privatrechts" als Lehrfach und zum anderen die Einführung einer „Privatrechtsgeschichte der Neuzeit", für die wiederum ein universitäres Bedürfnis bestand. Insgesamt bewirkte die Neuordnung, dass die historische Rechtswissenschaft auf eine im Bereich des Rechts liegende Geschichtswissenschaft reduziert wurde.[512]

bb) Einführung in die Rechtswissenschaften

„Deutsches Recht" sollte – neben einer, wie bisher (historisch-philosophischen) Darstellung der Entwicklung von Recht und Rechtswissenschaft – nunmehr Kernelemente der neuen Weltanschauung in den einzelnen Rechtsgebieten vermitteln. Damit erhielt sie einen klaren politischen Auftrag.[513] Dieser – neue – Zweck erfuhr aber nur eine unzureichende ministerielle

---

509 Schwab, KJ 1969, 58ff.; Klippel, Privatrechtsgeschichte, S. 158.

510 Dafür spricht auch die Aussage *von Schwerin's* in DRW 1939, S. 189, der einen Ausbau der Vorlesung in der Weise fordert, dass vom geltenden Recht ausgegangen werden müsse, soll sie dem „historischen Begreifen des geltenden Rechts" ebenso dienen wie „der Erkenntnis des römischen Rechts als einer der unverlierbaren Grundlagen der europäischen Rechtsgemeinschaft".

511 Vgl. Hedemann, Privatrechtsgeschichte, S. 5.

512 Vgl. Schwab, KJ 1969, S. 60 und 67, dort auch mit Nachweis von Schwerin, DRW 1939, 188.

513 *Dahms* Ausführungen zur politischen Ordnung des Reiches nehmen daher einen gleichwertigen Raum zur Historie ein. Nach der Darstellung der politischen, wirtschaftlichen und sozialen Ordnung des völkischen Lebens kam *Dahm* zu den Gestaltungsmitteln des Rechts dieser Ordnungen und damit zum Bürgerlichen Recht. Damit wurde das BGB schon im Aufbau des Grundrisses zur nachrangigen Teildisziplin degradiert. In der strafrechtlichen Darstellung finden sich bei *Dahm* als Strafrechtsexper-

Unterstützung. Bis zur Veröffentlichung von *Georg Dahms* „Deutsches Recht" im Jahre 1944, gab es weder ministerielle Empfehlungen noch Literaturwerke, die den gewollten Inhalt der Veranstaltung offenlegten. Das zu bearbeitende Feld blieb daher im Wesentlichen dem jeweiligen Hochschullehrer überlassen.

Selbst unter Zugrundelegung von *Dahms* „Deutsches Recht" blieb die Vorlesung inhaltlich eine frühere „Einführung in die Rechtswissenschaften". Hier ging es darum, zentrale Grundgedanken der Entwicklungsgeschichte und des geltenden Rechts aufzuzeigen. Hinsichtlich letzterem konnte eine verkürzende Darstellung erfolgen, weil die intensivere Behandlung erst im eigentlichen Fachstudium erfolgen sollte. Eine zwingend ideologisierte und politische Vorlesung war „Deutsches Recht" damit nicht, weil es eben auch die Möglichkeit bot, in groben Zügen (rechts-)historische, (rechts-)philosophische Fakten zu präsentieren und damit – wie bisher – im Wesentlichen der Allgemeinbildung des Einzelnen zu dienen.[514] Das Erscheinungsjahr des einzigen Grundrisses zur Vorlesung legt schließlich nahe, dass offensichtlich kein akutes Bedürfnis für die Veröffentlichung eines anleitenden, vorlesungsbegleitenden Skriptes existierte.[515] Dies wiederum würde den Schluss zulassen, dass der Vorlesungsstoff bekannt war, was wiederum angesichts der Anlehnung an die frühere „Einführung in die Rechtswissenschaften" für eine größere Kontinuität zur alten Veranstaltung spricht.

---

ten der „Kieler Schule" die nationalsozialistischen Anschauungen zur Tätertypenlehre („Persönlichkeitsstrafrecht") wieder. Der Täter werde dann nicht mehr für das bestraft, was er getan habe, sondern dafür was er sei (Vgl. Dahm, Deutsches Recht, S. 429).

514 Dies wird auch daran deutlich, wenn man sich *Dahms* Ausführungen zur historischen Entwicklung vor Augen hält. Die rechtshistorischen Ausführungen und das Aufzeigen der rechtlichen Entwicklungsgeschichte waren im Wesentlichen – sieht man von der Überhöhung der germanischen Lebensweise ab – zurückhaltend formuliert und sicherten dem Werk auch nach 1945 eine gewisse Brauchbarkeit. 1963 veröffentlichte *Dahm* eine zweite Auflage seines Werkes in welchem er an der Ursprungskonzeption festhielt. Zwar bedurfte die Darstellung von Rechtsordnung und Rechtslage eines vollständigen Austausches; die geschichtlichen Ausführungen erhielten sich aber weitgehend und wortgleich.

515 Das Marburger Gemeinschaftswerk „Deutsches Recht" unter der Federführung von *Rudolf Reinhardt*, herausgegeben in zwei Auflagen 1943 und 1944, verfolgte zwar ähnliche Zwecke, hatte aber offenkundig eine andere Zielrichtung. Ebenfalls als eine Einführung in die Rechtswissenschaften konzipiert, entstand es aber nicht im Hinblick auf die Studienordnung, sondern aufgrund von Zuschriften einiger Frontsoldaten, die sich einen Zugang zur Rechtswissenschaft wünschten. Vgl. Reinhardt, Deutsches Recht (1944), S. 3.

cc) Das übrige Zivilrecht

Die Vorlesung „Familienerbe" enthielt das Ehegüterrecht und das Erbrecht. Hier wahrten die nationalsozialistischen Gesetzgeber Zurückhaltung. Folglich waren die ideologischen Einflüsse überschaubar. Dies wird besonders daran deutlich, wenn man *Hellmuth Georg Iseles* Werk[516] betrachtet und dabei den ersten Teil „Familie" mit dem zweiten Teil „Familienerbe" vergleicht. In letzterem wurde das frühere BGB-Erbrecht nahegebracht, angereichert durch wenige NS-Vorschriften.[517] Erneut wird der Unterschied zwischen nationalsozialistischer Ideologie und Systematik des BGB evident. Während erstere im Erbrecht auf das „Familiengut" und die vorrangig gesetzliche Erbfolge der Familie abstellte[518] – „das Gut rinnt wie das Blut" – kannte das BGB kein „Familiengut" als „familiengebundenes Vermögen" oder „Familienerbe" als „zwingende Anwartschaft der Familie auf Erbfolge".[519] Eine völlige Beseitigung dieses Vorrangs der Testierfreiheit war im Hinblick auf die geltende Eigentumsordnung allerdings auch für die Zukunft im Nationalsozialismus nicht zu erwarten,

516 Isele, Familie und Familienerbe, 1938.

517 *Isele* erläuterte nach allgemeinen Erklärungen zu Familie, Volk und Erbe, zunächst die gesetzliche Erbfolge sodann die Verfügungen von Todes wegen. Auf den vierzig Seiten zum bürgerlichen Erbrecht – das bäuerliche Erbrecht war durch die Reichserbhofgesetzgebung der Vorlesung „Bauer" zugeschlagen worden – erlaubte sich *Isele* dann sogar eine achtseitige Illustration des „System des bürgerlichen Erbrechts", in denen er die Grundprinzipien des BGB kritisch aufgriff: „So wie die Vertragsfreiheit die Grundlage des Schuldrechts des BGB bildet, die Eigentumsfreiheit sein Sachenrecht beherrscht, ist das bürgerliche Erbrecht geprägt von dem Grundsatz der Testierfreiheit. Auch hierin erweist sich das BGB als Kind des Liberalismus. Keine Pflichten aus der Gemeinschaft des Blutes, der Ehe, des Volkes, keine Gebote der Dankbarkeit, Freundschaft und Anständigkeit hindern von Rechts wegen den Erblasser daran, durch willkürliches Rechtsgeschäft seinen Erben zu bestimmen." (Vgl. Isele, Familie und Familienerbe, S. 91). Das Testamentsgesetz vom 31.07.1938 war in *Iseles* Schrift noch nicht mit eingearbeitet, brachte aber vor allem Neuerungen bei der Errichtung und Aufhebung von Testamenten, gemeinschaftlichen Testamenten und Erbverträgen sowie eine Einschränkung der Testierfreiheit (§ 48 II).

518 Siehe auch Dahm, Deutsches Recht, S. 340: „Mit dem Familienrecht, namentlich dem Familiengüterrecht, aber steht wieder das Erbrecht in enger Verbindung, da das Erbe richtig verstanden, als ein Gut nicht nur des einzelnen Menschen, sondern zugleich der Familie erscheint."

519 Isele, Familie und Familienerbe, S. 92.

womit sich für die Lehre das Problem stellte, welche Anschauung zu unterrichten sei.[520]

Für „Ware und Geld“ gab es kaum nennenswerte nationalsozialistische Gesetzgebungsversuche, so dass der Vorlesungsinhalt mit dem Besonderen Teil des Schuldrechts und der Handelsgeschäfte im Wesentlichen gleichblieb. Hier wurden alle den verschiedenen wirtschaftlichen Zwecken dienenden Vertragstypen behandelt. Hinzu kamen allgemeine Ausführungen zu „Sachen“, „Besitz“ und „Eigentum“.[521] Bezeichnend ist es auch, wenn *Lange* mangels aktueller Grundrisse und Lehrmaterialien für die Vorlesung „Ware und Geld“ explizit und in großer Zahl die Grundrisse und Kommentarliteratur aus der Zeit vor 1933 empfahl. Gleiches gilt für die angeordnete Hereinnahme der Handelsgeschäfte in den Bereich von „Ware und Geld“, dem sich die universitäre Praxis übrigens schlicht verweigerte.

Außerhalb von „Familie“ und mit Abstrichen von „Vertrag und Unrecht“ kann von einer entscheidenden Wandlung der konkreten Ausbildung im Zivilrecht daher nicht ausgegangen werden.[522]

---

520 Den Widerspruch zwischen formal geltendem Recht und konsequent-ideologischer Auffassung, löste *Isele* durch einen Mittelweg. So könne er sich eine „Beschränkung der Testierfreiheit im Hinblick auf die Pflichtengebundenheit des Erblassers innerhalb der natürlichen Gemeinschaftsordnungen“ durchaus vorstellen, um zu einer stärkeren Verflechtung von Familie, Volk und Erbe zu gelangen. Als gangbare Wege in diese Richtung formulierte er eine Stärkung des Verantwortungsbewusstseins des Erblassers bei der gewillkürten Erbfolge, die Sicherung der Familiengemeinschaft durch ein verstärktes Pflichtteilsrecht, einen umfassenderen Schutz von Familiengut und wirtschaftlichen Einheiten sowie eine erweiterte Beteiligung der Volksgemeinschaft am Erbe. Vgl. Isele, Familie und Familienerbe, S. 95.

521 De Boor, Ware und Geld, Lieferung 18, Vorschau.

522 Die Gestaltungsfreiheiten im Zivilrecht belegte auch ein inmitten der Reformdiskussionen 1935 veröffentlichter Beitrag von *Hueck* zum Schuldrecht in der Reihe „Die Verwaltungsakademie – Ein Handbuch für den Beamten im nationalsozialistischen Staat“ aus dem Industrieverlag Spaeth&Linde Berlin. Gerade in den Jahren 1933 und 1934 bemühten sich die maßgebenden Stellen intensiv darum, den Beamten nationalsozialistisches Gedankengut beizubringen. Daher lässt die Zielgruppe des Bandes II „Der Aufbau des nationalsozialistischen Staates“ eine besondere ideologische Nähe der Ausführungen erwarten. Stattdessen folgte der Aufbau des Werkes der gesetzlichen Normenfolge. Auffällig war neben der streng am Gesetz orientierten Gliederung der nüchterne Stil der Bearbeitung. Nationalsozialistische Anmerkungen und Ansätze fanden sich allenfalls in Nebensätzen. Hinsichtlich der im Schuldrecht geltenden „Ver-

dd) Handelsrecht

Die Vorlesung „Handel und Gewerbe" war zwar eine Neuschöpfung der Studienordnung, nahm aber lediglich eine stoffliche Umverteilung vor. Die im vierten Fachsemester zweifach besternte Vorlesung sollte das Handels-, Gewerbe- und Wettbewerbsrecht kombinieren und dabei aber die Handelsgeschäfte der Veranstaltung „Ware und Geld" überlassen. Diese Neuordnung stieß bei den Hochschullehrern auf Widerstand. Die Folge waren Grundrisse, die diese Pläne schlichtweg ignorierten und den Lehrstoff um den Bereich der Handelsgeschäfte einfach erweiterten. Weil es hiergegen weder Kritik oder ein Einschreiten gab, lässt sich auch an dieser Stelle festhalten, dass die Reform sich in der konzeptionellen Vorgabe erschöpfte.

In Jena wurde die Vorlesung ab dem Dekanat *Haupts* 1939 sogar als „Handel und Gewerbe, einschließlich Handelsgeschäfte" angekündigt und damit auch offiziell vom Studienplan und seiner Konzeption abgewichen. Die ideologische Beeinflussung durch die Vorlesung „Handel und Gewerbe" ist gleichfalls als gering einzuschätzen. Dies lag nicht zuletzt auch daran, dass der Lehrstoff selbst wenigen Anpassungen unterworfen war und das Handels-, Wechsel- und Wertpapierrecht schon immer als besonders „deutschrechtlich" galt.[523]

ee) Verfahrensrecht, Urheberrecht, Rechtsphilosophie, Kirchenrecht und Völkerrecht

Die Veranstaltungen „Vollstreckung", „Rechtsstreit", „Strafverfahren", „Rechtsphilosophie" und „Kirchenrecht" boten sowohl nach den amtlichen Mitteilungen der *Eckhardtschen* Studienordnung wie auch in den Grundrissen kaum Anlass zu Stoffänderungen. Allein in einzelnen übergeordneten Leitprin-

---

tragsfreiheit" schienen bei *Hueck* noch keine Ansätze einer implizierten Gestaltungsschranke durch die Volksordnung durch: „Soweit nicht ausnahmsweise zwingende Vorschriften Schranken ziehen, und das ist nur in verhältnismäßig geringem Umfang der Fall, können die Parteien Schuldverträge beliebigen Inhalts abschließen." Vgl. Hueck, Schuldrecht, S. 32. Nationalsozialistische Schlagworte wie Volk, Rasse, Volkstum, Volksordnung und ähnliches verwendete *Hueck* nicht. Das Buch war eine knappe und auf das Gesetz fokussierte, nüchterne Wiedergabe geltender Rechtsregeln. Die oft verwendeten Beispiele zeigten praktische Alltagszenen ohne ideologischen Bezug - ein Kurzlehrbuch, wie es zu Zeiten der Weimarer Republik oder auch nach 1945 hätte geschrieben werden können. Stattdessen wurde es zur Beamtenschulung im Dritten Reich verwendet. Das Beispiel soll verdeutlichen, dass die Reformdiskussion und die Ausbildungsdebatte nicht einspurig, sondern mehrdimensional verliefen.

523 Stoll, Vertrag und Unrecht, Bd. 2, S. 121.

zipien lassen sich Bezüge zur nationalsozialistischen Ideologie nachweisen. Dem einzelnen Hochschullehrer bot sich hier die Gelegenheit seine Schwerpunkte so zu wählen, dass eine Vermittlung im Rahmen des Bisherigen erfolgen konnte.

Die Vorlesung „Geistiges Schaffen“ stellte inhaltlich wie systemisch keine Neuerung im Ausbildungsgang dar. Sie war auch schon vor 1933 fester Bestandteil des Ausbildungskanons an der Universität in Jena gewesen. In diesem Fach hatte die Studienordnung, sieht man von der Aufwertung durch die einfache Besternung ab, keine wesentlichen inhaltlichen und ideologischen Auswirkungen auf das Rechtsstudium. Ein Grundriss wurde nicht herausgebracht.

Auch für das „Völkerrecht“ veröffentlichte man kein neues Lehrbuch. Die völkerrechtliche Lehre hatte generell unter der Studienordnung gelitten. Zunächst durch die JAO aussortiert, fand das Lehrfach auch später wenig Beachtung. Dies änderte sich erst mit der Rückkehr des Reiches in die internationale Politik und der Erkenntnis, dass die bisherigen Versuche der deutschen Völkerrechtswissenschaft fehlgeschlagen waren, die völkische Rechtsidee im internationalen Recht durchzusetzen. Die Erhebung der Staaten zu „Völkern“ als neue Träger der Völkerrechtsordnung musste revidiert werden.[524]

5. Ergebnis

Unter Berücksichtigung des für die Rechts- und Wirtschaftswissenschaftliche Fakultät vorhandenen Vorlesungsmaterials und die in Jenaer Bibliotheken verfügbaren Grundrisse wird man insgesamt sagen können, dass die *Eckhardtsche* Studienordnung das Studium der Rechtswissenschaften zwar in Inhalt und Struktur/Systematik theoretisch modifizierte, die praktischen Auswirkungen jedoch nur in Teilen spürbar wurden.

Angesichts der deutlichen Kritik an der Studienordnung durch *Heldrich* und *Böhm* aus dem Jahre 1937 und unter Berücksichtigung der untersuchten Veröffentlichungen wird man annehmen dürfen, dass sich in Jena die Vermittlung des Rechts eher am Bisherigen als am Neuen orientierte. Dafür spricht auch, dass sich das personelle Schwergewicht der Fakultät traditionell auf die Fächer des bürgerlichen Rechts konzentrierte. Bestätigt wird dies durch einen

524 So auch Scheuner, AöR 31, 198 ff, Vgl. auch Becker, Schritte auf einer abschüssigen Bahn, S. 188.

Bericht des Sicherheitsdienstes aus dem Jahre 1941, wonach die Jenaer Rechtslehrer eine im Verhältnis zur Reformbewegung „konservative Arbeitsrichtung“ pflegten. Während die „Kieler Schule“ in „übereifriger Bemühung, den Anschluss an die Partei zu finden, zuweilen in revolutionärem Streben unsolid zu arbeiten“ pflegte, bot man den hiesigen Studenten aufgrund der „einheitlichen Ausgestaltung des Lehrbetriebes“ eine „vorzügliche Grundlage“.[525]
Ideologische Bezugnahmen hatten zudem vielfach ihre entscheidende Bedeutung im staatlichen, kulturellen und familienrechtlichen Bereich – also lediglich in den Vorlesungen der öffentlich-rechtlichen Fächer, der nationalsozialistischen Sondergesetze sowie in „Familie“ und – etwas überraschend – im internationalen Privatrecht.

Außerdem kam es außerhalb der juristischen Kernausbildung zu einer Ideologisierung und Politisierung des juristischen Studiums durch die Arbeitsgemeinschaften mit ihrem breit gefächerten Fächerspektrum unter Erneuerungsgesichtspunkten und durch vereinzelte Sonderveranstaltungen.

---

525 ThHStAW, NS 29/71, unpaginiert.

V. Juristische Staatsprüfungen

Eine Analyse der ersten juristischen Staatsprüfung soll das Bild von der tatsächlichen Juristenausbildung komplettieren.[526] Den juristischen Staatsprüfungen kam nach Auffassung des Reichsministeriums der Justiz eine besondere Bedeutung im Rahmen der Juristenausbildung zu. So schrieb *Freisler* 1934 dass „der Geist, der das Prüfungsamt beherrscht“ sich „auf die ausbildenden Stellen und die Anforderungen“ übertrage und schließlich „die Richtschnur für Lehrende und Lernende“ sei.[527]

1. Die erste juristische Staatsprüfung in Jena

Auf die Prüfungspraxis in Jena hatte die Überleitung der Rechtspflege auf das Reich und die damit einhergehende Vereinheitlichung der Ausbildungsvorschriften nur geringe Auswirkungen. Wie bereits erwähnt, bestand seit den zwanziger Jahren in Thüringen eine Prüfungsgemeinschaft mit Preußen. Da die Nationalsozialisten im Wesentlichen das preußische Prüfungsmodell auf das ganze Reich übertrugen, war das Prüfungsverfahren in Jena von Kontinuität geprägt. Die Prüfungsanforderungen in Jena galten als „nicht ganz einfach“; hier wurde „in besonderem Maße angestrebt“, die für den Rechtswahrerberuf Untauglichen bereits in der ersten juristischen Staatsprüfung auszuscheiden.[528]

Gelegentlich beschwerten sich Eltern der Kandidaten über die „hohen Anforderungen“ und auch der Präsident des Reichs-Justizprüfungsamtes *Palandt* soll, anlässlich einer beigewohnten Prüfung geäußert haben, dass man „etwas milder sein“ sollte.[529] Das Bestehen war in Jena jedenfalls von den Eindrücken aus mündlicher und schriftlicher Teilleistung abhängig.[530] Insofern umging

---

526 Die Quellenlage ist hier ungleich besser als bei der Ermittlung des konkreten Vorlesungsablaufes. In den Personalakten der thüringischen Referendare haben sich nämlich die Klausuren und Prüfungsunterlagen erhalten. Allerdings erlitt das Thüringische Justizministerium 1945 einen schweren Bombentreffer, so dass eine Vielzahl von Aktenbeständen vernichtet worden. Für die hiesige Auswertung wurden 24 Prüfungsarbeiten zugrunde gelegt.

527 Schreiben *Freislers* an *Lammers* vom 20.11.1934 als Stellungnahme zur Abschaffung des Prüfungsamtes Jena im Rahmen der großen Staatsprüfung, zit. nach Gruchmann, Justiz im Dritten Reich, S. 109, dort mwN.

528 Vgl. Schreiben der Prüfungsstelle Dresden 1936, ThHStAW, ThürOLG, Nr. 634, Bl. 4.

529 Löwisch, Jurist in Thüringen, S. 107.

530 Vgl. z.B. ThHStAW, PA Nr. 10690: „Nach Beratung gab der Vorsitzende bekannt: Die Prüflinge haben bestanden, wenn ihre schriftliche Arbeit ausreicht; das endgültige

man die Vorgaben der JAO, die allein in der mündlichen Prüfung den wichtigsten und entscheidenden Teil gesehen hatte.

2. Inhaltliche Ausgestaltungen

Ein inhaltlicher Querschnitt der Aufgabenstellungen soll eine Antwort auf die Frage ermöglichen, wie weit nationalsozialistische Rechtsideen und ideologische Tendenzen sich in den Staatsprüfungen niedergeschlagen hatten.

a) Schriftliches Staatsexamen (Klausuren)

Gegenstand der folgenden Analyse sind zwanzig Prüfungstermine mit ihren Aufgabenstellungen aus den Jahren 1937 bis 1939.

aa) Zivilrechtliche Prüfungsklausuren

Die zivilrechtlichen Aufgabenstellungen deckten das gesamte Spektrum des Bürgerlichen Rechts ab und hatten ihren Schwerpunkt im besonderen Teil des Schuldrechts. Hier waren es vor allem Fallfragen zum Kaufvertrag, die das Gros der untersuchten Prüfungsanforderungen ausmachten.[531] Weitere Schwerpunkte bildeten Fallgestaltungen zum Schadens- und Deliktsrecht aber auch zum Eigentümer-Besitzer-Verhältnis.[532] Eher seltener wurde allgemeines Vertragsrecht, wie der Verkauf eines zurückgelegten Buches durch den Angestell-

---

Ergebnis der Prüfung hängt aber von der Beurteilung der schriftlichen Arbeit ab. Das Zeugnis kann ihnen erst erteilt werden, wenn alle erforderlichen Unterlagen und Nachweise beigebracht sind."

531 So wurde z.B. geprüft, wie ein Einkauf der Lebensgefährtin, die sich als Ehefrau ausgegeben hatte, rechtlich zu beurteilen (Vgl. Aufgabenstellung vom 14.06.1939, ThHStAW, ThürOLG, Nr. 677, Bl. 179) oder wie der Mehrfachverkauf einer Sache rechtlich zu würdigen sei (Vgl. Aufgabenstellung vom 12.01.1938, ThHStAW, ThürOLG, Nr. 677, Bl. 75).

532 Der „Jungbullenfall" des Reichsgerichts wurde u.a. ebenso Prüfungsgegenstand (Vgl. Aufgabenstellung vom 27.04.1938, ThHStAW, ThürOLG, Nr. 677, Bl. 85) wie die Frage nach Aufwendungsersatz bei einer Tierhaltung im Rahmen einer Geschäftsführung ohne Auftrag (Vgl. Aufgabenstellung vom 06.10.1937, ThHStAW, ThürOLG, Nr. 677, Bl. 55).

ten[533], Erbrecht[534], Schenkung (eines Herzens)[535] oder das Werkunternehmerpfandrecht[536] geprüft.

Insgesamt lassen die schriftlichen Prüfungsaufgaben im Zivilrecht keine Kehrtwende zu einer spezifisch nationalsozialistischen Rechtserziehung erkennen.[537] Es handelte sich um bekannte Rechtsprobleme und -thematiken, die sich in ihren Erscheinungen nicht von den Prüfungsanforderungen vor 1933 unterschieden.

Diese Kontinuität könnte lediglich durch eine andere Auffassung vom Recht durchbrochen worden sein, die durch eine veränderte Auslegung der maßgeblichen Rechtsregeln zustande kam. Wie bereits bei der Lehrbuchanalyse gezeigt, setzten die Rechtserneuerungstendenzen aber eher im grundsätzlichen Gefüge des Rechts an und wirkten sich so – einerseits zwar grundlegend – andererseits aber kaum in der konkreten juristischen Falllösung aus. Zivilrechtliche Prüfungsarbeiten, deren Lösung im Wesentlichen über eine Auslegung von Generalklauseln erfolgte, fanden sich ebenso selten, wie Arbeiten, in denen die Rechtsfähigkeit der Beteiligten in Frage stand. Die verbindende Darstellung von Sachen- und Schuldrecht in einer Vorlesung hatte ebenso keinen Einfluss auf die Richtigkeit der Lösung, sondern spielte allenfalls unter systematischen Gesichtspunkten eine Rolle. Weil das Abstraktionsprinzip trotz aller Kritik weiter galt, waren auch in dieser Hinsicht bei der Prüfungsarbeit keine Änderungen in der Darstellung zu erwarten.

Letztlich stützen auch die Korrekturanmerkungen der untersuchten Prüfungsarbeiten diese Ansicht. Sie beziehen sich durchweg auf materiellrechtliche Schwächen, die nicht Rechtserneuerungstendenzen geschuldet waren. So schrieb z.B. *Haupt* kritisch, dass der Verfasser eine „erstaunliche Verständnislosigkeit gegenüber allen Fragen des allgemeinen Schuldrechts und völlige Unklarheit der Gedankenführung, verbunden mit einer Reihe positiver Fehler“ zeige.[538] Ähnlich *Blomeyer*, der in einer anderen Klausur fragte, ob deren Verfasser „überhaupt eine Vorlesung über Erbrecht gehört“ habe.[539]

---

533 Vgl. Aufgabenstellung vom 19.05.1937, ThHStAW, ThürOLG, Nr. 677, Bl. 35.

534 Vgl. Aufgabenstellung vom 18.11.1937, ThHStAW, ThürOLG, Nr. 677, Bl. 65.

535 Vgl. Aufgabenstellung vom 20.01.1937, ThHStAW, ThürOLG, Nr. 677, Bl. 6.

536 Vgl. Aufgabenstellung vom 09.08.1939, ThHStAW, ThürOLG, Nr. 677, Bl 189.

537 Vgl. auch Pahlow, Juristische Staatsprüfungen im Dritten Reich, S. 405.

538 Vgl. Bemerkungen zur Klausur des Kandidaten 1939, entnommen ThHStAW, PA Nr. 646.

539 Vgl. Bemerkungen zur Klausur des Kandidaten 1937, entnommen ThHStAW, PA Nr. 9398.

Mangels neuer bürgerlich-rechtlicher Gesetze blieb das BGB für die schriftlichen Prüfungsaufgaben das Hauptanwendungsgebiet. Weil sich hier Rechtserneuerungstendenzen *in concreto* noch nicht in der Wissenschaft als herrschende Meinung durchgesetzt hatten, blieb die Prüfungsarbeit auf bekannte Rechtsprobleme beschränkt. Für den schriftlichen zivilrechtlichen Bereich und seiner Bewertung durch die Prüfer in Jena kann im Rahmen der untersuchten Arbeiten nicht von „Besonderheiten und Brüchen zur herkömmlichen Beurteilung von Rechtsfragen" gesprochen werden.[540]

bb) Strafrechtliche Prüfungsklausuren

Auch im Strafrecht wurden vorwiegend klassische Themen aus dem StGB geprüft. Innerhalb des untersuchten Zeitraums sind es sehr häufig Diebstahls- und Betrugsdelikte.[541] Daneben werden Körperverletzungs- und Tötungstatbestände, einschließlich Abtreibung,[542] sowie Falschaussagen und Beleidigungen zu Klausurgegenständen.

Auch hier ist eine veränderte Aufgabenstellung durch den Nationalsozialismus nicht erkennbar. Genuin nationalsozialistische Bezüge finden sich in den Aufgabenstellungen und Lösungen nicht. Der Programmsatz „*nullum crimen sine poena*" war für juristische Ausbildungsarbeiten, die eine Kenntnis des Gesetzes nachweisen sollten, nicht geeignet. Ähnliches kann für das Täterstrafrecht gelten. Weil die Rechtskandidaten materielles strafrechtliches Wissen darbieten sollten, waren Erleichterungen in der Tatbestandserforschung und -prüfung sowie Strafzumessungsgesichtspunkte schon von vornherein unüblich. Hinzu kam, dass es sich bei der Verschiebung vom Tat- zum Täterstrafrecht zunächst um wissenschaftliche – noch diskutierte – Lehrmeinungen handelte, die damit als schriftlicher Prüfungsgegenstand ausfielen. Gleiches galt für die Generalklausel des § 2 S. 2 StGB, der die Anwendung eines Straftatbestandes auch ohne Erfüllung der Tatbestandsmerkmale erlaubte, wenn die Tat nur nach dem gesunden Volksempfinden Strafe verdiente. Hier spielte sicher auch die Bewertbarkeit der Arbeiten eine nicht unerhebliche Rolle, deren generelle Schwierigkeit bei Abwägungsentscheidungen mangels Eindeutigkeit evident ist.

Die Randbemerkungen der Korrektoren verweisen dann auch zumeist auf materiell-rechtliche Fehler. So monierte *Böckel* das bekannte Problem mancher

540 So aber wohl für andere Oberlandesgerichtsbezirke, vgl. Pahlow, Juristische Staatsprüfungen im Dritten Reich, S. 405.

541 Vgl. statt vieler Aufgabenstellung vom 30.08.1937, ThHStAW, ThürOLG, Bl. 48.

542 Vgl. Aufgabenstellung vom 24.04.1938, ThHStAW, ThürOLG, Bl. 86.

Kandidaten, „Selbstverständliches“ zu „breit“ und „juristisch wichtiges“ zu „kurz“ abzutun.[543] Bewertungen, die auf eine ideologische Ungeeignetheit schließen lassen, waren nicht auffällig.

cc) Öffentlich-rechtliche Prüfungsklausuren

Hier konnten neben Falllösungen auch offene Aufsatzthemen als Prüfungsklausur auftauchen. Die offenen Klausuren behandelten Themen wie „Volk, Staat und Bewegung in ihren Wechselbeziehungen zueinander“[544] oder „Die staatsrechtliche und staatspolitische Bedeutung einer Volksabstimmung“.[545] Hier wurden dann Ausführungen zum neuen Staatsrecht und zur neuen Rechtsauffassung erwartet.[546] Die offenen, aufsatzartigen Themenbereiche waren die Ausnahme in der öffentlich-rechtlichen Prüfungsklausur.

---

543 Vgl. Bemerkungen zur Klausur 1935, entnommen ThHStAW, PA Nr. 10392.

544 Vgl. Prüfungsaufgabe 1936, entnommen ThHStAW, PA Nr. 2475.

545 Vgl. Prüfungsaufgabe 1935, entnommen ThHStAW, PA Nr. 10392.

546 So rechtfertigte ein Verfasser den neuen Einparteienstaat mit der Argumentation, dass „während die einen (Parteien, S.W.) nur die Interessen des Arbeiters, die anderen nur diejenigen des Großkapitals, die weiteren die des Bauern wahrnahmen“ die „Not im Volke immer größer“ wurde. Man steuerte dem „Untergang“ entgegen, hätte nicht „der Führer“ die „Weltanschauung zum Siege geführt“ in dem er die „Interessen aller vertrat“ und das „Wort ‚deutscher Volksgenosse‘“ auf sein Banner schrieb. Daher sei es eine „Selbstverständlichkeit“ gewesen, „die Parteien nach der Machtübernahme zu zertrümmern und nur die eine bestehen zu lassen“. Zum Wahlrecht führte er aus, dass es „selbstverständlich nur der Deutsche, der deutsches Blut in seinen Adern“ habe, ausüben könne, „so daß die Juden vom Wahlrecht ausgeschlossen“ seien. Die hauptsächliche Bedeutung einer Volksabstimmung sah er darin, dass der Volksgenosse seine Meinung über Maßnahmen der Reichsregierung zum Ausdruck bringen und sich gar seinen Führer wählen könne. Zwar sei durch die Einführung des Führerprinzips die Bedeutung des Reichstages gesunken, jedoch gebe er nach wie vor den einzuführenden Gesetzen seine Zustimmung. Für diese Missdeutungen des nationalsozialistischen Staatsrechtes erntete der Verfasser einige Fragezeichen am Korrekturrand sowie den Endvermerk von „geradezu kindlichen Vorstellungen“ (*v. Weber*). Vgl. Bemerkungen zur Klausur 1935, entnommen ThHStAW, PA Nr. 10392. Bezüglich der Frage nach den Wechselbeziehungen zwischen Volk, Staat und Bewegung führte ein anderer Verfasser aus, dass sich die Begriffe Staat und Volk nicht deckten. Staat umfasse „nicht alle und nicht allein Glieder eines Volkes“ was sich daraus ergebe, „daß auch außerhalb der Staatsgrenzen einzelne Teile des Volkes leben, wie auch daraus, daß innerhalb der Staatsgrenzen sich fremde Volksteile befinden, die vom Staat mit erfaßt“ würden. Der Staat müsse „die Grundlage für den Aufbau eines gesunden Volkes […] schaffen und […] schützen (Reichserbhofgesetz v. 29.9.33)“, die „wertvollen Volksteile“ tätig wer-

Zumeist wurde ein Sachverhalt zur Bearbeitung gestellt, der häufig dem Besonderen Verwaltungsrecht entnommen war. Es gab Klausuren aus dem Gaststättenrecht[547], Kommunalrecht[548], Polizei- und Ordnungsrecht[549], Staatshaftungsrecht[550], Baurecht[551], Beamtenrecht[552] etc. Auch hier folgte die Prüfung eher bekannter Themenschwerpunkte wie Entzug einer Schankerlaubnis wegen Unzuverlässigkeit, Störungen durch Hundegebell, Sondernutzungserlaubnisse und Auflagen, Konkurrentenklagen, Entzug einer Einbürgerung aufgrund gefälschter Zeugnisse, Verträge von Gemeinden etc.

Vereinzelt traten hier Berührungspunkte zum neuen Rechtsverständnis auf. So sollte bei der Einweisung einer obdachlosen Familie in die leerstehende Wohnung des Eigentümers u.a. geprüft werden, ob ein Verstoß gegen dessen „Grundrechte" vorliege.[553] Hier schrieb der Verfasser dann: „Auch wurde kein ihm verfassungsmäßig zustehendes Grundrecht verletzt, denn abgesehen da-

---

den lassen (Reichsbürgergesetz v. 15.9.35) und die „kranken Volksteile" ausmerzen und „eine Fortpflanzung derselben [...] unterbinden (Gesetz zur Verhütung erbkranken Nachwuchses v. 14.7.33 und Ehegesundheitsgesetz v. 18.10.35)". Weiterhin habe er dafür Sorge zu tragen, „daß ein Vermischen des deutschen Volkes mit anderen, dem deutschen Volke abträglichen Volksteilen vermieden" werde (Gesetz zum Schutze des deutschen Volkes und der deutschen Ehre v. 15.9.35). Schließlich müsse „der Staat die gesunden Volksteile...fördern (Gesetz über die Gewährung von Ehestandsdarlehen und Gesetz über die Gewährung von Beihilfen für kinderreiche Familien. Dieses Bestreben ergibt sich weiterhin aus den Steuervergünstigungen)". Zur Bewegung wusste der Kandidat, dass ihr Hauptvertreter die NSDAP als „Führerorden des deutschen Volkes" und „Auslese der nationalsozialistischen Kämpfer" sei. Das Ziel der Bewegung sei die „Verwirklichung des Parteiprogramms, daß der Führer im Jahre 1920 aufgestellt und verkündet" habe. Es gehe um die „Schaffung einer wahren Volksgemeinschaft, Erhaltung und Schutz des deutschen Volkes in seinem sittlichen und blutsmäßigen Bestande" sowie der politischen Erziehung im nationalsozialistischen Sinne. Diese Aussagen brachten dem Kandidaten zwar immerhin zweimal die Note „befriedigend" ein (Oberlandesgerichtsrat *Köhler*, Oberlandesgerichtsrat *Lorey*), allerdings führten solche ideologische Gemeinplätze nicht automatisch zu guten Bewertungen. Rechtsprofessor *Jerusalem* urteilte in derselben Klausur, dass auch dieser Verfasser die Aufgabe missverstanden habe und gab ein „ausreichend". Vgl. Bemerkungen zur Klausur des Kandidaten, entnommen ThHStAW, PA Nr. 6748.

547 Vgl. Aufgabenstellung vom 25.09.1939, ThHStAW, ThürOLG, Nr. 677, Bl. 207.

548 Vgl. Aufgabenstellung vom 19.11.1937, ThHStAW, ThürOLG, Nr. 677, Bl. 66.

549 Vgl. Aufgabenstellung vom 26.01.1937, ThHStAW, ThürOLG, Nr. 677, Bl. 9.

550 Vgl. Aufgabenstellung vom 11.10.1937, ThHStAW, ThürOLG, Nr. 677, Bl. 58.

551 Vgl. Aufgabenstellung vom 02.05.1938, ThHStAW, ThürOLG, Nr. 677, Bl. 88.

552 Vgl. Aufgabenstellung vom 12.05.1938, ThHStAW, ThürOLG, Nr. 677, Bl. 96.

553 Vgl. Aufgabenstellung vom 26.01.1937, ThHStAW, ThürOLG, Nr. 677, Bl. 9.

von, daß es den Begriff ‚Grundrecht', also ein Recht, daß dem Individuum dem Staat gegenüber zusteht, in unserem Staate nicht gibt, da es dem Wesen des Gemeinschaftsstaates widerspricht, ist sein Eigentum nicht verfassungsmäßig garantiert. Durch die VO des Reichspräsidenten zum Schutze von Volk und Staat wurde am 28.2.33 unter anderem der Art. 153 der RV von Weimar auf den sich der E beruft, aufgehoben". Am Rande erfolgte der Hinweis *Scheuners* mit „außer Anwendung gesetzt".[554]

Ein weiteres Beispiel für ein Abprüfen geänderter öffentlich-rechtlicher Ansichten im Dritten Reich war die Fallfrage, ob ein Grundstücksbesitzer, der ein Ackergrundstück brach liegen lasse (nach dem Sachverhalt „wie sein jüdischer Vorbesitzer"), um in einigen Jahren dort seinen Ruhesitz zu errichten, von der Polizei zur Bestellung angehalten werden bzw. die Felder auf seine Kosten gedüngt werden dürften. Hier argumentierte der Verfasser, dass eine solche Zwangsbestellung möglich sei, weil die „Nichtbestellung eine konkrete Gefahr für die öffentliche Sicherheit" darstelle. Dies deshalb, da „die Nichtausnutzung des Bodens zu einer niedrigeren Ernährungslage" führe. Bis zum Bau des Ruhesitzes sei eine Bestellung notwendig und auch durch die Polizei durchsetzbar. Der Korrektor *Jerusalem* schrieb an den Rand: „Aber es sollte völlig genügen, wenn A das Grundstück verpachtet". Die Abwandlung, nämlich ob sich die Bewertung ändere, wenn das Grundstück schon 1930 und nicht 1935 gekauft worden wäre, verneinte der Verfasser und handelte sich ein „doch: die Auffassung hat sich geändert" (*Jerusalem*) ein.[555]

Auch der Klausurfall, ob die Polizei bei einem Selbstmordversuch einschreiten müsse, beschäftigte sich mit veränderten Grundanschauungen. Als der Verfasser „als Ergebnis noch geltenden Rechts" feststellte, dass die Polizei nicht zum Einschreiten berechtigt sei, überschlugen sich die Randbemerkungen: „ein unhaltbares Ergebnis" (*Scheuner*), „Gemeint hat der Verf. offenbar das ‚bisherige' Recht, denn im nächsten Abschnitt stellt er ja die neue Rechtsauffassung entgegen" (*Hausbeck*). Tatsächlich schrieb der Verfasser weiter: „Die nationalsozialistische Rechtsauffassung kann dieses Ergebnis nicht billigen; denn nationalsozialistisches Recht ist Gemeinschaftsrecht. Die Pflichten, die der einzelne gegenüber der Gemeinschaft hat, können nicht dadurch beseitigt werden, daß sich der einzelne Volksgenosse ihrer einfach durch Selbstmord entzieht. Die Gemeinschaft braucht jeden einzelnen Volksgenossen, um die ihr gestellten Aufgaben zu lösen." Selbstmord sei daher eine Störung der öffentlichen Ordnung. In der Endbewertung urteilte *Scheuner*, dass die Arbeit

554 Vgl. Bemerkungen zur Klausur des Kandidaten, entnommen ThHStAW, PA Nr. 3718.
555 Vgl. Bemerkungen zur Klausur des Kandidaten, entnommen ThHStAW, PA Nr. 6040.

„durchaus mißlungen“ sei. Der Verfasser sähe „wohl die rechte Lösung“ entscheide sich aber „in neuen d. natsoz. Rechtsdenken schroff widersprechender“ Weise. Seine „seltsame Wege“ gehenden Ausführungen waren insgesamt „unzulänglich“.[556]

In die gleiche Kategorie gehörte auch die Frage, ob ein Spaziergänger sich den Weisungen eines Landjägers[557] beugen müsse, der gerade versuchte, einen im Flusse treibenden Mann zu retten und ob es hierbei einen Unterschied mache, ob der zu Rettende „ein tüchtiger Handwerker, Vater von 6 Kindern“ oder ein „in trunkenem Zustande ins Wasser“ gestürzter „wegen schweren Alkoholismus unfruchtbar gemachter Taugenichts“ sei.[558]

Die Beispiele zeigen, dass die öffentlich-rechtlichen Prüfungsklausuren auf das geltende materielle Recht abstellten und vielfach bisheriges Verwaltungsrecht behandelten. Daneben waren aber auch, ob der veränderten verfassungsrechtlichen Vorgänge, ideologisch neue Ansichten einzubringen.

dd) Arbeits-, wirtschafts- und bauernrechtliche Prüfungsklausur

Die Klausurthemen wurden zufällig aus den verschiedenen Prüfungsbereichen entnommen. Im Untersuchungszeitraum stellten arbeitsrechtliche Aufgaben den Löwenanteil, gefolgt von Fallgestaltungen zum Bauernrecht (unter Anwendung des neuen Reichserbhofgesetzes) und Handels- und Gesellschaftsrecht.

Im Arbeitsrecht kamen bekannte Thematiken zur Sprache wie die Zulässigkeit von Kündigungen[559], Lohnzahlungen ohne Arbeit (z.B. wegen der Teilnahme an einer Luftschutzübung[560]) etc. Im Bauernrecht waren es vor allem Fragen zur Anerbenregelung[561] oder zur Abmeierung.

In diesen Rechtsgebieten war der nationalsozialistische Einfluss vor allem durch die neu geschaffenen Gesetze evident. Gerade im Bauernrecht hatten sich die Prüflinge mit Sinn und Zweck sowie der Bedeutung und Sonderstellung des Bodens im Dritten Reich auseinanderzusetzen. Gleiches galt für das Arbeitsrecht und das AOG, auch wenn ebenso Fragestellungen aus dem Indivi-

556 Vgl. Bemerkungen zur Klausur des Kandidaten, entnommen ThHStAW, PA Nr. 9398.

557 Landjäger waren besondere Polizeigruppen in ländlichen Gebieten und Bestandteil der Ordnungspolizei.

558 Vgl. Aufgabenstellung vom 20.08.1938, ThürOLG, Nr. 677, Bl. 117.

559 Vgl. Aufgabenstellung vom 20.03.1937, ThürOLG, Nr. 677, Bl. 17.

560 Vgl. Aufgabenstellung vom 07.10.1937, ThürOLG, Nr. 677, Bl. 56.

561 Vgl. Aufgabenstellung vom 19.06.1939, ThürOLG, Nr. 677, Bl. 182.

dualarbeitsrecht mit seinen gesetzlichen Regelungen des BGB zur Prüfung gelangten.

Insgesamt waren die Arbeiten in diesen Prüfungsgebieten näher am nationalsozialistischen Recht positioniert, als in den anderen kernjuristischen Aufsichtsarbeiten.

ee) Rechtsgeschichtliche Prüfungsklausur

Die Prüfungsthemen waren außerordentlich vielfältig. Sie ließen sich weitgehend in vier größere Kategorien unterteilen.

Zum einen waren da „klassische“ Topoi wie z.B. „Seeschlachten von weltpolitischer Bedeutung“[562], „Die weltgeschichtliche Bedeutung Alexander des Großen“[563], „Die Neugestaltung Europas durch den Wiener Kongreß“[564] oder „Der Deutsche Zollverein, seine Geschichte und seine Bedeutung“[565]. Hier war es möglich, durch die wertneutrale Wiedergabe historischer Geschehnisse seine Prüfungsleistung zu erbringen.

Daneben gab es Themenbereiche, die zwar historisch angelegt, aber zwingend eine Verbindung zur nationalsozialistischen Gegenwart verlangten, so z.B. „Der Kampf um den deutschen Osten von der Völkerwanderung bis heute“[566], „Die Stellung des Bauern seit dem Mittelalter“[567], „Nürnberg und seine Stellung im Reich vom Mittelalter bis heute“[568] oder – etwas zynisch für eine Prüfung am 26. September 1939 – „Die deutsch-polnischen Beziehungen im Laufe der Zeit“[569].

Weiter gab es völlig offene, die Allgemeinbildung abprüfende Fragen, in denen Generalwissen mit der eigenen Persönlichkeit zu verknüpfen war, z.B. „Von welchem deutschen Künstler haben sie den nachhaltigsten Eindruck empfangen?“[570], „Kollektive Sicherheit als politisches Problem“[571], „Das äus-

562 Vgl. Prüfung vom 25.05.1937, ThHStAW, ThürOLG, Nr. 677, Bl. 39.
563 Vgl. Prüfung vom 18.01.1938, ThHStAW, ThürOLG, Nr. 677, Bl. 79.
564 Vgl. Prüfung vom 03.05.1938, ThHStAW, ThürOLG, Nr. 677, Bl. 89.
565 Vgl. Prüfung vom 23.11.1937, ThHStAW, ThürOLG, Nr. 677, Bl. 69.
566 Vgl. Prüfung vom 20.06.1939, ThHStAW, ThürOLG, Nr. 677, Bl. 183.
567 Vgl. Prüfung vom 15.11.1938, ThHStAW, ThürOLG, Nr. 677, Bl. 149.
568 Vgl. Prüfung vom 31.08.1937, ThHStAW, ThürOLG, Nr. 677, Bl. 49.
569 Vgl. Prüfung vom 26.09.1939, ThHStAW, ThürOLG, Nr. 677, Bl. 208.
570 Vgl. Prüfung vom 25.05.1937, ThHStAW, ThürOLG, Nr. 677, Bl. 39.
571 Vgl. Prüfung vom 31.05.1938, ThHStAW, ThürOLG, Nr. 677, Bl. 109.

sere Bild der deutschen Städte im Lauf der Zeit"[572] oder „Die Kunst als Erzieherin eines Volkes"[573].

Als letzte – zumeist prägende – Kategorie wurden aber Fragen gestellt, die sich allein mit der nationalsozialistischen Bewegung und Weltanschauung beschäftigten, wie z.B. „Die biologische Zukunft des deutschen Volkes unter Berücksichtigung der gesetzgeberischen Maßnahmen der nationalsozialistischen Regierung"[574], „Welchen Einfluß hat die Eingliederung Österreichs in das Reich auf die Durchführung des Vierjahresplans?"[575], „Die Stellung der Frau im Dritten Reich"[576], „Die neue Wertung der Arbeit durch den Nationalsozialismus"[577] oder „Die Stellung des Nationalsozialismus zum Judentum"[578]. Diese letzte Kategorie war es vor allem, die der fünften Aufsichtsarbeit einen politischen Anstrich verpasste und bei den Studierenden deshalb unter der Hand ironisch als „Märchenklausur" Bezeichnung fand.[579]

Allen Kategorien gemein war, dass die Aufgaben stets offen gestellt wurden und den Teilnehmer zwangen, sich in Aufsatzform mit der jeweiligen Thematik auseinanderzusetzen. Die reine Wiedergabe eines auswendig gelernten Kopfwissens half in den meisten Fällen nicht weiter. Es wurde zugleich die Fähigkeit zur Darstellung und Präsentation des Wissens und nicht zuletzt Improvisationstalent erwartet. Hinzu kam besondere Beachtung von Stil, Ausdruck und Rechtsschreibung.

Ein Vergleich der Fragestellungen ergibt, dass die Prüflinge in jedem Durchgang zumindest ein klassisches, aber auch mindestens ein deutlich weltanschaulich-politisches, Thema zur Wahl gestellt bekamen. Es oblag mithin jedem einzelnen Kandidaten, welche Aufgabe er bearbeiten wollte. Da alle drei Vorschläge gleichrangig waren, wirkte sich die Wahl eines klassischen Themas nicht negativ aus. Zugleich stellte man an die Bearbeitung von nationalsozialistischen Themen dieselben hohen Anforderungen. In Jena wurde nicht selten „Rederei!" oder „mangelnde Tiefe" angeprangert. Auch „phrasenhafte" Darstellungen führten zu empfindlichen Notenabzügen. Die gebetsmühlenartige Kundgabe nationalsozialistischer Anschauungen und der „Blick auf das große

---

572 Vgl. Prüfung vom 06.09.1938, ThHStAW, ThürOLG, Nr. 677, Bl. 129.
573 Vgl. Prüfung vom 26.09.1939, ThHStAW, ThürOLG, Nr. 677, Bl. 208.
574 Vgl. Prüfung vom 22.02.1937, ThHStAW, ThürOLG, Nr. 677, Bl. 18.
575 Vgl. Prüfung vom 17.05.1938, ThHStAW, ThürOLG, Nr. 677, Bl. 99.
576 Vgl. Prüfung vom 12.10.1937, ThHStAW, ThürOLG, Nr. 677, Bl. 59.
577 Vgl. Prüfung vom 03.05.1938, ThHStAW, ThürOLG, Nr. 677, Bl. 89.
578 Vgl. Prüfung vom 18.01.1938, ThHStAW, ThürOLG, Nr. 677, Bl. 79.
579 Weil, Am Rande des Strudels, S. 35.

Ganze“ überzeugten in Jena jedenfalls nicht allein. In einer Arbeit zur Presse im nationalsozialistischen Deutschland hatte der Verfasser vornehmlich argumentiert, dass „der Jude fast die ganze Presse in seiner Hand hatte“ und ihm „durch die Rasse bestimmte Schranken gesetzt“ seien, die dazu führten, dass er „edle Gesinnungen zu hegen“ nicht „fähig“ sei. *Schultze-von Lasaulx* tat die Klausurleistung als „schlechte Aphorismen zum Thema: Einfluß von Judentum und Liberalismus auf die deutsche Presse“ ab und benotete mit „unzulänglich“.

In einer Arbeit zum deutschen Partikularismus hieß es, dass der Weltkrieg den „deutschen Menschen mit aller Deutlichkeit gezeigt“ hätte, dass „nicht das Glaubensbekenntnis, nicht die Zugehörigkeit zu einem Staat die feste Bindung“ bedeute, „sondern allein gemeinsames Blut“. Die Korrektoren quittierten diese Ausführungen mit „Das hat der Weltkrieg leider nicht gezeigt“ (*Schmidt*) und die Ansicht des Verfassers, dass der „Deutsche“ immer „gründlich“ sei, beantwortete *Scheuner* mit „diese Arbeit aber nicht“. Insgesamt enthielte sie „manchen guten Gedanken, daneben aber auch sehr schiefe Ansichten“. Während *Schmidt* ein „befriedigend“ vergab, beurteilte *Scheuner* die „recht schwache Arbeit“ mit „viel, zu viel Phrasen“ und „wenig Tatsachen“ nur „mit Bedenken ausreichend“.

Weil die geschichtlichen Klausuren eben auch ideologische Fragestellungen enthielten, war auch dazu Stellung zu nehmen. So finden sich in den Klausuren und Korrekturbemerkungen bisweilen deutliche Hinweise auf die nationalsozialistische Ideologie. So schrieb ein Verfasser, dass man beim Wort „Liberalismus“ unwillkürlich „an die Lehre eines *Adam Smith*“ denke, was *Meister* mit seiner Randbemerkung „Ich denke an etwas anderes!“ quittierte. Auch die Auffassung, dass „die Seele des Liberalismus“ „der Materialismus“ sei, wurde als abwegig bezeichnet (Randbemerkung: *Meister*: „? Rederei!“; *Scheuner*: „Materialismus ist nicht Liberalismus!“). Einen „argen Schnitzer“ stellte auch die Behauptung eines Prüflings dar, nach welcher „der Staat“ nur „ein Werkzeug zur Verfolgung völkischer Interessen“ darstelle und „nicht mehr die alles beherrschende Stellung“ einnehme – diese gebühre dem Volk, so dass der „Staat“ bloß „der sichtbare Ausdruck des verkörperten Volkswillens“ sei. Der Korrektur wies daraufhin dass der „heutige Staatsgedanke ein Werk des Führers“ sei und nichts anderes. Auch die Feststellung, dass sich Staat und Volk „gleichberechtigt gegenüber“ stünden, passte nicht ins ideologische Konzept und wurde von *Scheuner* mit den Worten kommentiert: „Unsinn! Das Volk ist der Staat. Es steht ihm nicht ‚gegenüber‘“.

Dagegen konnte positiv auffallen, wer die Bedeutung der „deutschen Kolonien“ „richtig“ erkannte: „Die Arbeit zeigt viel Wissen. Die geschichtliche Entwicklung der deutschen Kolonien ist richtig gesehen. Bevölkerungspolitisch sind jedoch die Kolonien nicht von der Bedeutung, wie es [Verfasser] meint. Daß Deutschland die Kolonien wiederbekommt, ist eine Frage der Ehre. Das hätte noch mehr herausgehoben werden können. Mit Recht verweist [Verfasser] am Schluß auf den deutschen Rechtsanspruch auf Kolonien."

Gute Noten gab es dann auch für die Ausführungen, dass „der Nationalsozialismus nicht nur eine Angelegenheit des Verstandes, sondern eine rassisch bedingte Angelegenheit des Herzens, des Gefühls" sei. Aber auch ganz banale Dinge, hatten offenbar ihre Wirkung. So wurde nicht selten das Verwenden der „deutschen Schrift" angemahnt.

Die geschichtlichen Arbeiten wurden beim Prüfungsamt I am Thüringischen Oberlandesgericht in Jena zunächst von zwei Beisitzern der mündlichen Prüfung bewertet. Dabei war die Korrektur des für den weltanschaulichen Teil des Staatsexamens zuständigen Prüfers (zumeist Bürgermeister *Radwitz*, Oberbürgermeister Staatsrat *Dr. Meister* (beide nach § 9 III Nr. c JAO), Regierungsrat Schulrat *Eybel*, Studienrat *Witzmann*, Oberbürgermeister und Kreisleiter der NSDAP in Jena *Armin Schmidt* (nach § 9 III Nr. d JAO)) obligatorisch. Als Zweitkorrektor fungierte zumeist ein Hochschullehrer. Anschließend begutachtete noch der Vorsitzende der Prüfungskommission die Arbeit und gab die endgültige Note. Hierbei ist auffällig, dass die Hochschullehrer wesentlich kritischer mit den Prüflingen umgingen, als der dem Bildungs- und Prüfungswesen in der Regel fernstehende spöttisch genannte „völkische Beobachter". Nicht selten wichen die Noten erheblich voneinander ab. So lobte Studienrat *Witzmann* eine Arbeit über den Zollverein als „kurz und klar" und gab ein „gut" während der Jenaer Hochschullehrer *Schultze-von Lasaulx* urteilte: „Sehr, sehr wenig Sachkenntnis, im wesentlichen nicht viel mehr als einige wenige allgemeine Gesichtspunkte, recht viel Redensarten. Ich komme deshalb nicht über ausreichend."[580] Generell zeigen die Korrekturen eine selbstbewusste Haltung der Hochschullehrer gegenüber den Parteifunktionären.

Der Vorsitzende war an die Voten seiner Beisitzer zwar nicht gebunden, traf aber kaum deutlich davon abweichende Entscheidungen. Meist schloss er sich einem Gutachter an oder bildete das Mittel aus den Vorvoten.[581] Insgesamt ist bei den geschichtlichen Arbeiten eine besondere Notennähe der Vorsitzenden der Prüfungskommission zu ihren Fachkollegen von der Universität erkennbar.

580 Vgl. ThHStAW, PA Nr. 9398.

581 Im obigen Beispiel folgte OLGRat *Krümling* den Ausführungen *Schultze-von Lasaulx* und gab der „seichten Arbeit mit vielen Phrasen" ebenfalls ein „ausreichend".

b) Hausarbeiten

Für die Aufgabenstellungen der häuslichen Arbeit konnten die Kandidaten gemäß § 14 JAO 1939 (§ 10 JAO 1934) Präferenzen angeben. Davon machte man rege Gebrauch, zumal bei der möglichen Angabe von drei Fächern zumeist eines Berücksichtigung fand. Die untersuchten Arbeiten zeigen, dass viele Kandidaten sich für das bürgerliche Recht entschieden. Öffentliches Recht, Strafrecht, aber auch Familienrecht, wurde eher seltener gewählt. Innerhalb des bürgerlichen Rechts konnte das gesamte Spektrum Prüfungsgegenstand werden. Die ausgewerteten Arbeiten umfassten u.a. Aufgabenstellungen zum Sozialversicherungsrecht, allgemeinen Vertragsrecht, Eigentümer-Besitzer-Verhältnis und zum Handelsrecht.

Besonders häufig wurde als Themenschwerpunkt der Hausarbeiten das Erbhofrecht gewünscht. Die Gründe hierfür lassen sich wohl damit erklären, dass es sich bei dem REG um eine neue, abgeschlossene Rechtsmaterie handelte und Entscheidungen sowie Literatur in diesem Bereich überschaubar waren und bei Lücken vieles vertretbar erschien. Dazu kam, dass sich zwar das Bauernrecht im Dritten Reich durch das REG vom Sachen- und Erbrecht des BGB emanzipiert hatte, aber dennoch in manchen Bereichen – und sei es als Vergleichsposition – die Verbindung zum BGB noch immer bestand. Das hatte den Vorteil, dass man für Sonderfragen im Zweifel auf die vielfältige Literatur zum bürgerlichen Recht zurückgreifen konnte, auch wenn diese im Zweifel eine Auslegung im neuen Zeitgeist erforderte.

Dass auch die Hochschullehrer das Bauernrecht als Sondermaterie behandelt wissen wollten, legt eine Randbemerkung von *Schultze-von Lasaulx* nahe. Er monierte in einer Erbhofhausarbeit, dass der Kandidat „hier noch zu sehr mit bürgerlichrechtl. Begriffen“ arbeitete und nicht erkennen lasse, dass „die Erbfolge in das Sondervermögen ‚Erbhof‘ in erster Linie sich nach dem REG“ richte. So werde der Anerbe nach dem REG nicht „eingesetzt“ (wie der Erbe nach dem BGB) sondern „bestimmt“.[582]

Bei den häuslichen Arbeiten wurde insgesamt ein hoher Wert auf ein gewissenhaftes und gründliches Arbeiten sowie eine gute Ausdrucksweise gelegt. Man erwartete „juristisches Verständnis und gesundes Rechtsempfinden“. bisweilen war die Lösung eines Falles „mit Hilfe seines gesunden Menschenverstandes“ ausreichend.[583] Inhaltlich unterschied sich die häusliche Arbeit nicht

582 Vgl. Randbemerkungen zur Hausarbeit des Kandidaten, entnommen ThHStAW, PA Nr. 6748.

583 Vgl. Randbemerkungen zur Hausarbeit, entnommen ThHStAW, PA Nr. 10392.

wesentlich von den Übungen auf der Universität. Man bewegte sich dabei auf genuin wissenschaftlichem Gebiet. Es kam vor, dass die Hausarbeit Fallgestaltungen enthielt, die an der Hochschule „reichlich durch exerziert“ worden waren.[584]

Auffällige nationalsozialistische Ansätze finden sich nur bei gründlicherem Einlesen und wieder sind es vor allem die übergeordneten Ebenen, die ideologisch beansprucht wurden. Dies gilt exemplarisch etwa dann, wenn ein Verfasser ausführte, dass die „neue Rechtsauffassung“ im Zivilrecht „auch ohne Vertrag und ohne besondere gesetzliche Bestimmungen Pflichten“ auferlege. Es seien „solche Pflichten, deren Inhalt sich einzig und allein nach dem Anstandsgefühl und der Redlichkeit des recht und billig Denkenden“ richteten.[585] Unter Berufung auf die Neufassung von § 2 StGB folgte man im Strafrecht der Ansicht, dass ein Täter, der seinen „verbrecherischen Willen“ in die Tat umgesetzt habe, auch dann Strafe verdiene, wenn es an einem „vorgestellten Tatbestandsmerkmal“ fehle.

Diese Beispiele markierten jedoch Ausnahmen. Eine Erklärung hierfür könnte in dem verwendeten Schrifttum zu finden sein. Eine Durchsicht der Literaturverzeichnisse ergibt, dass in Jena noch bis Ende der dreißiger Jahre für die Hausarbeiten zum größten Teil auf Werke zurückgegriffen wurde, die in der Weimarer Republik veröffentlicht worden waren. Die fehlende Verfügbarkeit und die Kontinuität der gestellten Aufgaben bewirkten offensichtlich, dass ihre Brauchbarkeit bestehen blieb. Die Kandidaten scheuten sich auch nicht Arbeiten jüdischer Verfasser zu zitieren, was ihnen jedoch bisweilen Kritik einbrachte.[586] Lediglich einzelne Werke der neuen Zeit, wie Monographien oder verschiedene Aufsätze sowie Grundrisse fanden Eingang in die rezipierte Literatur. Erst spätere Arbeiten zeigen vermehrt das neuere Schrifttum.

c) Mündliches Staatsexamen

Die mündliche Prüfung wurde vor einem fünfgliedrigen Ausschuss des Prüfungsamtes I (zweigliedrig im Notexamen[587]) am Oberlandesgericht in Jena

---

584 Vgl. Randbemerkungen zur Hausarbeit des Kandidaten, entnommen ThHStAW, PA Nr. 3718.

585 Vgl. Hausarbeit des Kandidaten, S. 16 und 40, entnommen ThHStAW, PA Nr. 9398.

586 So urteilte *Hausbeck*: „Man kann auch ohne jüdische Schriftsteller auskommen!“, vgl. ThHStAW, PA Nr. Nr. 6040, Hausarbeit.

587 Mit Beginn des Zweiten Weltkrieges erlebte die „Notprüfung“ eine Renaissance. Am 05.09.1939 wurden die Prüfungsämter angewiesen, vereinfachte Kriegsteilnehmerprüfungen durchzuführen. Danach konnten sich Studenten der Rechtswissenschaften be-

abgelegt. Während des Krieges konnte es auch vorkommen, dass die Prüfungen in den Privatwohnungen der OLG-Richter stattfanden.[588] Dem Gremium gehörten außerdem ein weiterer Praktiker, zwei Universitätslehrer der ansässigen Fakultät sowie als Prüfer der nationalsozialistischen Weltanschauung und Politik ein Hoheitsträger der Partei an. In Jena fungierte in dieser Funktion meist ein Kreisleiter. Die Zusammenarbeit zwischen den Praktikern und den Professoren galt in Jena als „sehr harmonisch" und „fruchtbar für beide Teile".[589] Der Ablauf der mündlichen Prüfung war so eingerichtet, dass nach der Eröffnung durch den Vorsitzenden zunächst ein Hochschullehrer Befragungen der Kandidaten – häufig im Zivilrecht und Sondergesetzen – vornahm. Sodann examinierte ein Praktiker. Daran schloss sich die weltanschauliche und politische Prüfung an.[590] Es folgte eine 20 bis 30 minütige Pause, die in den zweiten Prüfungsabschnitt überleitete. Hier wiederum startete der zweite Hochschullehrer mit der Befragung – sehr häufig aus dem Gebiet des Öffentlichen Rechts – in deren Anschluss der Vorsitzende (Praktiker) mit seinem Prüfungsgebiet das mündliche Examen abschloss. Nach geheimer Beratung des Prüfungsausschusses verkündete er dann das Ergebnis.

Sämtliche Prüfungsfächer, mit Ausnahme der geschichtlich-weltanschaulichen Prüfung, wurden von den Jenaer Universitätslehrern sowie von Mitgliedern des Thüringischen Oberlandesgerichts abgenommen. Dabei wurden die Lehrgebiete der Hochschullehrer entsprechend berücksichtigt. Die Praktiker prüften dann die übrig gebliebenen Gebiete. Allein die geschichtlich-weltanschauliche Prüfung blieb stets in der Hand des parteilichen Hoheitsträgers.

---

reits nach fünf Semestern, Prüfungswiederholer bereits drei Monate nach der nichtbestandenen Prüfung, bei jedem Justizprüfungsamt zum Staatsexamen anmelden, wenn sie zur Wehrmacht einberufen worden waren. Die Prüfung sollte „sofort nach der Meldung abgenommen und möglichst noch am selben Tag beendet" werden. (Vgl. VO vom 02.09.1939, siehe auch UAJ, BA 2076, Bl. 64) Es galt, dass anstelle der von der JAO geforderten fünf Aufsichtsarbeiten nur eine einzige zu schreiben war, an die sich die mündliche Prüfung anschloss. Die Prüfungskommission bestand nicht mehr aus fünf, sondern nur noch aus zwei Mitgliedern. Dies hatte in Jena zur Folge, dass fortan auf den weltanschaulich-geschichtlichen Prüfer in der Staatsprüfung im vereinfachten Verfahren gänzlich verzichtet wurde. Nunmehr prüften lediglich Praktiker und Hochschullehrer – wie vor 1933.

588 Vgl. Löwisch, Jurist in Thüringen, S. 104.

589 Vgl. Löwisch, Jurist in Thüringen, S. 107.

590 Weil, Am Rande des Strudels, S. 35; ebenso, Löwisch, Jurist in Thüringen, S. 107.

Als Praktiker fungierten beim Prüfungsamt Jena I vor allem die Senatspräsidenten *Trinks* und *Köhler*, sowie die Oberlandesgerichtsräte *Löwisch*, *Hausbeck*, *Krümling*, *Rittweger*, *Frede*, *Lorey* sowie Rechtsanwalt *Böckel* (nach § 9 III Nr. a JAO). Weitere prüfende Mitglieder waren die Universitätslehrer *Heldrich*, *Blomeyer*, *von Weber*, *Schultze-von Lasaulx*, *Jerusalem*, *Scheuner*, *Haupt* und *Hueck* (nach § 9 III Nr. b JAO).

Die Prüfungen erfolgten entweder im Frage-Antwort-Modus oder anhand von Rechtsfällen. Als mündliche Prüfer fungierten stets die Korrektoren der Klausuren und der Hausarbeit.

Der inhaltliche Ablauf der Prüfung hat sich in der Niederschrift zur Prüfung in den Akten erhalten. Die behandelten Themen lassen einen Rückschluss auf den Inhalt der Prüfungen zu, obgleich einschränkend gesagt werden muss, dass sich konkrete Fragestellungen oder konkrete Antworten der Kandidaten nicht mehr rekonstruieren lassen. Auch besteht die Gefahr einer Missdeutung pauschalierter Schlagworte. Letztlich kann nicht ausgeschlossen werden, dass manche Themen nur aus opportunistischen Gründen in die Niederschrift übernommen wurden. Dennoch erlauben die Akten einen – zum Großteil ungetrübten – Einblick in die Jenaer Prüfungspraxis während des Nationalsozialismus.

aa) Zivilrechtliche mündliche Prüfung

Die zivilrechtliche Prüfung umfasste inhaltlich die volle Bandbreite des bürgerlichen Rechts. Aus allen Büchern des BGB wurde Stoff abgefragt. Dabei lassen sich keine Präferenzen der Praktiker oder Hochschullehrer erkennen. Beide Seiten prüften in gleichem Maße.
Aus dem Allgemeinen Teil des BGB waren es vor allem klassische Fragen zur Geschäftsfähigkeit[591] (z.B. Willenserklärungen sinnlos Betrunkener, Geisteskranker etc.), Stellvertretung[592] und zur Anfechtung von Willenserklärungen[593]. Dazu wurde auch Stiftungsrecht[594] und allgemeine Rechtsgeschäftslehre[595] ab-

591 Prüfung vom 21.12.35, ThHStAW, PA Nr. 10392, S. 20; Prüfung vom 18.2.35, ThHStAW, PA Nr. 7257, S. 13.; Prüfung vom 19.06.37, ThHStAW, PA Nr. 1897, S. 21.

592 Prüfung vom 11.12.37, ThHStAW, PA Nr. 9398, S. 22; Prüfung vom 18.02.35, ThHStAW, PA Nr. 7257, S. 13.

593 Prüfung vom 18.02.35, ThHStAW, PA Nr. 7257, S. 13; Prüfung vom 29.05.37, ThHStAW, PA Nr. 9215, S. 22.

594 Prüfung vom 14.05.38, ThHStAW, PA Nr. 5784, S. 22; Prüfung vom 05.12.36, ThHStAW, PA Nr. 2475, S. 21.

595 Prüfung vom 26.08.39, ThHStAW Nr. 11967, S. 37.

geprüft. Aber auch ideologisch sensible Bereiche wie Rechts- und Prozessfähigkeit[596], Vertragsfreiheit[597] oder „Entmündigung und Gemeinschaftsinteresse (Trinker, Querulant)“[598] wurden thematisiert.

Aus dem allgemeinen Schuldrecht wurde u.a. der Bereich des Schadensersatzrechtes Prüfungsbestandteil[599], ebenso Unmöglichkeitsrecht[600] sowie die *culpa in contrahendo*[601] und die positive Vertragsverletzung[602].

Im Bereich der vertraglichen Schuldverhältnisse wurden vorwiegend Kauf- und Mietvertragsrecht abgeprüft. Bei ersterem überwogen die Sachmängelgewährleistungsansprüche[603], bei letzterem ging es u.a. um die Abgrenzung zur Leihe, Vermieterpfandrecht, Mieterschutz[604] oder verschiedene Kündigungsmöglichkeiten (z.B. beim Erbfall, bei Mietermehrheit)[605].
Bei den gesetzlichen Schuldverhältnissen wurde vor allem nach dem Deliktsrecht in seinen verschiedenen Ausprägungen gefragt[606]. Aber auch die Amtshaftung[607], Geschäftsführung ohne Auftrag[608] und das Bereicherungsrecht hielten in die Prüfung Einzug.

Besonderes Einfallstor für die nationalsozialistische Ideologie war das – häufig abgeprüfte – Familienrecht. Hier waren es vor allem Ehehindernisse,

---

596 Prüfung vom 14.12.1935, ThHStAW, PA Nr. 1543, S. 20.

597 Prüfung vom 05.12.36, ThHStAW, PA Nr. 2475, S. 21; Prüfung vom 18.02.35, ThHStAW, PA Nr. 7257, S. 13.

598 Prüfung vom 21.12.35, ThHStAW, PA Nr. 10392, S. 20.

599 Prüfung vom 19.06.37, ThHStAW, PA Nr. 1897, S. 21; Prüfung vom 12.11.38, ThHStAW, PA Nr. 9398, S. 41.

600 Prüfung vom 29.05.37, ThHStAW, PA Nr. 9215, S. 22.

601 Prüfung vom 18.02.35, ThHStAW, PA Nr. 7257, S. 13.

602 Prüfung vom 07.10.39, ThHStAW, PA Nr. 3501, S. 20.

603 Prüfung vom 12.10.39, ThHStAW, PA Nr. 8742; Prüfung vom 26.05.34, ThHStAW, PA Nr. 1897, S. 34; Prüfung vom 18.02.35, ThHStAW, PA Nr. 7257, S. 13; Prüfung vom 21.12.39, ThHStAW, PA Nr. 2186, S. 33 RS; Prüfung vom 21.12.35, ThHStAW, PA Nr. 10392, S. 20.

604 Prüfung vom 05.12.36, ThHStAW, PA Nr. 2475, S. 21.

605 Prüfung vom 26.05.34, ThHStAW, PA Nr. 1897, S. 34.

606 Prüfung vom 18.02.35, ThHStAW, PA Nr. 7257, S. 13; Prüfung vom 30.12.39, ThHStAW, PA Nr. 9903, S. 10 RS; Prüfung vom 19.05.39, ThHStAW, PA Nr. 6040, S. 24; Prüfung vom 14.05.38, ThHStAW, PA Nr. 5784, S. 22; Prüfung vom 12.10.39, ThHStAW, PA Nr. 8742.

607 Prüfung vom 26.08.39, ThHStAW, Nr. 11967, S. 37.

608 Prüfung vom 12.11.38, ThHStAW, PA Nr. 9398, S. 41.

Eheanfechtung und Ehescheidung, die Prüfungsgegenstand wurden.[609] Auch lassen sich Nachfragen zu § 1333 BGB (Anfechtung der Ehe bei Irrtum über persönliche Eigenschaften des Ehegatten) sowie zum „Gesetz zur Verhütung erbkranken Nachwuchses“ und dem „Ehegesundheitsgesetz“ durch den Jenaer Hochschullehrer *Schultze-von Lasaulx* nachweisen.[610]

Im – ebenso gern geprüften – Erbrecht wurde neben den Errichtungs- und Formvorschriften sowie der Anfechtung von Testamenten[611] auch die Erbunwürdigkeit[612] und das Pflichtteilsrecht[613] thematisiert.

Zur zivilrechtlichen Prüfung zählten auch Fragen zum Zivilprozessrecht. Themen wie Gerichtsorganisation im Zivil- und Strafprozess[614], Gang des Verfahrens[615], vollstreckbare Titel[616] und Rechtsmittel[617], Klageerhebung[618] sowie Zwangsvollstreckung wurden in unterschiedlichen Konstellationen abgeprüft.[619]

---

609 Prüfung vom 21.12.35, ThHStAW, PA Nr. 10392, S. 20; Prüfung vom 14.12.1935, ThHStAW, PA Nr. 1543, S. 20; Prüfung vom 19.12.36, ThHStAW, PA Nr. 10392, S. 38; Prüfung vom 29.05.37, ThHStAW, PA Nr. 9215, S. 22; Prüfung vom 22.06.35, ThHStAW, PA Nr. 10578, S. 16.

610 Prüfung vom 05.12.36, ThHStAW. PA Nr. 6748, S. 20.

611 Prüfung vom 05.12.36, ThHStAW, PA Nr. 2475, S. 21; Prüfung vom 14.12.1935, ThHStAW, PA Nr. 1543, S. 20; Prüfung vom 22.06.35, ThHStAW, PA Nr. 10578, S. 16.

612 Prüfung vom 29.05.37, ThHStAW, PA Nr. 9215, S. 22.

613 Prüfung vom 14.12.1935, ThHStAW, PA Nr. 1543, S. 20; Prüfung vom 22.06.35, ThHStAW, PA Nr. 10578, S. 16.

614 Prüfung vom 05.12.36, ThHStAW, PA Nr. 6748, S. 20 RS; Prüfung vom 30.09.39, ThHStAW, PA Nr. 10690; Prüfung vom 11.12.37, ThHStAW, PA Nr. 9398, S. 22; Prüfung vom 19.05.39, ThHStAW, PA Nr. 6040, S. 24; Prüfung vom 30.12.39, ThHStAW, PA Nr. 9903, S. 10 RS.

615 Prüfung vom 14.05.38, ThHStAW, PA Nr. 5784, S. 22; Prüfung vom 19.06.37, ThHStAW, PA Nr. 1897, S. 22.

616 Prüfung vom 18.02.35, ThHStAW, PA Nr. 7257, S. 13.

617 Prüfung vom 29.05.37, ThHStAW, PA Nr. 9215, S. 22.

618 Prüfung vom 14.05.38, ThHStAW, PA Nr. 5784, S. 22; Prüfung vom 18.02.35, ThHStAW, PA Nr. 7257, S. 13; Prüfung vom 19.05.39, ThHStAW, PA Nr. 6040, S. 24.

619 Prüfung vom 30.12.39, ThHStAW, PA Nr. 9903, S. 10 RS; Prüfung vom 07.10.39, ThHStAW, PA Nr. 3501, S. 20; Prüfung vom 19.06.37, ThHStAW, PA Nr. 1897, S. 22; Prüfung vom 26.05.34, ThHStAW, PA Nr. 1897, S. 34; Prüfung vom 19.05.39, ThHStAW, PA Nr. 6040, S. 24.

Insgesamt wurde die neue Zeit in der zivilrechtlichen mündlichen Prüfung durchaus berücksichtigt: Es kam auch zu Fragestellungen über die Nürnberger Gesetze[620], die Sondergerichtsbarkeit[621], die Militärgerichtsbarkeit[622] oder auch zur „Zulässigkeit des Rechtswegs bei Ausschluß aus der NSDAP und aus einem Verein“[623]. Der Oberlandesgerichtsrat *Löwisch* stellte den Themenkreis „Erbgesundheitsgesetz (Rechtsmittelzug), Ehegesundheitsgesetz. Blutschutzgesetz. Rassenschande, Begriff des außerehelichen Verkehrs; Strafbarkeit des Versuchs der Rassenschande“[624] zur Diskussion.

In einer Prüfung wurde von *Blomeyer* sogar nach dem „Sinn der Studienordnung“ gefragt. Die richtige Antwort lautete offenbar, dass „alles Recht [...] völkisch bedingt“ sei.[625]

bb) Bauernrechtliche mündliche Prüfung

Hier waren es vor allem die Grundzüge des REG und die „Abmeierung“, denen besondere Prüfungsbedeutung zukam.[626] Dazu gesellten sich aber auch Nachfragen zur „Bauernfähigkeit“[627], „Entschuldungsgesetzgebung“[628] und zur Eintragung in die Erbhöferolle.[629]

cc) Handels-, arbeits- und wirtschaftsrechtliche mündliche Prüfung

Einen breiten Raum nahmen beim Prüfungsamt I am Thüringischen Oberlandesgericht Fragestellungen zum Handels- und Gesellschafts-, Wechsel-, Arbeits- und Wirtschaftsrecht ein. Im Handelsrecht wurden klassische Themen wie Rügepflicht bei Mängeln beim Handelskauf[630], Prokura und Handelsregis-

620 Prüfung vom 12.10.39, ThHStAW, PA Nr. 8742.
621 Prüfung vom 12.11.38, ThHStAW, PA Nr. 9398, S. 41.
622 Prüfung vom 18.02.35, ThHStAW, PA Nr. 7257, S. 13.
623 Prüfung vom 22.06.35, ThHStAW, PA Nr. 10578, S. 16.
624 Prüfung vom 26.08.39, ThHStAW, Nr. 11967, S. 37.
625 Prüfung vom 29.05.37, ThHStAW, PA Nr. 9215, S. 22.
626 Prüfung vom 26.08.39, ThHStAW, Nr. 11967, S. 37; Prüfung vom 30.09.39, ThHStAW, PA Nr. 10690; Prüfung vom 19.05.39, ThHStAW, PA Nr. 6040, S. 24; Prüfung vom 12.10.39, ThHStAW, PA Nr. 8742; Prüfung vom 18.02.35, ThHStAW, PA Nr. 7257, S. 13; Prüfung vom 05.12.36, ThHStAW, PA Nr. 2475, S. 21.
627 Prüfung vom 12.11.38, ThHStAW, PA Nr. 9398, S. 41.
628 Prüfung vom 11.12.37, ThHStAW, PA Nr. 9398, S. 22.
629 Prüfung vom 07.10.39, ThHStAW, PA Nr. 3501, S. 20; Prüfung vom 05.12.36, ThHStAW, PA Nr. 2475, S. 21.
630 Prüfung vom 29.09.39, ThHStAW, PA Nr. 646, S. 19.

ter[631], Kaufmannseigenschaft, Firmenrecht[632], Firmenfortführung[633] oder die verschiedenen Formen der Handelsgesellschaften abgeprüft. Aus dem Gesellschaftsrecht kamen Aufgabenstellungen zur GmbH[634] und zum Aktienrecht[635]. Vielfach mussten Kenntnisse im Wertpapier- und Wechselrecht nachgewiesen werden[636]. In diesen Komplexen wurde auch immer nach der Entstehungsgeschichte einzelner Rechtsbücher und Rechtsgebiete gefragt.[637] Aktuelle Ereignisse fanden Eingang.[638]

Im Arbeitsrecht war es naturgemäß das AOG mit seinen Regelungen, dessen Verständnis zu untersuchen war.[639] Besondere Aufmerksamkeit galt dabei den neuen Institutionen der Vertrauensräte, des Betriebsführers[640], der „sozialen Ehrengerichtsbarkeit“[641] und dem „Treuhänder der Arbeit“[642]. Daneben

---

631 Prüfung vom 19.05.39, ThHStAW, PA Nr. 6040, S. 24.

632 Prüfung vom 07.10.39, ThHStAW, PA Nr. 3501, S. 20; Prüfung vom 26.08.39, ThHStAW, Nr. 11967, S. 37; Prüfung vom 26.05.34, ThHStAW, PA Nr. 1897, S. 34; Prüfung vom 18.02.35, ThHStAW, PA Nr. 7257, S. 13; Prüfung vom 12.11.38, ThHStAW, PA Nr. 9398, S. 41.

633 Prüfung vom 07.10.39, ThHStAW, PA Nr. 3501, S. 20; Prüfung vom 26.08.39, ThHStAW, Nr. 11967, S. 37; Prüfung vom 12.11.38, ThHStAW, PA Nr. 9398, S. 41; Prüfung vom 18.02.35, ThHStAW, PA Nr. 7257, S. 13.

634 Prüfung vom 11.12.37, ThHStAW, PA Nr. 9398, S. 22; Prüfung vom 21.12.35, ThHStAW, PA Nr. 10392, S. 20; Prüfung vom 29.05.37, ThHStAW, PA Nr. 9215, S. 23.

635 Prüfung vom 30.09.39, ThHStAW, PA Nr. 2213; Prüfung vom 30.09.39, ThHStAW, PA Nr. 10690.

636 Prüfung vom 14.12.1935, ThHStAW, PA Nr. 1543, S. 20, Prüfung vom 05.12.36, ThHStAW, PA Nr. 2475, S. 21, Prüfung vom 26.09.1939, ThHStAW, PA Nr. 646, S. 19, Prüfung vom 19.06.37, ThHStAW, PA Nr. 1897, S. 21.

637 Prüfung vom 14.12.1935, ThHStAW, PA Nr. 1543, S. 20; Prüfung vom 26.08.39, ThHStAW, Nr. 11967, S. 37.

638 So fragte Oberlandesgerichtsrat *Lorey* u.a. nach der „Reform der aktienrechtlichen Bestimmungen“, Prüfung vom 05.12.36, ThHStAW, PA Nr. 6748, S. 20.

639 Prüfung vom 21.12.35, ThHStAW, PA Nr. 10392, S. 20.

640 Prüfung vom 05.12.36, ThHStAW, PA Nr. 6748, S. 20.

641 Prüfung vom 19.05.39, ThHStAW, PA Nr. 6040, S. 24; Prüfung vom 08.09.39, ThHStAW, Nr. 3232, S. 6 RS; Prüfung vom 14.05.38, ThHStAW, PA Nr. 5784, S. 22; Prüfung vom 29.05.37, ThHStAW, PA Nr. 9215, S. 22/23; Prüfung vom 05.12.36, ThHStAW, PA Nr. 6748, S. 20.

642 Prüfung vom 21.12.35, ThHStAW, PA Nr. 10392, S. 20; Prüfung vom 29.05.37, ThHStAW, PA Nr. 9215, S. 22/23; Prüfung vom 05.12.36, ThHStAW, PA Nr. 6748, S. 20.

wurden auch Problemstellungen der Betriebs- und Tarifordnungen[643] sowie des Kündigungsschutzes[644] (auch „unsittliche Kündigungen“) bearbeitet. Auch der Vier-Jahres-Plan[645] lässt sich als Prüfungsbestandteil nachweisen.

Die JAO hatte ferner das Urheber- und Erfinderrecht durch das Lehrfach „Geistiges Schaffen“ als Prüfungsfach etabliert. Tatsächlich gingen die Prüfungsfragen auch in diese Richtung. So wurde u.a. nach Begriff, Schutzumfang und Bedeutung von Patent, dem Verhältnis von Gebrauchsmuster und Geschmacksmuster[646], Urheberrechtsverletzungen, Verlagsrecht, Verlagsvertrag und Reichskulturkammer[647] gefragt.

dd) Öffentlich-rechtliche mündliche Prüfung

Im Staats- und Verfassungsrecht waren es neben dem neuen Reichsaufbau[648] und dem neuen Reich-Länder-Verhältnis[649] vor allem Bereiche wie Staatsangehörigenrecht[650] und Gesetzgebungsmechanismen[651], die abgeprüft wurden. Hinzu kamen häufige Vergleiche zur früheren Zeit. Nicht selten ging es darum, wie verfassungsrechtliche Fragen in Republik, Kaiserzeit und gar im Nord-

643 Prüfung vom 30.09.39, ThHStAW, PA Nr. 10690; Prüfung vom 22.06.35, ThHStAW, PA Nr. 10578, S. 16; Prüfungen vom 21.12.35 und 19.12.36, ThHStAW, PA Nr. 10392, S. 20 und S. 38.

644 Prüfung vom 21.12.35, ThHStAW, PA Nr. 10392, S. 20; Prüfung vom 30.05.38, ThHStAW, PA Nr. 2213; Prüfung vom 29.05.37, ThHStAW, PA Nr. 9215, S. 22/23; Prüfung vom 14.12.1935, ThHStAW, PA Nr. 1543, S. 20.

645 Prüfung vom 05.12.36, ThHStAW, PA Nr. 6748, S. 20.

646 Prüfung vom 05.12.36, ThHStAW, PA Nr. 2475, S. 21.

647 Prüfung vom 21.12.35, ThHStAW, PA Nr. 10392, S. 20.

648 Prüfung vom 19.12.36, ThHStAW, PA Nr. 10392, S. 38; Prüfung vom 11.12.37, ThHStAW, PA Nr. 9398, S. 22; Prüfung vom 14.12.1935, ThHStAW, PA Nr. 1543, S. 20.

649 Prüfung vom 14.12.1935, ThHStAW, PA Nr. 1543, S. 20; Prüfung vom 05.12.36, ThHStAW, PA Nr. 2475, S. 21; Prüfung vom 08.09.39, ThHStAW, Nr. 3232, S. 6 RS.

650 Prüfung vom 26.05.34, ThHStAW, PA Nr. 1897, S. 34; Prüfung vom 14.05.38, ThHStAW, PA Nr. 5784, S. 22; Prüfung vom 26.08.39, ThHStAW, Nr. 11967, S. 37; Prüfung vom 19.06.37, ThHStAW, PA Nr. 1897, S. 21; Prüfung vom 05.12.36, ThHStAW, PA Nr. 6748, S. 20 RS.

651 Prüfung vom 19.05.39, ThHStAW, PA Nr. 6040, S. 24; Prüfung vom 29.05.37, ThHStAW, PA Nr. 9215, S. 22; Prüfung vom 22.06.35, ThHStAW, PA Nr. 10578, S. 16; Prüfung vom 08.09.39, ThHStAW, Nr. 3232, S. 6 RS.

deutschen Bund gelöst wurden.[652] Bezugnahmen zur Geschichte fanden sich auch bei offenen Fragen wie zur „Verfassungsgeschichtlichen Entwicklung Deutschlands von 1815-1848".[653] Auch hier verarbeitete man aktuelle Geschehnisse, wenn etwa 1938 nach dem „Deutschen Reich und Österreich in der Geschichte"[654] oder nach Kriegsbeginn nach der „Stellung der deutschen Staatsgewalt in den polnischen Gebieten"[655] gefragt wurde. Neben Fragen zur „Stellung des Reichsstatthalters"[656] oder zur „Rechtstellung des Protektorats Böhmen und Mähren"[657], wurden auch Inhalte der Weimarer Reichsverfassung geprüft.[658]

Im Verwaltungsrecht ging es um klassische Themen wie Willensäußerungen von Behörden[659], Verwaltungsakte[660], aber auch um die „Gesetzmäßigkeit der Verwaltung" und ihre Ausnahmen.[661] Im besonderen Verwaltungsrecht dominierten polizeirechtliche Fragen.[662] Weitere Themen waren Beamtenrecht[663], Baurecht[664], Kommunalrecht[665], Steuerrecht[666] und „exotischere" Rechtsgebiete wie das Reichsjagdrecht[667].

---

652 Prüfung vom 21.12.35, ThHStAW, PA Nr. 10392, S. 20; Prüfung vom 11.12.37, ThHStAW, PA Nr. 9398, S. 22; Prüfung vom 29.05.37, ThHStAW, PA Nr. 9215, S. 22; Prüfung vom 19.05.39, ThHStAW, PA Nr. 6040, S. 24.

653 Prüfung vom 18.02.35, ThHStAW, PA Nr. 7257, S. 13.

654 Prüfung vom 14.05.38, ThHStAW, PA Nr. 5784, S. 22.

655 Prüfung vom 30.09.39, ThHStAW, PA Nr. 10690.

656 Prüfung vom 18.02.35, ThHStAW, PA Nr. 7257, S. 13; Prüfung vom 11.12.37, ThHStAW, PA Nr. 9398, S. 22.

657 Prüfung vom 07.10.39, ThHStAW, PA Nr. 3501, S. 20.

658 Prüfung vom 14.12.1935, ThHStAW, PA Nr. 1543, S. 20; Prüfung vom 21.12.35, ThHStAW, PA Nr. 10392, S. 20.

659 Prüfung vom 05.12.36, ThHStAW, PA Nr. 2475, S. 21.

660 Prüfung vom 19.06.37, ThHStAW, PA Nr. 1897, S. 21.

661 Prüfung vom 29.05.37, ThHStAW, PA Nr. 9215, S. 22.

662 Prüfung vom 30.12.39, ThHStAW, PA Nr. 9903, S. 10 RS; Prüfung vom 26.09.39, ThHStAW, PA Nr. 646, S. 19, Prüfung vom 21.12.35, ThHStAW, PA Nr. 10392, S. 20; Prüfung vom 12.10.39, ThHStAW, PA Nr. 8742, Prüfung vom 18.02.35, ThHStAW, PA Nr. 7257, S. 13; Prüfung vom 21.12.35, ThHStAW, PA Nr. 10392, S. 20, Prüfung vom 14.12.1935, ThHStAW, PA Nr. 1543, S. 20.

663 Vgl. Prüfung vom 12.11.38, ThHStAW, PA Nr. 9398, S. 41, Prüfung vom 14.05.38, ThHStAW, PA Nr. 5784, S. 22, Prüfung vom 30.05.38, ThHStAW, PA Nr. 2213, Prüfung vom 19.12.36, ThHStAW, PA Nr. 10392, S. 38.

664 Prüfung vom 19.12.36, ThHStAW, PA Nr. 10392, S. 38.

665 Prüfung vom 18.02.35, ThHStAW, PA Nr. 7257, S. 13, Prüfung vom 26.08.39, ThHStAW, Nr. 11967, S. 37; Prüfung vom 05.10.39, ThHStAW, PA Nr. 6055.

ee) Strafrechtliche mündliche Prüfung

Der strafrechtliche Teil der mündlichen Prüfung umfasste thematisch, ähnlich wie im Zivilrecht, neben materiellen auch strafprozessrechtliche Kenntnisse. Im materiellen Strafrecht dominierten die gängigen Straftatbestände von der Körperverletzung über Diebstahl[668], Betrug[669], Urkundenfälschung[670] bis hin zu Raub[671], Erpressung[672], Totschlag[673] und Mord[674]. Dazu kamen die Aussagedelikte[675] und auch Besonderheiten des Allgemeinen Teils, z.B. die Versuchsarten[676], Kausalzusammenhänge[677], Täterschaft und Teilnahme[678], Irrtumslehre[679] etc. Ein besonderer Schwerpunkt war nicht ersichtlich.

---

666 Prüfung vom 18.02.35, ThHStAW, PA Nr. 7257, S. 13, Prüfung vom 11.12.37, ThHStAW, PA Nr. 9398, S. 22.

667 Prüfung vom 14.05.38, ThHStAW, PA Nr. 5784, S. 22; Prüfung vom 05.12.36, ThHStAW, PA Nr. 6748, S. 20 RS.

668 Prüfung vom 30.05.38, ThHStAW, PA Nr. 2213, Prüfung vom 05.10.39, ThHStAW, PA Nr. 6055, Prüfung vom 07.10.39, ThHStAW, PA Nr. 3501, S. 20, Prüfung vom 26.05.34, ThHStAW, PA Nr. 1897, S. 34, Prüfung vom 19.05.39, ThHStAW, PA Nr. 6040, S. 24.

669 Prüfung vom 26.09.39, ThHStAW, PA Nr. 646, S. 19, Prüfung vom 05.10.39, ThHStAW, PA Nr. 6055, Prüfung vom 14.12.1935, ThHStAW, PA Nr. 1543, S. 20.

670 Prüfung vom 22.06.35, ThHStAW, PA Nr. 10578, S. 16, Prüfung vom 05.10.39, ThHStAW, PA Nr. 6055, Prüfung vom 07.10.39, ThHStAW, PA Nr. 3501, S. 20.

671 Prüfung vom 26.09.39, ThHStAW, PA Nr. 646, S. 19, Prüfung vom 12.10.39, ThHStAW, PA Nr. 8742.

672 Prüfung vom 12.10.39, ThHStAW, PA Nr. 8742.

673 Prüfung vom 19.06.37, ThHStAW, PA Nr. 1897, S. 22.

674 Prüfung vom 14.05.38, ThHStAW, PA Nr. 5784, S. 22, Prüfung vom 11.12.37, ThHStAW, PA Nr. 9398, S. 22.

675 Prüfung vom 30.05.38, ThHStAW, PA Nr. 2213, Prüfung vom 21.12.39, ThHStAW, PA Nr. 2186, S. 33 RS.

676 Prüfung vom 12.10.39, ThHStAW, PA Nr. 8742, Prüfung vom 05.10.39, ThHStAW, PA Nr. 6055, Prüfung vom 18.02.35, ThHStAW, PA Nr. 7257, S. 13.

677 Prüfung vom 30.12.39, ThHStAW, PA Nr. 9903, S. 10 RS.

678 Prüfung vom 14.05.38, ThHStAW, PA Nr. 5784, S. 22, Prüfung vom 08.09.39, ThHStAW, Nr. 3232, S. 6 RS, Prüfung vom 21.12.35, ThHStAW, PA Nr. 10392, S. 20, Prüfung vom 07.10.39, ThHStAW, PA Nr. 3501, S. 20, Prüfung vom 21.12.39, ThHStAW, PA Nr. 2186, S. 33 RS, Prüfung vom 18.02.35, ThHStAW, PA Nr. 7257, S. 13, Prüfung vom 11.12.37, ThHStAW, PA Nr. 9398, S. 22.

679 Prüfung vom 12.11.38, ThHStAW, PA Nr. 9398, S. 41, Prüfung vom 30.12.39, ThHStAW, PA Nr. 9903, S. 10 RS, Prüfung vom 26.05.34, ThHStAW, PA Nr. 1897, S. 34.

Strafprozessual ging es vorwiegend um die Besetzung der Gerichte[680], die verschiedenen Verfahrensschritte bis zum Urteil[681], das Strafensystem[682] oder der Prozessbetrug[683] – um nur eine Auswahl zu benennen. Auch wurden aktuelle Entscheidungen der Reichsgerichte berücksichtigt, z.B. die neue Lehre des Reichsgerichts zur Frage der Tateinheit[684] oder die Analogie nach dem neugefassten § 2 StGB.[685]

ff) Geschichtliche mündliche Prüfung

Die geschichtliche Befragung fiel in den Zuständigkeitsbereich des für „Weltanschauung und Politik" zuständigen Prüfers. In diesem Prüfungsblock gab es nur noch selten „klassische" Geschichtsthemen oder offene allgemeinbildende Fragestellungen.[686] Da in Jena diese Prüfung meist Parteifunktionäre durchführten, waren nationalsozialistische und weltanschauliche Prüfungsgegenstände evident. Zugleich wurden politische, rassenideologische, aber auch militärische oder technische Themen zur Grundlage für eine Befähigung zum Richteramte umfunktioniert.[687] Häufige Berücksichtigung fand das Schlüsselerlebnis des Ersten Weltkriegs. Die künftigen Rechtswahrer – Richter und Rechtsanwälte – sollten erklären, warum die „Marneschlacht" verloren ging, welche Gründe es für „England, Frankreich, Rußland und Italien" gäbe, „Deutschland

680 Prüfung vom 08.09.39, ThHStAW, Nr. 3232, S. 6 RS, Prüfung vom 22.06.35. ThHStAW, PA Nr. 10578, S. 16.

681 Prüfung vom 21.12.35, ThHStAW, PA Nr. 10392, S. 20, Prüfung vom 30.05.38, ThHStAW, PA Nr. 2213, Prüfung vom 22.06.35, ThHStAW, PA Nr. 10578, S. 16.

682 Prüfung vom 05.12.36, ThHStAW, PA Nr. 2475, S. 21, Prüfung vom 14.12.1935, ThHStAW, PA Nr. 1543, S. 20.

683 Prüfung vom 30.12.39, ThHStAW, PA Nr. 9903, S. 10 RS.

684 Prüfung vom 19.12.36, ThHStAW, PA Nr. 10392, S. 38.

685 Prüfung vom 19.12.36, ThHStAW, PA Nr. 10392, S. 38; Prüfung vom 05.12.36, ThHStAW, PA Nr. 6748, S. 20 RS.

686 wie z.B. „*Karl Marx* und seine Lehre", „Die Kanzler während des Krieges (*Bethmann-Hollweg, Michaelis, Graf Hertling*)", „*Bismarcks* Innen- und Außenpolitik" Vgl. mdl. Prüfung vom 14.12.1935, ThHStAW, PA Nr. 1543, Bl. 20 oder auch „Begriff der Geschichte und der Vorgeschichte; Einteilung in verschiedene Perioden nach Kulturfunden, Fundstätten, Neandertal-Mensch" Vgl. mdl. Prüfung vom 19.05.1939, ThHStAW, PA Nr. 6040, Bl. 24.

687 Vgl. Pahlow, Juristische Staatsprüfungen im Dritten Reich, S. 417.

zu bekriegen"[688] oder welche Auswirkungen die Verträge von „Versailles, St.Germain, Trianon und Brest-Litowsk" hatten.[689]

Daneben wurde unentwegt die nationalsozialistische Rechts- und Weltanschauung abgeprüft. Dies konnte zum einen in historischen Kontext eingebettet geschehen.[690] Zum anderen war aber auch gezieltes Nachfragen z.B. nach „Begriff des Nationalsozialismus"[691], „Die Bedeutung des Gesetzes zur Sicherung der Einheit von Partei und Staat vom 1.12.1933"[692], „Aufbau der Partei"[693] oder „Partei und Gliederungen, angeschlossene Verbände"[694], „Meilensteine des 3. Reiches"[695] sowie „Aus dem Leben des Führers", „Männer aus des Führers Umgebung und ihre Aufgaben", „bekannte Gauleiter und Reichstatthalter"[696] aber auch „Nationalsozialistische Literatur, NS-Zeitschriften und Zeitungen"[697] üblich.

Des Weiteren bildete Volk und Deutschtum einen weiteren Prüfungsschwerpunkt, z.B. „Die 3 Säulen, die das deutsche Volk tragen"[698], „Das Auslandsdeutschtum – Entstehung, Zahl der Auslandsdeutschen, die Staaten mit Auslandsdeutschen", „Das deutsche Volk. Rechte, Volk, Nation"[699] oder „Auslandsdeutschtum und Kampf für das Volkstum"[700] aber auch „Rettung des Bauernstandes heißt Rettung der deutschen Nation", „Die bevölkerungspoliti-

---

688 Vgl. Prüfung vom 14.12.1935, ThHStAW, PA Nr. 1543, Bl. 20.

689 Vgl. mdl. Prüfung vom 07.10.1939, ThHStAW, PA Nr. 3501, Bl. 20.

690 z.B. bei Fragen nach dem „Deutschen Orden und seine Aufgabe" dazu „Tannenberg in der Geschichte" und die „Bedeutung der Tannenbergfeier", vgl. mdl. Prüfung vom 26.08.1939, ThHStAW, PA Nr. 11967, Bl. 39; „Ursachen des Zusammenbruchs von 1918" dazu „Auffassungen des Marxismus und Nationalismus" sowie die „Bedeutung des 9. November", vgl. mdl. Prüfung vom 21.12.1935, ThHStAW, PA Nr. 10392, Bl. 20; „Der Nationalsozialismus und seine Vorläufer", „Bedeutende deutsche Männer vom Nationalsozialismus aus gesehen (*Armin, Luther, Friedrich der Große, Bismarck, Delegarde, Chamberlain*)", vgl. mdl. Prüfung vom 05.12.1936, ThHStAW, PA Nr. 6748, Bl. 20.

691 Vgl. mdl. Prüfung vom 22.06.1935, ThHStAW, PA Nr. 10578, Bl. 16.

692 Vgl. mdl. Prüfung vom 05.12.1936, ThHStAW, PA Nr. 6748, Bl. 20.

693 Vgl. mdl. Prüfung vom 19.06.1937, ThHStAW, PA Nr. 1897, Bl. 21.

694 Vgl. mdl. Prüfung vom 26.08.1939, ThHStAW, PA Nr. 11967, Bl. 39.

695 Vgl. mdl. Prüfung vom 12.11.1938, ThHStAW, PA Nr. 9398, Bl. 41.

696 Vgl. mdl. Prüfung vom 19.06.1937, ThHStAW, PA Nr. 1897, Bl. 21.

697 Vgl. mdl. Prüfung vom 30.05.1938, ThHStAW, PA Nr. 2213.

698 Vgl. mdl. Prüfung vom 05.12.1936, ThHStAW, PA Nr. 6748, Bl. 20.

699 Vgl. mdl. Prüfung vom 29.05.1937, ThHStAW, PA Nr. 9215, Bl. 22.

700 Vgl. mdl. Prüfung vom 14.05.1938, ThHStAW, PA Nr. 5784, Bl. 22.

sche Lage des deutschen Volkes"[701] und nicht zuletzt „Die Gefahren der niedrigen Geburtenzahlen für das 3. Reich".[702] Natürlich gehörte die Rassenlehre ebenso zum Prüfungsprogramm. So examinierte man zu Fragen wie „Das Judentum"[703], „Vorkämpfer des Antisemitismus"[704], „Die nordische Rasse, Rassenvermischung"[705] oder „Juden- und Rassenfragen".[706]

Schlussendlich nicht ungewöhnlich war eine Verbindung von Weltanschauung und eigener Tätigkeit zu Prüfungsfragen wie „Der deutsche Bürgermeister nach der Gemeindeordnung – das Führerprinzip – die Stellung der Gemeinderäte und Beigeordneten – die deutsche Selbstverwaltung"[707], „Kreistag und Bedeutung"[708], „Der Beamte"[709] oder „Der deutsche Bürgermeister. Sein Verhältnis zur Partei, zum Parteibeauftragten"[710].

Durch die Einbeziehung des fünften Prüfers in die mündliche Staatsprüfung kam es zu einer Loslösung vom juristischen Ausbildungskanon. Die nationalsozialistische Forderung, wonach „vom Richter [...] der Zukunft [...] nicht nur Gesetzeskenntnisse verlangt werden, sondern vor allem auch eine eingehende Kenntnis der nationalsozialistischen Volksordnung und der Struktur der Wirtschaft" sollte auf diese Weise erfüllt werden.[711] Die Möglichkeit einer Verweigerung, wie sie noch in der Bearbeitung der „klassischen" Geschichtsaufgabe in der Aufsichtsarbeit gesehen werden konnte, war jetzt nicht mehr gegeben. Hier, im wohlgemerkt wichtigsten Teil des Staatsexamens, mussten die angehenden Rechtswahrer Farbe bekennen und nachweisen, dass sie den – in doppelter Hinsicht – „rechten Geist" besitzen, also „das sichere Gefühl" in sich tragen, „wie eine Bekenntnisentscheidung im Sinne der allen Volksgenossen gemeinen nationalsozialistischen Anschauung ausfallen" müsse.[712] Ein gutes erstes juristisches Staatsexamen war nur möglich, wenn die weltanschaulichen und politischen Grundlagen des Kandidaten stimmten.

---

701 Vgl. mdl. Prüfung vom 12.11.1938, ThHStAW, PA Nr. 9398, Bl. 41.
702 Vgl. mdl. Prüfung vom 30.05.1938, ThHStAW, PA Nr. 2213.
703 Vgl. mdl. Prüfung vom 12.11.1938, ThHStAW, PA Nr. 9398, Bl. 41.
704 Vgl. mdl. Prüfung vom 18.02.1935, ThHStAW, PA Nr. 7257, Bl. 13.
705 Vgl. mdl. Prüfung vom 05.12.1936, ThHStAW, PA Nr. 6748, Bl. 20.
706 Vgl. mdl. Prüfung vom 07.10.1939, ThHStAW, PA Nr. 3501, Bl. 20.
707 Vgl. mdl. Prüfung vom 05.12.1936, ThHStAW, PA Nr. 6748, Bl. 20.
708 Vgl. mdl. Prüfung vom 19.06.1937, ThHStAW, PA Nr. 1897, Bl. 21.
709 Vgl. mdl. Prüfung vom 12.11.1938, ThHStAW, PA Nr. 9398, Bl. 41.
710 Vgl. mdl. Prüfung vom 30.05.1938, ThHStAW, PA Nr. 2213.
711 Vgl. Stuckart, Nationalsozialistische Rechtserziehung, S. 39.
712 Vgl. Schneider, DJZ 1934, Sp. 607.

Leider geben die Prüfungsakten keinen Aufschluss über erteilte Einzelnoten, so dass sich nicht nachweisen lässt, dass mangelhafte Kenntnisse in Weltanschauung und Politik zu einer deutlich schlechteren Note oder gar zum Nichtbestehen der mündlichen Prüfung und damit des Staatsexamens geführt haben. Zwar fällte nach dem Führerprinzip der Vorsitzende der Prüfungskommission und damit stets ein Richter und nicht der politische Prüfer die endgültige Entscheidung über das Examensergebnis, allerdings waren Entscheidungen im Widerspruch zu Parteistellen im Dritten Reich nicht unproblematisch. Selbst wenn man annehmen wöllte, dass die Meinung des fünften Prüfers erhöhte Relevanz aufwies und eine Strahlwirkung auf die Examensnote ausübte, kann letztlich die Aussage eines Zeitgenossen und Prüfers nicht widerlegt werden, dass es in Jena nicht vorgekommen sei, „daß ein solcher ‚Völkischer Beobachter' den Durchfall eines Kandidaten durchgesetzt hätte".[713]

Im Übrigen dürften auch erheblich mangelhafte Kenntnisse in Weltanschauung und Politik nur recht selten vorgekommen sein. Da jeder Prüfling um die Examensgebiete – und damit auch um die weltanschauliche Überprüfung – wusste, waren völlig von der herrschenden Doktrin abweichende Ansichten und Meinungen nicht zu erwarten, wollte man die Prüfung bestehen. Weiterhin erfasste der Erziehungs- und Eingliederungszwang des NS-Regimes den einzelnen „Volksgenossen" bereits im Kindesalter und schulte ihn entsprechend in diversen NS-Pflichtorganisationen. Auch wurde weiter die Aufnahme in den Vorbereitungsdienst von einer Unbedenklichkeitserklärung der zuständigen Parteistelle abhängig gemacht, so dass es für den Prüfling opportun war, in diesem Prüfungsteil nicht aufzufallen. Nach den dieser Untersuchung zugrunde liegenden Akten wurde die Unbedenklichkeitserklärung auch in jedem Fall erteilt. Ein Scheitern der Kandidaten in der politischen Prüfung war also nicht zu erwarten.

Im Endeffekt ist davon auszugehen, dass sich die weltanschauliche und politische Prüfung in den Prüfungskanon einfügte und ebenso als Teilnote berücksichtigt wurde, wie die Noten aus Aufsichtsarbeiten, Hausarbeit oder anderen mündlichen Bereichen. Dieser Ansicht steht nicht entgegen, dass nach der Zielsetzung der JAO ein Rechtswahrer geschaffen werden sollte, „der im und mit dem Volk lebt" und so diesem Prüfungsteil erhebliche Bedeutung zukommen sollte. Mit Sicherheit trug das Verhalten des Prüflings in diesem Teil des mündlichen Examens zum geforderten „Gesamtbild" bei. Ein solches hatte die Prüfungskommission aber auch schon durch die eingereichten Prüfungsunter-

713 Vgl. Löwisch, Jurist in Thüringen, S. 118.

lagen wie Scheine und Lebenslauf, durch die schriftlichen Aufsichtsarbeiten, unter Berücksichtigung der geschichtlichen/politischen Klausur, und ferner durch das am Vortage allein mit dem Vorsitzenden durchgeführte Vorgespräch erhalten. Weiter wurde schon seit jeher in juristischen Prüfungssituationen das Auftreten und Menschenbild des Einzelnen berücksichtigt, weil der gute Richter als Ausbildungsziel nur der verständige, lebensnahe Jurist sein konnte. Gerade bei älteren, konservativen Prüfern – wie in Jena prüfend – liegt es deshalb sehr nahe, dass die politische Prüfung in die frühere Wesensanalyse mit einging, sie aber nicht vollständig ablöste. Das „Gesamtbild“ des Kandidaten, das nunmehr ein „nationalsozialistisches“ sein sollte, wirkte sich also letztlich nicht entscheidend auf das Bestehen des Staatsexamens aus. Gleichwohl darf die ideologische Beeinflussung und Prägung als solche natürlich nicht unterschätzt werden, wenn auch ein erheblicher Unterschied zwischen der reinen Reproduzierung eingetrichterten Wissens und deren überzeugter Anwendung liegen dürfte.

Mit Einführung der kriegsbedingten Notprüfung veränderte sich die personelle Zusammensetzung der Prüfungskommission. Lediglich zwei Prüfer nahmen sich der Kandidaten an. In allen untersuchten Fällen waren es fortan Hochschullehrer und Praktiker, die das erste Staatsexamen abnahmen – der weltanschauliche Prüfer fiel weg. Damit verschoben sich die Fragestellungen, so dass im Krieg die weltanschauliche Prüfung nicht mehr stattfand.[714] Hier nun war es eine rein juristische mündliche Staatsprüfung, die den neuen Staat lediglich in den Fachbereichen berücksichtigte. Die Tatsache, dass die Praktiker und Hochschullehrer die weltanschauliche Prüfung im Krieg ersatzlos strichen, legt nahe, dass diese ohnehin nur als Ergänzungsfach angesehen und damit insgesamt in der Wertigkeit keine überbordende Stellung eingenommen hatte. Insofern bestätigt dies die Annahme, dass das Gesamtbild des Kandidaten in der mündlichen Prüfung keineswegs entscheidend von den Antworten in der geschichtlichen Prüfung abhing.

3. Ergebnis der Staatsexamensprüfungen im Dritten Reich

Die Untersuchung der in Jena am Prüfungsamt I des Thüringischen Oberlandesgerichts abgelegten ersten juristischen Staatsprüfungen zeigt ein Spiegelbild der Lehrbuchanalyse. Lediglich in den Sondermaterien und partiell im Öffent-

714 Vgl. Prüfung vom 12.10.1939, ThHStAW, PA Nr. 8742, ebenso Prüfung vom 30.12.1939, ThHStAW, PA Nr. 9903; Prüfung vom 30.09.1939, ThHStAW, PA Nr. 10690.

lichen Recht finden sich in den Klausuren und Hausarbeiten Hinweise auf eine spezifisch nationalsozialistische Rechtsauffassung oder Ideologie. Die übrigen Aufgabenstellungen enthalten vielmehr die bisherigen, klassischen Probleme der juristischen Kernausbildung und zwar weitgehend ohne völkische oder weltanschauliche Bezüge.[715] Insoweit kann man von Kontinuität zur Zeit vor der Studienordnung sprechen.

Dies gilt gleichermaßen für die schriftliche geschichtliche Klausur. Diese erst mit der JAO eingeführte historische Zusatzprüfung bot zwar nicht selten weltanschauliche und ideologische Fragestellungen, gab den Kandidaten aber zugleich die Möglichkeit, einen unpolitischen Bearbeitungsgegenstand auszuwählen. Auch für das schriftliche Staatsexamen ist daher eine ideologische oder weltanschauliche Überprüfung der Kandidaten nicht zwingend angezeigt gewesen.

Dies bestätigen auch die Randbemerkungen und Abschlussbewertungen der Korrektoren. Sie sind – gleich ob Praktiker oder Hochschullehrer – durchweg an der Sache orientiert und weisen nur selten Bezüge zur neuen Rechtsdeutung auf. Auch bei den Benotungen selbst entsteht der Eindruck einer unabhängigen Bewertung durch die jeweiligen Prüfer. Durchaus selbstbewusst wurde in der geschichtlichen Klausur auch von dem Votum des politischen Prüfers abgewichen. Soweit allerdings in der geschichtlichen Klausur auf ein weltanschauliches Thema zurückgegriffen wurde, musste dieses im neuen Sinne beantwortet werden und wurde dann auch entsprechend bewertet.

Für die mündlichen Prüfungen lässt sich obiges dagegen nicht verifizieren. Hier wurden vor allem durch die geschichtliche Prüfung, die in Wahrheit eine politische Überprüfung darstellte, vorwiegend ideologische und weltanschauliche Aspekte thematisiert. Zugleich wiesen jedoch ebenfalls die Fachprüfungen – neben kernjuristischen – immer wieder Bezüge zur Rechtserneuerung und der aktuellen politischen Lage auf. Weil diese sowohl von Praktiker- wie von Hochschullehrerseite gestellt wurden, muss für die mündliche Prüfung insgesamt konstatiert werden, dass sie in ihrer Gesamtheit politisch und ideologisch beeinflusst gewesen ist. Die mündlichen Prüfungen stellen daher einen inhaltlichen Bruch zur Zeit vor der Machtübernahme dar.

So verstanden, spiegeln mündliche und schriftliche Prüfungsleistungen die Ambivalenz des juristischen Studiums im Dritten Reich wieder. Der auf gut geschulte Juristen und Fachkompetenz angewiesene Staat, blieb in den schriftlichen Arbeiten im Wesentlichen bei der bisherigen Ausbildung. In der münd-

715 Insoweit auch Pahlow, Juristische Staatsprüfungen im Dritten Reich, S. 405.

lichen Prüfung allerdings, die nicht umsonst zum „wichtigsten Teil" erklärt wurde, versuchte man, unter Berücksichtigung der nationalsozialistischen Weltanschauung, eine Umerziehung des Rechtswahrers sicherzustellen.

B. Zusammenfassung und Endergebnis

Anknüpfend an die Ausbildungskrise Ende der zwanziger Jahre veränderten die Nationalsozialisten mit Einführung von JAO und Studienordnung sowohl Inhalt wie Struktur des rechtswissenschaftlichen Studiums.

Mit der JAO wurde erstmals eine Rechtseinheit im Ausbildungsgang verwirklicht. Zudem installierte sie mit der erweiterten Allgemeinbildung eine zweite Lehrsäule. Weil Allgemeinbildung im Sinne einer Verstärkung der philosophisch-ideengeschichtlichen, vor allem aber politischen und rechtsgeschichtlichen Grundlagen des Rechtsstudiums verstanden wurde, erhob die JAO nunmehr die „Charakter"-Erziehung zum wesentlichen Ausbildungsziel. Im Bereich des Fachstudiums suchte sie durch Neugliederung des Stoffes nach Lebens- und Arbeitsgebieten das Vorlesungsprogramm „volksnäher" zu gestalten.

Erste Änderungen an dieser Neuausrichtung nahm bereits die – zumindest auch – von anderen geistigen Mitstreitern initiierte und schließlich von *Karl August Eckhardt* konzipierte Studienreform vor. Die Bedeutung der weltanschaulichen Grundlagen trat bei ihm zugunsten einer verstärkten Ausbildung im Sinne einer Art *universitas literarum* zurück. Die fachlich-strukturelle Neugliederung unter Fortführung der Vorgaben der JAO führte vor allem im Zivilrecht unter Berücksichtigung des konkreten Ordnungsdenkens zu einer Herauslösung rechtlicher Themenkomplexe aus der Klammer großer Gesetzeswerke. An die Stelle der bürgerlich-rechtlichen, abstrakten Startvorlesungen („Allgemeine Teile") schoben sich jetzt das Familien- und Erbrecht sowie später die überragende Bedeutung des Bodens und eine Aufweichung des Abstraktions- und Trennungsprinzips. In der Rechtsgeschichte löste die Studienordnung die bisherige Trennlinie zwischen Römischen und Deutschen Recht zugunsten einer vertikalen Einteilung in Alt- und Neuzeit auf. Im Öffentlichen Recht und im Strafrecht blieben sowohl JAO wie Studienordnung zumindest strukturell moderat.

Die Ungereimtheiten zwischen JAO und Studienordnung einerseits, sowie die nicht ausreichend didaktisch durchdachten *Eckhardtschen* Neuerungen andererseits, brachten dem veränderten Studiengang mehr Kritik als Akzeptanz ein. Permanente Angriffe gegen das Reformprojekt führten dazu, dass es schlussendlich nur noch von den Mitgliedern der sog. „Kieler Schule" verteidigt wurde. Deren Verbindungen zu den Führungsriegen des NS-Verwaltungsapparates hielten nach außen hin den Bestand der Studienordnung bis 1945 aufrecht.

Unterhalb dessen aber, im Rahmen der konkreten Umsetzung, kollidierte das modifizierte Rechtsstudium mit dem Selbstverständnis einer Rechtslehrergemeinschaft, die sich dem Credo, „daß der kommende Jurist anders sei, als wir selbst geworden sind“[716] nicht vollumfänglich anzuschließen vermochte. Mit den Evaluationen ab 1937 und spätestens seit Ausbruch des zweiten Weltkrieges standen die Fakultäten wieder als Einheit vernehmbar, den politischen Handlungsträgern aus dem Reichsministerium der Wissenschaft, Volksbildung und Erziehung, der Justiz und des Inneren gegenüber.

Die Lehrfächer- und Prüfungsanalyse für die Rechts- und Wirtschaftswissenschaftliche Fakultät der Friedrich-Schiller-Universität Jena hat gezeigt, dass trotz äußerer Übernahme des Reformwerkes das rechtswissenschaftliche Studium in Jena in wesentlichen Teilen gleichblieb. Lediglich im Rahmen der öffentlich-rechtlichen Fächer, in der zivilrechtlichen Auftaktveranstaltung („Familie“) und dort, wo der nationalsozialistische Gesetzgeber mit eigenen Sondergesetzen tätig geworden war, erfolgte eine Vermittlung von Rechtswissenschaft im zwingend neuen Geiste. Während bei den Sondermaterien und im Verfassungsrecht aufgrund der Entstehungsgeschichte und des Themenkreises alternative Denkmodelle nahezu ausschieden, zeigte sich gerade im Zivilrecht, dass die Rechtserneuerung erst angelaufen war und nicht selten neue Ansichten noch im wissenschaftlichen Diskurs standen und um Anerkennung rangen. Die Folge waren unterschiedliche Lehrkonzepte und Herangehensweisen, wie differierende Grundrisse (*Larenz/Lange*; *Wieacker/Stoll*) belegen. Hier war eine Vermittlung im neuen Geiste ebenso möglich, wie ein Festhalten an tradierten Ausbildungsschemen.

Dazu passt, dass selbst diejenigen neuen Positionen, die es in den Bereich einer herrschenden Meinung geschafft hatten, sich zwar einerseits im Grundsätzlichen (z.B. im Zivilrecht bezüglich der Einschränkung der Privatautonomie und bei der Vertragsentstehung, Generalklauseln, Auslegung von Rechtsbegriffen, Rechtsstellung des Einzelnen zu den Rechtsinstituten) bewegten, sich aber andererseits kaum in der konkreten (Klausur-)Fallbearbeitung niederschlugen. Hinzu kam, dass noch lange Zeit nach der Machtübergabe die Werke aus der Zeit vor 1933 die Schrifttumsverzeichnisse der Studierenden prägten.

---

716 Freisler, Deutscher Juristentag 1933, S. 216 (216).

Gerade im Hinblick auf frühere BGB-Darstellungen war so eine echte Erneuerung des Rechtsgeistes nicht denkbar.

Auffällig ist weiter, dass man sich an der *Salana* mit aus heutiger Sicht verfänglichen Vorlesungstiteln ebenso zurückhielt, wie gleichzeitig die Ankündigung politischer Veranstaltungen wie „Volk und Rasse“, „Sippenforschung“, „Vorgeschichte“ oder „Neueste politische Geschichte“ schlichtweg unterließ. Nicht unterschätzen sollte man auch den Fakt, dass gerade die politisch intendierten Veranstaltungen an außerhalb der Fakultät angesiedelte Lehrkräfte übertragen wurden. Die enorme politische Schnittmengen aufweisende Zivilrechtsveranstaltung „Familie“ wurde in Jena von den Fachvertretern offensichtlich gemieden. Auch die zweite Anfängerveranstaltung „Vertrag und Unrecht“ war eines der wenigen Fächer, bei denen im Laufe der Zeit keine Kontinuität in der Lehre einkehrte. Die von der JAO gewollte und von der Studienordnung zumindest unterstützte politische Ausgestaltung des Studiums überließ man damit Anderen.[717] In Jena stand man für eine tradierte, an bisherigen Ausbildungsmustern orientierte, Rechtswissenschaft. In diesem Sinne ist auch die massive Kritik an der Studienordnung durch *Heldrich* und *Böhm* im Jahre 1937 nachvollziehbar. Den Denkmodellen der neuen Rechtswissenschaft der „Kieler Schule“ stand man skeptisch gegenüber. Damit bewegte man sich im Hauptstrom der deutschen Rechtswissenschaft im Nationalsozialismus.

Als Ergebnis stand so ein durch die nationalsozialistisch inspirierte Studienreform in Teilen verändertes Rechtsstudium, das aber den Bezug zur bisherigen Ausbildung noch immer wahrte. Damit scheiterten sowohl die politische Indoktrinierung des Rechtsstudiums wie auch dessen fachliche Neukonzeption schließlich an denen, die sie umsetzen sollten.

Dieser Befund bedeutet aber nicht, dass mit der konservativeren Ausbildung in Jena zugleich eine Ablehnung oder Kritik am bestehenden System und seinen ideologischen Werten einherging. Dies zeigt deutlich die Prüfungsanalyse. Während für die schriftlichen Prüfungen noch gesagt werden kann, dass man auch hier weitgehend ohne rassische, völkische oder weltanschauliche Bezüge auskam, zeigte sich im mündlichen Teil die tatsächliche politische Beeinflussung des Studiums. Hier war es vor allem die „geschichtliche Prüfung“, die in Wahrheit eine politische Überprüfung der Kandidaten darstellte. Wäh-

717 Ähnliches hat *Frassek* für die Universität Halle festgestellt: „Das Politische“ wurde einem bestimmten Vertreter „überlassen“, dessen Qualifikation unterhalb der anderen Fakultätsmitglieder lag. Es ist zu vermuten, dass damit nach außen den politischen Anforderungen Genüge getan, ein weitergehender Einfluss auf die Fakultät im Inneren aber unterbunden war.“ Vgl. Frassek, Juristenausbildung, S. 94.

rend diese in Jena allein von politischen Würdenträgern abgenommen wurde und nach 1939 mit der Einführung der Notexamina ersatzlos wegfiel, finden sich aber auch in den Fachprüfungen immer wieder Ansatzpunkte zu aktuellen gesetzgeberischen und politischen Fragestellungen. Weil diese sowohl von Seiten der Praktiker wie der (systemkonform auftretenden) Hochschullehrer an die Prüflinge herangetragen wurden, muss die mündliche Prüfung insgesamt als politisch und ideologisch intendiert bezeichnet werden. Hier liegt auch ein wesentlicher Bruch zur Zeit vor der Machtübergabe.

Literatur- und Quellenverzeichnis

1. Monographien

Andrea Pientka, Juristenausbildung zur Zeit des Nationalsozialismus, dargestellt am Beispiel der Uni Tübingen und des OLG Bezirkes Stuttgart, Dissertation, Freiburg im Breisgau 1990

Andreas Koenen, Der Fall Carl Schmitt, Wissenschaftliche Buchgesellschaft, Darmstadt 1995

Anna-Maria Gräfin von Lösch, Der nackte Geist, Verlag Mohr Siebeck, Tübingen 1999

Bernd Rüthers, Entartetes Recht – Rechtslehren und Kronjuristen im Dritten Reich, 2. Auflage, Verlag C.H. Beck, München 1989

Bogislav Tilka, Prüfung und Ausbildung der Juristen im Reich – Ein Führer durch die Justizausbildungsordnung für Rechtsstudenten und Referendare mit Ratschlägen und praktischen Winken, Verlag W. Kohlhammer, Stuttgart/Berlin 1934

Carl Schmitt (Hrsg), Berichte über die Lage und das Studium des öffentlichen Rechts, Hanseatische Verlagsanstalt, Hamburg 1935
(zit. *Autor*, Berichte)

Carl Schmitt, Über die drei Arten rechtswissenschaftlichen Denkens, Hanseatische Verlagsanstalt, Hamburg 1934

Christian Weißhuhn, Alfred Hueck (1889-1975) – Sein Leben, sein Wirken, seine Zeit, Verlag Peter Lang, 2009

Christoph Mährlein, Volksgeist und Recht, Verlag Königshausen&Neumann, Würzburg 2000

Ewald Grothe, Zwischen Geschichte und Recht, R. Oldenbourg Verlag, München 2005

Franz Wieacker, Privatrechtsgeschichte der Neuzeit, 2. Nachdruck der 2. Auflage, Verlag Vandenhoeck&Ruprecht, Göttingen 1996

Gerhard Wacke, Einführung in das öffentliche Recht, Feldpostbriefe der Rechts- und Wirtschaftswissenschaftlichen Fakultät der Friedrich-Schiller-Universität Jena, Verlag Neuenhahn, Jena 1944

Günther Löwisch, Jurist in Thüringen, Sozialpolitiker in Württemberg, Erinnerungen an sieben Jahrzehnte, Verlag C.H. Beck, München 1998

Hans Hattenhauer / Arno Buschmann, Textbuch zur Privatrechtsgeschichte der Neuzeit mit Übersetzungen, Verlag C.H.Beck, München 1967

Hans Heinrich Jescheck, Die juristische Ausbildung in Preußen und im Reich – Vergangenheit und Gegenwart, Verlag Junker&Dünnhaupt, Berlin 1939

Hans Helmut Dietze, Der Gesetzesvorspruch im geltenden deutschen Reichsrecht, Dt. Rechtsv Fl., Berlin-Wien 1939

Heinrich Balthasar Gerland, Die Problematik der gegenwärtigen Reformlage im Rechtsstudium an den deutschen Hochschulen, C.L. Hirschfeld Verlag, Leipzig 1931, (Zit. Gerland, Problematik)

Heinrich Balthasar Gerland, Die Reform des juristischen Studiums, A. Marcus & E. Weber's Verlag, Bonn 1911

Heinrich Lange, Vom alten zum neuen Schuldrecht, Hanseatische Verlagsanstalt, Hamburg 1934

Heinz Weil, Am Rande des Strudels; Erinnerungen 1913-1982, 2. Auflage, Verlag W. Kohlhammer, Stuttgart 1988

Helmut Heiber, Walter Frank und sein Reichsinstitut für Geschichte des neuen Deutschlands, Deutsche Verlags-Anstalt, Stuttgart 1966

Henryk Olszewski, Zwischen Begeisterung und Widerstand – Deutsche Hochschullehrer und der Nationalsozialismus, Instytut Zachodni (Westinstitut), Poznan 1989

Herwig Schäfer, Juristische Lehre und Forschung an der Rechts- und Staatswissenschaftlichen Fakultät der Reichsuniversität Straßburg 1941-1944, Verlag J.C.B. Mohr (Paul Siebeck), Tübingen 1999

Ferdinand Elsener, Lebensbilder zur Geschichte der Tübinger Juristenfakultät,Verlag J.C.B. Mohr (Paul Siebeck), Tübingen 1977

Joachim Scholtyseck/ Christoph Studt (Hrsg.), Universitäten und Studenten im Dritten Reich - Bejahung-Anpassung-Widerstand, XIX. Königswinterer Tagung vom 17.-19. Februar 2006, LIT Verlag Dr. W. Hopf, Berlin 2008

Karl August Eckhardt, Das Studium der Rechtswissenschaft, 1. Auflage (1935), 2. Auflage (1940), Hanseatische Verlagsanstalt Hamburg 1935

Karl Kroeschell, Rechtsgeschichte Deutschlands im 20. Jahrhundert, Verlag Vandenhoeck &Ruprecht, Göttingen 1992

Lieselotte Steveling, Juristen in Münster – Ein Beitrag zur Geschichte der Rechts- und Staatswissenschaftlichen Fakultät der Westfälischen-Wilhelms-Universität, Lit-Verlag, Münster 1999

Lothar Becker, Schritte auf einer abschüssigen Bahn: Das Archiv des öffentlichen Rechts und die deutsche Staatsrechtswissenschaft im Dritten Reich, Verlag J.C.B Mohr (Paul Siebeck), Tübingen 1999

Lothar Gruchmann, Justiz im Dritten Reich 1933-1940 – Anpassung und Unterwerfung in der Ära Gürtner, 2. Auflage, R. Oldenbourg Verlag, München 1990

Max Wagner, Justizausbildungsordnung des Neuen Reiches, Rechtsstudium / Referendardienst / Staatsprüfungen, Verlag Dr. Otto Schmidt, Köln 1934

Michael Stolleis, Geschichte des öffentlichen Rechts in Deutschland, Band 3: 1914-1945, Verlag C.H. Beck, München 1999

Palandt, Otto /Richter, Heinrich, Die Justizausbildungsordnung des Reiches, Verlag Franz Vahlen, Berlin 1934

Palandt, Otto /Richter, Heinrich/ Stagel, Friedrich, Die Justizausbildungsordnung des Reiches, 2. Auflage, Verlag Franz Vahlen, Berlin 1939

Paul Koschaker, Die Krise des römischen Rechts und die romanistische Rechtswissenschaft, Verlag C.H. Beck, München 1938

Ralf Frassek, Von der „völkischen Lebensordnung“ zum Recht - Die Umsetzung weltanschaulicher Programmatik in den schuldrechtlichen Schriften von Karl Larenz (1903-1993), Nomos Verlagsgesellschaft, Baden-Baden 1996 (zit. Frassek, Lebensordnung)

Reinhard Mehring, Carl Schmitt – Aufstieg und Fall, Verlag C.H. Beck, München 2009

Richard Lange, Einführung in das Strafrecht, Feldpostbriefe der Rechts- und Wirtschaftswissenschaftlichen Fakultät der Friedrich-Schiller-Universität Jena, Verlag Neuenhahn, Jena 1944

Roland Freisler, Das Werden des Juristen im Dritten Reich, 1. Teil: Das Hochschulstudium, Verlag Junker und Dünnhaupt, Berlin 1933

Rudolf Schraut, Deutscher Juristentag 1933, Deutsche Rechts- und Wirtschaftswissenschafts-Verlagsgesellschaft, Berlin 1933

Sarah Schädler, Justizkrise und Justizreform im Nationalsozialismus – Das Reichsjustizministerium unter Reichsjustizminister Thierack (1942-1945), Verlag J.C.B. Mohr (Paul Siebeck), Tübingen 2009

Stolleis, Michael /Simon, Dieter, Rechtsgeschichte im Nationalsozialismus: Beiträge zur Geschichte einer Disziplin, Verlag J.C.B. Mohr (Paul Siebeck), Tübingen 1989

Traugott Roser, Protestantismus und Soziale Marktwirtschaft - Eine Studie am Beispiel Franz Böhms, Lit-Verlag, Münster 1998

Wilhelm Stuckart, Nationalsozialistische Rechtserziehung, Verlag Moritz Diesterweg, Frankfurt am Main 1935

Wilhelm Wolf, Vom alten zum neuen Privatrecht: Das Konzept der normgestützten Kollektivierung in den zivilrechtlichen Arbeiten Heinrich Langes (1900-1977), Verlag J.C.B. Mohr (Paul Siebeck), Tübingen 1998

Wolfgang Kunkel, Quellen zur neueren Privatrechtsgeschichte Deutschlands, Böhlau-Verlag, 1936

Wolfgang Bläser, Mein bewegtes Leben, Eigenverlag

2. Aufsätze

Bernd Rüthers, Recht als Waffe des Unrechts - Juristische Instrumente im Dienst des NS-Rassenwahns, in: NJW 1988, 2825 ff.

Christian Wollschläger, Vielfalt und Einheit der deutschen Bodenrechtswissenschaft der Gegenwart. Über die Umgestaltung des Grundstücksrechts durch die heutige Bodenpolitik (1942), S. 431 ff., in: Franz Wieacker, Zivilistische Schriften (1934-1942), Verlag Vittorio Klostermann, Frankfurt am Main 2000

Diethelm Klippel, Entstehung und heutige Aufgaben der Privatrechtsgeschichte der Neuzeit, S. 145 ff., in: Festschrift für Karl Kroeschell zum 60. Geburtstag, Verlag Peter Lang, Frankfurt am Main 1987

Dieter Schwab, Zum Selbstverständnis der historischen Rechtswissenschaft im Dritten Reich, Kritische Justiz 1969, S. 58ff.

Eugen Wohlhaupter, Vom tätigen Leben. Bilder der Erinnerung, in: Hans Hattenhauer, Rechtswissenschaft im NS-Staat. Der Fall Eugen Wohlhaupter, Verlag C.F. Müller, Heidelberg 1987

Ewald Grothe, „Strengste Zurückhaltung und unbedingter Takt" - Der Verfassungshistoriker Ernst Rudolf Huber und die NS-Vergangenheit, in: Eva Schumann, Kontinuitäten und Zäsuren: Rechtswissenschaft und Justiz im "Dritten Reich" und in der Nachkriegszeit, Wallstein-Verlag, 2008

Ewald Grothe, Carl Schmitt und die „neuen Aufgaben der Verfassungsgeschichte" im Nationalsozialismus, in: http://www.forhistiur.de/zitat/0603grothe.htm, abgerufen am 28.07.2012

Franz W. Jerusalem, Gesetzmäßigkeit der Verwaltung oder Rechtmäßigkeit der Verwaltung, S. 106 ff., in: Festschrift für Justus Wilhelm Hedemann zum 60. Geburtstag, Hrsg. Roland Freisler u.a., Frommansche Verlagsbuchhandlung, Jena 1938

Gerhard Lingelbach, Heinrich Gerland – Ein Jenaer Rechtsgelehrter zwischen Republik und Diktatur, S. 191 ff., in: Medizin-Recht-Geschichte, Festschrift für Adolf Laufs zum 70. Geburtstag, Springer Verlag Berlin Heidelberg 2006

Hermann Krause, Karl August Eckhardt, in: Deutsches Archiv für Erforschung des Mittelalters namens der Monumenta Germaniae Historica, 35. Jahrgang, Böhlau Verlag Köln Wien 1979, S. 1 ff.

Hans-Peter Haferkamp, Wege der Historiographie zur Privatrechtsgeschichte der Neuzeit, in: ZNR 32, 2010, Nr. 1, S. 62 ff

Hermann Nehlsen, Karl August Eckhardt, in: ZRG GA 104 (1987), S. 497 ff.

Jörn Eckert, Die nationalsozialistische Umgestaltung der Juristenausbildung, insbesondere an der Universität Kiel, S. 366 ff., in: Juristische Fakultäten und Juristenausbildung im Ostseeraum, Hrsg. Inst. för Rättshistorisk Forskning Grundat av Gustav och Carin Olin, Stockholm 2004 (zit. Eckert, Juristenausbildung)

Jörn Eckert, Hinter den Kulissen, S. 18 ff., in: Christiana Albertina: Forschungen und Berichte aus der Christian-Albrechts-Universität zu Kiel, Neumünster Wachholtz 2004

Jörg Opitz, Die Rechts –und Wirtschaftswissenschaftliche Fakultät der Universität Jena und ihr Lehrkörper im „Dritten Reich", S. 471 ff., in: Uwe Hoßfeld, Kämpferische Wissenschaft: Studien zur Universität Jena im Nationalsozialismus, Böhlau-Verlag, Köln/Weimar 2003

Justus Wilhelm Hedemann, Privatrechtsgeschichte der Neuzeit – ein Versuch, S. 5 ff., in: Festschrift für Rudolf Hübner zum 70. Geburtstag, Hrsg. Rechts- und Wirtschaftswissenschaftliche Fakultät der Universität Jena, Frommann-Verlag, Jena 1935

Karl Blomeyer, Hat der Bauer noch Eigentum am Erbhof? S. 103 ff., in: Festschrift für Rudolf Hübner zum 70. Geburtstag, Hrsg. Rechts- und Wirtschaftswissenschaftliche Fakultät der Universität Jena, Frommann Verlag, Jena 1935

Karl Blomeyer, Das neue Bodenrecht und die Rechtslehre, S. 53 ff., 69 ff., in: Forschungen und Fortschritte, Heft 7/8, Berlin 1941

K.S. Bader, Hans Erich Feine, in: ZRG KA 82 (1965), S. XXIII.

Louis Pahlow, „Ich verüble dem Verfasser weniger einzelne juristische Fehler als das Versagen des Rechtsgefühls“ – Juristische Staatsprüfungen im Dritten Reich (1934-1945), S. 399 ff., in: Festschrift für Hermann Nehlsen zum 70. Geburtstag, Böhlau-Verlag, Köln/Weimar 2008

Martin Heckel, Hans Erich Feine, S. 189 ff., in: Lebensbilder zur Geschichte der Tübinger Juristenfakultät, Hrsg. Ferdinand Elsener, Verlag J.C.B. Mohr (Paul Siebeck), Tübingen 1977

Max Kaser, Ältere Stadtrechtsreformationen, eingeleitet und erläutert von W. Kunkel, in: ZRG Rom. Abt. 57 (1937), S. 525

Ralf Frassek, Göttinger Hegel-Lektüre, Kieler Schule und nationalsozialistische Juristenausbildung, S. 45ff., in: Eva Schumann, Kontinuitäten und Zäsuren: Rechtswissenschaft und Justiz im "Dritten Reich" und in der Nachkriegszeit, Wallstein-Verlag, 2008

Ralf Frassek, Juristenausbildung im Nationalsozialismus, S. 85 ff., in: Kritische Justiz, Nomos Verlagsgesellschaft, Baden-Baden 2004
(zit. Frassek, Juristenausbildung)

Ralf Frassek, Wege zur nationalsozialistischen „Rechtserneuerung“ – Wissenschaft zwischen „Gleichschaltung“ und Konkurrenzkampf, S. 351, in: Festschrift für Hermann Nehlsen zum 70. Geburtstag, Böhlau Verlag, Köln Weimar 2008 (zit. Frassek, Nationalsozialistische Rechtserneuerung)

Ralf Frassek, Weltanschaulich begründete Reformbestrebungen für das juristische Studium in den 30er und 40er Jahren, in: ZRG GA 111 (1994), S. 564 ff.

Ulrich Scheuner, Rezension zu Giese/Menzel, Vom deutschen Völkerrechtsdenken der Gegenwart, in: Archiv des öffentlichen Recht (AöR) n.F. 31, 198 ff.

Walter Krusch, Rezension zu Larenz „Vertrag und Unrecht" im Vergleich mit Stoll, Heinrich „Vertrag und Unrecht" , in: Kritische Vierteljahresschrift für Gesetzgebung und Rechtswissenschaft n.F. Bd. XXXI, ganze Folge, Bd LXVII (1941), S. 22 ff.

a) Deutsche Juristenzeitung (DJZ)

Bogislav Tilka, Die neue juristische Prüfungsordnung in Sachsen, Deutsche Juristenzeitung 1933, S. 1577 ff.

Friedrich Schaffstein, Die Justizausbildungsordnung des Reiches v. Palandt-Richter (Rezension), Deutsche Juristenzeitung 1935, 39 ff.

Friedrich Schaffstein, Politische Universität und Neuordnung des juristischen Studiums, Deutsche Juristenzeitung 1934, 511 ff.

Hans Thieme, Neuere deutsche Privatrechtsgeschichte, Deutsche Juristenzeitung 1935, 338 ff.

Hans Schneider, Fachschaftsarbeit, Deutsche Juristenzeitung 1934, S. 607 ff.

Hamburger-Lohse, Jurist und Arbeitsdienst, Deutsche Juristenzeitung 1934, 610 ff.

Heinrich Gerland, Strafprozeß und die Reform des Rechtsunterrichts, Deutsche Juristenzeitung 1933, S. 1235.

Heinrich Gerland, Strafprozeß und die Reform des Rechtsunterrichts, Deutsche Juristenzeitung 1933, S. 1235 ff.

Heinrich Stoll, Die Überfüllung des juristischen Studiums und die Auslese der Juristen, Deutsche Juristenzeitung 1933, S. 122 ff.

-g, Die neue Justizausbildungsordnung vom 22. Juli 1934, Deutsche Juristenzeitung 1934, S. 1079 ff.

Kutscher, Sinn und Form der studentischen Fachschaftsarbeit, Deutsche Juristenzeitung 1934, S. 737 ff.

Lage und Aufgabe der Rechtswissenschaft, Deutsche Juristenzeitung 1936, 436 ff.

Richtlinien für das Studium der Rechtswissenschaft, Deutsche Juristenzeitung 1934, 167 ff.

Schoch, Die Aufgabe und der Aufbau der juristischen Fachschaftsarbeit, Deutsche Juristenzeitung 1934, S. 865 ff.

Rolf Wild, Ziel und Aufgaben der neuen Studienreform im neuen Staat, Deutsche Juristenzeitung 1933, Sp. 1307ff.

Wilhelm Otto Schwister, Universität und Auslese, Deutsche Juristenzeitung 1933, S. 263 ff.

Wilhelm Otto Schwister, Die Erneuerung des Studiums aus dem Geiste der Humanität, Deutsche Juristenzeitung 1933, S. 61 ff.

Wilhelm Otto Schwister, Leitsätze über die Ausbildung der Juristen, Deutsche Juristenzeitung 1933, S. 1057 ff.

Wilhelm Otto Schwister, Zur Umgestaltung der Prüfungen, Deutsche Juristenzeitung 1933, 1139 ff.

b) Deutsches Recht (DR)

Curt Rothenberger, Nahziele der Ausbildungsreform, Deutsches Recht 1943, S. 2

Friedrich Klausing, Zum Studium von Kriegsteilnehmern, Deutsches Recht 1941, 2549 ff.

Hans Frank, Zur Reform des Rechtsstudiums, Deutsches Recht 1933, S. 23 ff.

Hubertus Bung, Kritische Umschau, Deutsches Recht 1935, 195 ff.

Max Rumpf, Leitsätze zur Neuordnung des Rechtsunterrichts, Deutsches Recht 1933, S. 150.

Reinhard Höhn, Die neue Studienordnung für Rechtswissenschaft im Rahmen der Universitätsreform, Deutsches Recht 1935, S. 51 ff

Dietrich Scheid, Die vereinfachte große juristische Staatsprüfung (Kriegsnotprüfung), Deutsches Recht 1940, 271 ff.

Stamm, Der Reichsarbeitsdienst, Deutsches Recht 1935, 432 ff.

c) Deutsche Justiz (DJ)

Dr. R., Die neue Justizausbildungsordnung, Deutsche Justiz 1934, 1109 ff.

Ernst Roesner, Das Studium der Rechtswissenschaften an den deutschen Hochschulen, Deutsche Justiz 1934, 1324 f.

Haußleiter, Beitrag zur JAO, Kölnische Zeitung (abgedruckt in), Deutsche Justiz 1934, S. 1109 ff.

Hermann Göring, Die Rechtssicherheit als Grundlage der Volksgemeinschaft, Deutsche Justiz 1934, S. 1427 ff.

Jonas, Die Justizausbildungsordnung vom 22. Juli 1934, Deutsche Justiz 1934, S. 995 ff.

Otto Palandt, Die Aufsichtsarbeiten in der ersten juristischen Prüfung, Deutsche Justiz 1934, S. 89 ff.

Otto Palandt, Die Ergebnisse der ersten juristischen Prüfungen in Preußen im Jahre 1933, Deutsche Justiz 1934, 254 ff.

Otto Georg Thierack, Antrittserlass, Deutsche Justiz 1942, 550 ff.

d) Deutsche Rechtswissenschaft (DRW)

Franz Wieacker, Der Stand der Rechtserneuerung auf dem Gebiete des bürgerlichen Rechts, Deutsches Rechtswissenschaft 1937, S. 3ff.

Heinrich Lange, Einzelgesetz oder Gesetzeseinheit, Deutsche Rechtswissenschaft 1939, 225 ff.

3. Lehrbücher

Alfred Hueck, Deutsches Arbeitsrecht, 1. Auflage 1938, 2. Auflage 1944, Verlag Junker & Dünnhaupt, Berlin

Alfred Hueck, Wertpapiere, 1. Auflage 1936, 2. Auflage 1942, 3. Auflage 1944, Franz Vahlen-Verlag, München

Alfred Hueck, Schuldrecht, Späth&Linde Industrieverlag, Berlin 1935

Arnold Köttgen, Deutsche Verwaltung, 1. Auflage 1936 (Dt. Druck- u. Verlagshaus, Mannheim/Berlin), 2. Auflage 1937 (Weidmannsche Verlagsbuchhandlung Berlin), 3. Auflage 1944 (Verlag Franz Vahlen, Berlin)

Bodo Dennewitz, Verwaltung und Verwaltungsrecht, Verlag Manz, Wien 1944

Claudius von Schwerin, Germanische Rechtsgeschichte, 1. Auflage 1936, 2. Auflage 1943, Verlag Junker & Dünnhaupt, Berlin

Edmund Mezger, Deutsches Strafrecht, 3. Auflage, Verlag Junker & Dünnhaupt, Berlin 1943

Ernst Rudolf Huber, Verfassung, 1. Auflage 1938, 2. Auflage (als Verfassungsrecht des Großdeutschen Reiches) 1939, Hanseatische Verlagsanstalt, Hamburg

Ernst Forsthoff, Verfassungsgeschichte der Neuzeit, Verlag Junker & Dünnhaupt, Berlin 1940

Franz Wieacker, Bodenrecht, Hanseatische Verlagsanstalt, Hamburg 1938

Fritz Reu, Anwendung fremden Rechts, Verlag Junker & Dünnhaupt Verlag, Berlin 1938

Georg Dahm, Deutsches Recht, Hanseatische Verlagsanstalt, Hamburg 1944

Günter Haupt, Gesellschaftsrecht, 1. Auflage 1939, 2. Auflage 1942, 3. Auflage 1944, Verlag J.C.B. Mohr (Paul Siebeck),Tübingen

Hans Otto de Boor, Ware und Geld, Spaeth&Linde Industrieverlag, Berlin 1939

Hans Kreller, Römische Rechtsgeschichte: eine Einführung in die Volksrechte der Hellenen und Römer und in das römische Kunstrecht, Verlag J.C.B. Mohr (Paul Siebeck),Tübingen 1936

Hans Planitz, Germanische Rechtsgeschichte, 1. Auflage 1936 Weidmannsche Verlagsbuchhandlung, Berlin: 2. Auflage 1941, Verlag Franz Vahlen, München; 3. Auflage 1944, Verlag Franz Vahlen, München

Hans Erich Feine, Verfassungsgeschichte der Neuzeit, Verlag J.C.B. Mohr (Paul Siebeck), Tübingen 1937

Heinrich Lange, Boden, Ware und Geld, 1. Teil Grundfragen zu Boden, Ware und Geld, 1. Auflage 1937, 2. Auflage 1942, 3. Auflage 1944, Verlag J.C.B. Mohr (Paul Siebeck), Tübingen

Heinrich Lange, Boden, Ware und Geld, 2. Teil: Boden, 1. Auflage 1937, 2. Auflage 1944 (bezeichnet als Bodenrecht), Verlag J.C.B. Mohr (Paul Siebeck), Tübingen

Heinrich Lange, Boden, Ware und Geld, 3. Teil: Ware und Geld, 2. Auflage 1944, Verlag J.C.B. Mohr (Paul Siebeck), Tübingen

Heinrich Stoll/Wilhelm Felgentraeger, Vertrag und Unrecht, 1. Halbband, 1. Auflage 1936, 2. Auflage 1942, Verlag J.C.B. Mohr (Paul Siebeck), Tübingen

Heinrich Stoll/Wilhelm Felgentraeger, Vertrag und Unrecht, 2. Halbband, 1. Auflage 1936, 2. Auflage 1942, 3. Auflage 1943, Verlag, J.C.B. Mohr (Paul Siebeck), Tübingen

Hellmuth Georg Isele, Familie und Familienerbe, Verlag J.C.B. Mohr (Paul Siebeck), Tübingen 1938

Justus Wilhelm Hedemann, Deutsches Wirtschaftsrecht, Verlag Junker & Dünnhaupt, Berlin 1939

Karl Blomeyer, Deutsches Bauernrecht, Franz Vahlen-Verlag, München 1936

Karl Larenz, Vertrag und Unrecht, Erster Teil: Vertrag und Vertragsbruch, Hanseatische Verlagsanstalt Hamburg 1936

Karl Larenz, Vertrag und Unrecht, Zweiter Teil: Die Haftung für Schaden und Bereicherung, Hanseatische Verlagsanstalt, Hamburg 1937

Lutz Richter, Deutsches Bauernrecht – ein Grundriss, Verlag Junker & Dünnhaupt, Berlin 1942

Max Hildebert Boehm, Volkskunde, Franz Vahlen-Verlag, München 1936

Max Frauendorfer, Volk und Staat, Spaeth & Linde Industrieverlag, Berlin 1938

Otto Koellreutter, Deutsches Verfassungsrecht, Verlag Junker & Dünnhaupt, Berlin 1938

Rolf Dietz, Deutsches Personen-, Familien- und Erbrecht, Verlag Junker&Dünnhaupt, Berlin 1943

Rudolf Reinhardt, Deutsches Recht, 1. Auflage 1943, 2. Auflage 1944, Elwert Verlag, Marburg

Walter Krusch, Arbeitsrecht, Reihe „Die Handelshochschule – Ein Lehrgang der Wirtschaftshochschule“, Spaeth&Linde Industrieverlag, Berlin/Wien 1939

Wilhelm Glungler, Volk und Staat, Verlag Fritz und Josef Voglrieder, München/Leipzig 1937

4. Archive

a) Thüringer Universitäts- und Landesbibliothek Jena – Universitätsarchiv

Nr. 209/04
K 456, K 458, K 462, K 510, K 528, K 531, K 533, K 537, K 546, K 548
K 549, K 550, K 558, K 564

BA 1024, BA 1997, BA 2076, BA 2152 Band 3 R-Z

C 370, 2 Bde., C 734

b) Nordrheinwestfälisches Hauptstaatsarchiv Düsseldorf (NRWHStA)

RW 265 Nachlass Carl Schmitt
Nr. 21502, Nr. 21497, Nr. 21483, Nr. 1323, Nr. 15945, Nr. 13557, Nr. 6280

c) Thüringer Hauptstaatsarchiv Weimar (ThHStAW)

aa) Bestände des Thüringischen Oberlandesgerichts Jena (ThürOLG)

Nr. 632, Nr. 620, Nr. 634, Nr. 677, Nr. 638

bb) Bestände des Thüringischen Volksbildungsministeriums (ThürVoBi)

C 96, C 149, C 155/1, C 314, C 325, C 417

cc) Bestände des Reichsstatthalters (RStH)

Nr. 393

dd) Bestände des Sicherheitsdienstes der Schutz-Staffel (SD)

Nr. NS 29/93, Nr. NS 29/71

ee) Personalakten

Nr. 8742, Nr. 10690, Nr. 2213, Nr. 2475, Nr. 11967, Nr. 5784, Nr. 2186
Nr. 3501, Nr. 3232, Nr. 646, Nr. 9398, Nr. 10392, Nr. 6748, Nr. 3718
Nr. 6040, Nr. 7257, Nr. 1897, Nr. 9215, Nr. 1543, Nr. 1897, Nr. 9903
Nr. 10578, Nr. 6055

d) Niedersächsische Staats- und Universitätsbibliothek Göttingen (NSUB)

Cod. Ms. R. Smend E 3,
Cod. Ms. R. Smend E 5,
Cod. Ms. R. Smend P 17
Cod. Ms. R. Smend P 18

RECHTSHISTORISCHE REIHE

Die nachfolgende Liste führt die Titel der "Rechtshistorischen Reihe" ab Band 300 auf.
Eine vollständige Übersicht aller bisher in der Reihe erschienenen Bücher
finden Sie auf www.peterlang.de.

Band 300 Jan Kohlmann: Der Marsch zu den Gräbern von Karl und Rosa. Geschichte eines Gedenktages. 2004.

Band 301 Christian Rainer Schlicht: Die kumulative Schuldübernahme in der Rechtsprechung des Reichsgerichts und in der zeitgenössischen Literatur. 2004.

Band 302 Hans Peter Glöckner: Positive Vertragsverletzung. Die Geburt eines Rechtsinstituts. 2006.

Band 303 João Manuel Azevedo Alexandrino Fernandes: Die Theorie der Interpretation des Gesetzes bei Francisco Suárez. 2005.

Band 304 René Funk: Die Wahlprüfung der volksgewählten Abgeordneten der Volksvertretungen im Frühkonstitutionalismus. Eine Untersuchung der Wahlprüfung in den Kammern der Abgeordneten des Großherzogtums Baden, des Königreichs Württemberg und des Großherzogtums Hessen. 2005.

Band 305 Carolin O'Sullivan. Die Ahndung von Rechtsbrüchen der Seeleute im mittelalterlichen hamburgischen und hansischen Seerecht (1301-1482). 2005.

Band 306 Martin Jürgens: Staat und Reich bei Ernst Rudolf Huber. Sein Leben und Werk bis 1945 aus rechtsgeschichtlicher Sicht. 2005.

Band 307 Florian G. Dürselen: Franz Beyerle (1885-1977). Leben, Ära und Werk eines Rechtshistorikers. 2005.

Band 308 Kai Bandilla: Urheberrecht im Kaiserreich. Der Weg zum Gesetz betreffend das Urheberrecht an Werken der Literatur und Tonkunst vom 19. Juni 1901. 2005.

Band 309 Stefan Mieth: Die Entwicklung des Denkmalrechts in Preußen 1701-1947. 2005.

Band 310 Catharina Lodemann: Die Geschichte des französischen *acte de gouvernement*. 2005.

Band 311 Christina Wicke: Kodifikationsbestrebungen und Wissenschaft in Hessen-Darmstadt im vorkonstitutionellen Zeitalter. Zu der Beteiligung der Gießener Rechtsprofessoren an den Gesetzgebungsarbeiten in Hessen-Darmstadt in der Zeit zwischen 1769 und 1820. 2005.

Band 312 Christiane Chlosta: Nur dem Gesetz unterworfen? Eine rechtsgeschichtliche Untersuchung zu Idee und Wirklichkeit richterlicher Gesetzestreue unter besonderer Berücksichtigung der Aufwertungsrechtsprechung und des richterlichen Prüfungsrechts. 2005.

Band 313 Kathrin Dirr: Hoheitsrechtliche Streitigkeiten zwischen den Kölner Erzbischöfen und der Stadt Köln auf Grundlage reichskammergerichtlicher Verfahren des 16. und 17. Jahrhunderts. 2005.

Band 314 Michael Racky: Die Diskussion über Gewaltenteilung und Gewaltentrennung im Vormärz. 2005.

Band 315 Petra Thiemrodt: Die Entstehung des Staatshaftungsgesetzes der DDR. Eine Untersuchung auf der Grundlage von Materialien der DDR-Gesetzgebungsorgane mit zeitgeschichtlichen Bezügen. 2005.

Band 316 Julius F. Reiter: Entstehung und staatsrechtliche Theorie der italienischen *Carta del Lavoro*. 2005.

Band 317 André Book: Die Justizreform in der Frühzeit der Bundesrepublik. Die Beratungen der Kommission zur Vorbereitung einer Reform der Zivilgerichtsbarkeit in den Jahren 1955 bis 1961. 2005.

Band 318 Frank Zentz: Das amerikanische Strafverfahren als Element der Besatzungspolitik in Deutschland. Erziehung zur Demokratie durch den *Court of Appeals* 1948-1955. 2005.

Band 319 Friederike Quaisser: Mietrecht im 19. Jahrhundert. Ein Vergleich der mietrechtlichen Konzeptionen im Allgemeinen Landrecht für die Preußischen Staaten von 1794 und dem gemeinen Recht. 2005.

Band 320 Stefan Burghard: Professor Dr. Wilhelm Kahl – Leben zwischen Wissenschaft und Politik. 2005.

Band 321 Günter Baranowski: Die *Russkaja Pravda* – ein mittelalterliches Rechtsdenkmal. 2005.

Band 322 Christina Schneider: Die SS und das „Recht". Eine Untersuchung anhand ausgewählter Beispiele. 2005.

Band 323 Werner Schubert (Hrsg.): Zivilprozessreform in der Weimarer Zeit. Quellen zur Emminger-Zivilprozessverordnung vom 13.2.1924 und zu den Arbeiten der Zivilprozesskommission des Reichsjustizministeriums (1922-1930). Eingeleitet und herausgegeben von Werner Schubert. 2005.

Band 324 Felix Gaul: Der Jurist Rudolf Isay (1886-1956). Ein verantwortungsbewusster Vermittler im Spannungsfeld zwischen dynamischer Rechtsschöpfung, ökonomischem Wandel und technischem Fortschritt. 2005.

Band 325 Konstanze Braun: Dr. Otto Georg Thierack (1889-1946). 2005.

Band 326 Eckart Klein / Stefan Chr. Saar / Carola Schulze (Hrsg.): Zwischen Rechtsstaat und Diktatur. Deutsche Juristen im 20. Jahrhundert. 2006.

Band 327 Stefan Botor: Das *Berliner Sühneverfahren* – Die letzte Phase der Entnazifizierung. 2006.

Band 328 Andreas Köhler: Die Sorgerechtsregelungen bei Ehescheidung seit 1945. Scheidungsstrafe und verordnete Gemeinsamkeit. 2006

Band 329 Lars Düwel: Die Nichtigkeit und Anfechtbarkeit der Ehe in der Rechtsprechung des Reichsgerichts zwischen 1900 und 1945. 2006.

Band 330 Katalin Polgar: Das Oberappellationsgericht der vier freien Städte Deutschlands (1820-1879) und seine Richterpersönlichkeiten. 2007.

Band 331 Julia Schweitzer: Schiffer und Schiffsmann in den Rôles d'Oléron und im Llibre del Consolat de Mar. Ein Vergleich zweier mittelalterlicher Seerechtsquellen. 2007.

Band 332 Diana-Catharina Kurtz: Das Institut der Adoption im preußischen Allgemeinen Landrecht und im französischen Code civil zwischen Rezeption römisch-rechtlicher Prinzipien und verändertem Familienverständnis. 2006.

Band 333 Dino Joakim Duderstadt: Spiel, Wette und Differenzgeschäft (§§ 762-764 BGB) in der Rechtsprechung des Reichsgerichts und in der zeitgenössischen Literatur. 2007.

Band 334 Ronald Hoffmann: Die Domänenfrage in Thüringen. Über die vermögensrechtlichen Auseinandersetzungen mit den ehemaligen Landesherren in Thüringen nach dem Ersten Weltkrieg. 2006.

Band 335 Joachim Windmüller: *Ohne Zwang kann der Humanismus nicht existieren...* – „Asoziale" in der DDR. 2006.

Band 336 Sven Christian Gläser: Die Mediatisierung der Grafschaft Wertheim. Der juristische Kampf eines kleinen Reichsstandes gegen den Verlust der Landesherrschaft und seine Folgen. 2006.

Band 337 Benjamin Schleyer: Friedrich Wilhelm Bornemann (1798-1864). Eine Juristenkarriere im Preußen des 19. Jahrhunderts. 2006.

Band 338 Die Reform des Ehescheidungsrechts von 1976. Quellen zum Ersten Gesetz vom 14.6.1976 zur Reform des Ehe- und Familienrechts (Parlamentarische Ausschussprotokolle – Anglikanische Denkschrift von 1966 zur Scheidungsrechtsreform – Schlussabstimmung 1969 in der Eherechtskommission des Bundesministeriums der Justiz). Eingeleitet und herausgegeben von Werner Schubert. 2006.

Band 339 Andreas Feld: Das Bayerische Gesetz zum Schutz des Eigentums an Erzeugnissen der Literatur und Kunst gegen Nachdruck vom 15.04.1840. Vorgeschichte und Zustandekommen. 2007.

Band 340 Bernd Wörner: Adelbert Düringers Einfluß als Richter am Reichsgericht in Leipzig auf dem Gebiet des Personengesellschaftsrechts. 2007.

Band 341 Jan Jelle Kähler: Französisches Zivilrecht und französische Justizverfassung in den Hansestädten Hamburg, Lübeck und Bremen (1806-1815). 2007.

Band 342 Jörn Eckert / Pia Letto-Vanamo / Kjell Modéer (Hrsg.): Juristen im Ostseeraum. Dritter Rechtshistorikertag im Ostseeraum 20.-22. Mai 2004. 2007.

Band 343 Ferdinand von Weyhe: A.E. Wassermann. Eine rechtshistorische Fallstudie zur „Arisierung" zweier Privatbanken. 2007.

Band 344 Martin Klaus Römermann: Kündigungen und Kündigungsschutz im Franquismus. 2007.

Band 345 Thomas Hoffmann: Der Landrechtsentwurf David Hilchens von 1599. Ein livländisches Rechtszeugnis polnischer Herrschaft. 2007.

Band 346 Ingo Ullmann: Die rechtliche Behandlung holsteinischer Leibeigener um die Mitte des 18. Jahrhunderts. Dargestellt unter besonderer Berücksichtigung der Schmoeler Leibeigenschaftsprozesse von 1738 bis 1743 sowie von 1767 bis 1777. 2007.

Band 347 Petra Fischer-Langosch: Die Entstehungsgeschichte des Familiengesetzbuches der DDR von 1965. 2007.

Band 348 Lasse O. Johannsen: Die rechtliche Behandlung ausreisewilliger Staatsbürger in der DDR. 2007.

Band 349 Ralf Schlottau: Deutsche Kolonialrechtspflege. Strafrecht und Strafmacht in den deutschen Schutzgebieten 1884 bis 1914. 2007.

Band 350 Hartwig Brandt / Ewald Grothe (Hrsg.): Rheinbündischer Konstitutionalismus. 2007.

Band 351 Nora Lutze: Der Verwandtenunterhalt nach den §§ 1601 bis 1603 und §§ 1610 bis 1612 BGB in der Rechtsprechung des Reichsgerichts. Unter Berücksichtigung der Entstehung des BGB. 2007.

Band 352 Frank Thiäner: Das Verhältnis von Aufsichtsrat und Abschlussprüfern in der rechtshistorischen Entwicklung bis 1937. 2007.

Band 353 Britta Heymann: Ernst Melsheimer (1897-1960). Eine juristische Karriere in verschiedenen staatlichen Systemen. Mitarbeiter im Preußischen Justizministerium in der Weimarer Republik, im Justizministerium Preußens und des Reiches sowie Richter am Kammergericht in der NS-Zeit und Erster Generalstaatsanwalt der Deutschen Demokratischen Republik. 2007.

Band 354 Susanne Adlberger: Wilhelm Kisch – Leben und Wirken (1874-1952). Von der Kaiser-Wilhelms-Universität Straßburg bis zur nationalsozialistischen Akademie für Deutsches Recht. 2007.

Band 355 Moritz Waibel: Josef Berchtold (1833-1894). Ein Leben gegen den Ultramontanismus. 2007.

Band 356 Aline Levin: Erinnerung? Verantwortung? Zukunft? Die Beweggründe für die gemeinsame Entschädigung durch den deutschen Staat und die deutsche Industrie für historisches Unrecht. 2007.

Band 357 Ferdinand Krause: Die hergebrachten Grundsätze des Berufsbeamtentums. Eine rechtshistorische Analyse. 2008.

Band 358 André Tiebel: Die Entstehung der Schutztruppengesetze für die deutschen Schutzgebiete Deutsch-Ostafrika, Deutsch-Südwestafrika und Kamerun (1884-1898). 2008.

Band 359 Holger Ruff: Sittenwidrige Rechtsgeschäfte in der späten Kaiserzeit. Die Entwicklung der reichsgerichtlichen Rechtsprechung zu § 138 BGB von 1900 bis 1914. 2007.

Band 360 Frank Rohrer: Strafjustiz im Dritten Reich und in der SBZ/DDR. Die personelle und organisatorische Neuordnung des Justizapparates in den totalitären Diktaturen (1933-1955) mit ihren Auswirkungen auf die Rechtsprechung zum politischen Strafrecht. 2007.

Band 361 Hans-Georg Knothe / Marc Liebmann (Hrsg.): Gerichtskultur im Ostseeraum. Vierter Rechtshistorikertag im Ostseeraum. 18.-20. Mai 2006 in Greifswald. 2007.

Band 362 Christina Meß: Das Vertragsrecht bei Adam Smith. 2008.

Band 363 Quellen zur dänischen Rechts- und Verfassungsgeschichte (12.-20. Jahrhundert). Herausgegeben von Ditlev Tamm, Werner Schubert und Jens Ulf Jørgensen. 2008.

Band 364 Günter Baranowski: Die Gerichtsurkunde von Pskov. 2008.

Band 365 Mark Spengler: Die Entstehung des Scheckgesetzes vom 11. März 1908. 2008.

Band 366 Ivan Biliarsky / Radu G. Păun (eds./éds.): The Biblical Models of Power and Law. Les modèles bibliques du pouvoir et du droit. Papers of the International Conference, Bucharest, New Europe College 2005. Actes du colloque international, Bucarest, New Europe College 2005. 2008.

Band 367 Thomas A. Roth: Ausgestaltungen der Rechtsfähigkeit im 19. und 20. Jahrhundert. Zur Rechtspersönlichkeit natürlicher Personen in den bedeutenden deutschen Zivilrechtsordnungen. 2008.

Band 368 Björn Alexander Rautenberg: Der Fiskal am Reichskammergericht. Überblick und exemplarische Untersuchungen vorwiegend zum 16. Jahrhundert. 2008.

Band 369 Thorsten Miederhoff: *Man erspare es mir, mein Juristenherz auszuschütten.* Dr. iur. Kurt Tucholsky (1890-1935). Sein juristischer Werdegang und seine Auseinandersetzung mit der Weimarer Strafrechtsreformdebatte am Beispiel der Rechtsprechung durch Laienrichter. 2008.

Band 370 Philipp Nordloh: Kölner Zunftprozesse vor dem Reichskammergericht. 2008.

Band 371 Judith Freund: Die Wechselverpflichtung im 19. Jahrhundert. 2008.

Band 372 Hans-Michael Empell: Gutenberg vor Gericht. Der Mainzer Prozess um die erste gedruckte Bibel. 2008.

Band 373 Rainer Schröder: Die DDR-Ziviljustiz im Gespräch – 26 Zeitzeugeninterviews. 2008.

Band 374 Christian Neschwara: Ein österreichischer Jurist im Vormärz. „Selbstbiographische Skizzen" des Freiherrn Karl Josef Pratobevera (1769-1853). 2009.

Band 375 Stefan Ullrich: Untersuchungen zum Einfluss des lübischen Rechts auf die Rechte von Bergen, Stockholm und Visby. 2008.

Band 376 Johanna Gertrude Schmitzberger: Das nationalsozialistische Nebenstrafrecht 1933 bis 1945. 2008.

Band 377 Christian Brom: Urteilsbegründungen im „Hoge Raad van Holland, Zeeland en West-Friesland" am Beispiel des Kaufrechts im Zeitraum 1704-1787. 2008.

Band 378 Christian Böse: Die Entstehung und Fortbildung des Reichserbhofgesetzes. 2008.

Band 379 Tobias Röhnelt: Timm Kröger. Leben und Werk. 2009.

Band 380 Andrea Elisabeth Sebald: Der Kriminalbiologe Franz Exner (1881-1947). Gratwanderung eines Wissenschaftlers durch die Zeit des Nationalsozialismus. 2008.

Band 381 Angela Kriebisch: Die Spruchkörper Juristenfakultät und Schöppenstuhl zu Jena. Strukturen, Tätigkeit, Bedeutung und eine Analyse ausgewählter Spruchakten. 2008.

Band 382 Nana Ozawa: Louis Adolphe Bridel – Ein Schweizer Professor an der juristischen Fakultät der Tokyo Imperial University. Die geschichtliche Bedeutung der Yatoi zur späten Meijizeit. 2010.

Band 383 Christian Weißhuhn: Alfred Hueck 1889-1975. Sein Leben, sein Wirken, seine Zeit. 2009.

Band 384 Andreas Hunkel: Eduard Dietz (1866-1940) – Richter, Rechtsanwalt und Verfassungsschöpfer. 2009.

Band 385 Meike Guskow: Entstehung und Geschichte der Europäischen Charta der Regional- oder Minderheitensprachen. 2009.

Band 386 Markus J. Jahnel: Das Bodenrecht in „Neudeutschland über See“. Erwerb, Vergabe und Nutzung von Land in der Kolonie Deutsch-Südwestafrika 1884-1915. 2009.

Band 387 Matthias Günter Steiner: Die Klöster und ihr Wirken – eine der Wurzeln des Stiftungswesens? 2009.

Band 388 Cornelia Staats: Die Entstehung des Bundes-Immissionsschutzgesetzes vom 15. März 1974. 2009.

Band 389 Cai Niklaas E. Harders: Das Bundesjagdgesetz von 1952 sowie die Novellen von 1961 und 1976. Vorgeschichte, Entstehung des Gesetzes sowie Problemfelder. 2009.

Band 390 Matthias Pohlkamp: Die Entstehung des modernen Wucherrechts und die Wucherrechtsprechung des Reichsgerichts zwischen 1880 und 1933. 2009.

Band 391 Sebastian Baur: *Vor vier Höllenrichtern*... Die Lizentiats- und Doktorpromotionen an der Juristischen Fakultät der Universität Heidelberg. 2009.

Band 392 Christoph Salmen-Everinghoff: Zur *cautio damni infecti*: Die Rückkehr eines römischrechtlichen Rechtsinstituts in das moderne Zivilrecht. 2009.

Band 393 Till Meno Sellschopp: Der Weg zum Revokationsrecht der Ehegatten nach § 1368 BGB. Zugleich ein Beitrag zur Geschichte des ehelichen Güterrechts. 2009.

Band 394 Marc Biermann: Das Staatseigentum an öffentlichen Sachen im Gemeingebrauch in der ersten Hälfte des 19. Jahrhunderts. Die Theorie des reinen Hoheitsrechts an den öffentlichen Sachen von Rudolph von Jhering und Friedrich Ludwig Keller im Zusammenhang mit dem Baseler Schanzenstreit von 1859/62. 2009.

Band 395 Markus Tüxen: Kollegialprinzip oder Einzelrichter. Die Entwicklung des zivilrechtlichen Spruchkörpers bei den Landgerichten sowie den Oberlandesgerichten seit 1879 unter besonderer Berücksichtigung der Reformen von 1974 und 1976. 2009.

Band 396 Adam Polkowski: Die polnische Zivilprozessordnung von 1930/33. Unter Berücksichtigung des deutschen, österreichischen, russischen und französischen Rechts. 2009.

Band 397 Barbara Riedi: Die Porten der Unteren Strasse, ihr Ladungsrecht und der Strassenunterhalt. Rechtshistorische Betrachtungen zur Verkehrs- und Wirtschaftsgeschichte Graubündens. 2009.

Band 398 Stefanie Jessica Loroch: Zeitungsrubrik: Gerichtssaal. Strafprozessberichterstattung in Münster im 19. Jahrhundert (1848-1890). 2009.

Band 399 Dirk Henning Hofer: Karl Konrad Werner Wedemeyer (1870-1934). Ein Juristen- und Gelehrtenleben in drei Reichen. Eine Biographie. 2010.

Band 400 Thomas Simon (Hrsg.): Hundert Jahre allgemeines und gleiches Wahlrecht in Österreich. Modernes Wahlrecht unter den Bedingungen eines Vielvölkerstaates. 2010.

Band 401 Dörte Mentz: Die Beweislastumkehr in der Rechtsprechung des Reichsgerichts. 2010.

Band 402 Werner Schubert (Hrsg.): Oberster Gerichtshof für die Britische Zone (1948-1950). Nachschlagewerk Strafsachen – Nachschlagewerk Zivilsachen. Präjudizienbuch der Zivilsenate. Eingeleitet und herausgegeben von Werner Schubert. 2010.

Band 403 Yong Lei: Auf der Suche nach dem modernen Staat. Die Einflüsse der allgemeinen Staatslehre Johann Caspar Bluntschlis auf das Staatsdenken Liang Qichaos. 2010.

Band 404 Andreas Schwenk: Die Formbestimmung des § 313 BGB a. F. (§ 311 b Abs. 1 BGB n. F.) bei Verträgen über Grundstücke in der Rechtsprechung des Reichsgerichts. 2010

Band 405 René Schorsch: Eberhard Georg Otto Freiherr von Künßberg (1881-1941). Vom Wirken eines Rechtshistorikers. 2010.

Band 406 Ulrike Köbler: Werden, Wandel und Wesen des deutschen Privatrechtswortschatzes. 2010.

Band 407 Björn Florian Faulenbach: Rolle und Bedeutung der Lehre in der Rechtsprechung der Internationalen Gerichtshöfe im zwanzigsten Jahrhundert. 2010.

Band 408 Guangyu Fu: Das Causaproblem im deutschen Bereicherungsrecht. Eine rechtshistorische Untersuchung. 2010.

Band 409 Andreas Kimmelmann: Die Folter im Beweisverfahren der Leges Visigothorum. Chindasvinths Gesetzgebung im Spiegel der westgotischen Rechtsentwicklung. 2010.

Band 410 Jacqueline Schmaltz: Die Entwicklung der Industrie- und Handelskammern. Zwischen Pflicht und Kür. 2010.

Band 411 Hermann Nehlsen: Bayerische Rechtsgeschichte vom frühen Mittelalter bis zum 20. Jahrhundert. 2011.

Band 412 Kathrin Spoerr: Recht und Revolution. Deutsche Ökonomen und ihr Einfluss auf das Recht der Weimarer Republik – eine Zeitschriftenschau 1917-1920. 2011.

Band 413 Moritz von Köckritz: Die deutschen Oberlandesgerichtspräsidenten im Nationalsozialismus (1933-1945). 2011.

Band 414 Annika Lillemor Lara Rabaa: Die Ehe als Rechtsinstitut im Badischen Landrecht von 1810. Unter besonderer Berücksichtigung der gesellschaftlichen Entwicklungen im 19. Jahrhundert. 2011.

Band 415 Christian Hattenhauer / Klaus-Peter Schroeder (Hrsg.): 200 Jahre Badisches Landrecht von 1809/1810. Jubiläumssymposium des Instituts für geschichtliche Rechtswissenschaft der Ruprechts-Karls-Universität Heidelberg und der Heidelberger Rechtshistorischen Gesellschaft vom 23. bis 26. September 2009. 2011.

Band 416 Tobias Alexander Krammerbauer: Die Ministerverantwortlichkeit und die Vorformen sonstiger Verfassungsgerichtsbarkeit in Württemberg zwischen 1815 und 1918. 2011.

Band 417 Werner Schubert (Hrsg.): Quellen zur GmbH-Reform von 1958 bis zum GmbH-Änderungsgesetz von 1980. Eingeleitet und herausgegeben von Werner Schubert. 2011.

Band 418 Gisela Emling: Johannes Heckel. Leben und Wirken (1889-1963). 2011.

Band 419 Jochen Kirschbaum: Die Etablierung der Historischen Rechtsschule an der Ludoviciana (1814-1824). 2011.

Band 420 Sören Koch: Unaufgeforderte Hilfeleistung in Notsituationen. Eine rechtshistorische und rechtsvergleichende Studie zu den zivilrechtlichen Aspekten der Nothilfe mit besonderer Berücksichtigung des Rechts der Geschäftsführung ohne Auftrag. 2011.

Band 421 Friedrich Carl von Savigny: Die Prinzipienfragen in Beziehung auf eine neue Strafprozeß-Ordnung. Ausgearbeitet im Justizministerium für die Gesetzrevision. Eingeleitet und herausgeben von Werner Schubert. 2011.

Band 422 Stephan Faulwetter: Von der Zunft zur Handelskammer. Zur Entwicklung des Gewerberechts in thüringischen Staaten. 2011.

Band 423 Moritz Eisenhardt: Sanierung statt Liquidation. Die Geschichte des Vergleichs zur Abwendung des Konkurses unter besonderer Berücksichtigung der Vergleichsordnung von 1927 und 1935. 2011.

Band 424 Gerd Kleinheyer: Beiträge zur Strafrechtsgeschichte. Herausgeben von Franz Dorn, Mathias Schmoeckel und Jan Schröder. 2011.

Band 425 Ralf Maertens: Das Landgericht Altona (1879-1937) und die Anfänge des Landgerichts Itzehoe (1937-1945). Unter besonderer Berücksichtigung ihrer Tätigkeitsberichte und rechtspolitischen Stellungnahmen. 2011.

Band 426 Mark Friedrich: Ferdinand von Martitz (1839-1921). Rechtshistoriker, Staatsrechtler und Völkerrechtler zwischen dem Ende des Deutschen Bundes und dem Beginn der Weimarer Republik. 2012.

Band 427 Sebastian Krusche: Die Bundesrechtsanwaltsordnung vom 1. August 1959. Vorgeschichte und Entstehung. 2012.

Band 428 Marju Luts-Sootak / Sanita Osipova / Frank L. Schäfer (Hrsg./eds.): Einheit und Vielfalt in der Rechtsgeschichte im Ostseeraum. Unity and Plurality in the Legal History of the Baltic Sea Area. Sechster Rechtshistorikertag im Ostseeraum, 3.-5. Juni 2010 in Tartu (Estland) / Riga (Lettland). 6th Conference in Legal History in the Baltic Sea Area, 3rd-5rd June 2010 Tartu (Estonia) / Riga (Latvia). 2012.

Band 429 Margret R. I. Bootz: Die Hamburger Rechtsprechung zum Arbeitsrecht im Nationalsozialismus bis zum Beginn des 2. Weltkriegs. 2012.

Band 430 Heiko Zech: Die soziale Frage im Konkursrecht 1879-1900. 2012.

Band 431 Jan C. Lorenzen: Das Bundesnaturschutzgesetz vom 20. Dezember 1976. Die Entwicklung des Naturschutzrechtes in Deutschland von den Anfängen bis zur Neukodifikation des Bundesnaturschutzgesetzes von 1976. 2012.

Band 432 Ulrike Ingrid Bernhardt: Geschichte des Weinrechts im Deutschen Kaiserreich (1871-1918). Mit einem Überblick zur Vorgeschichte und Weiterentwicklung bis zur Gegenwart. 2012.

Band 433 Elisabeth Otto: Das Verwaltungsrecht in der SBZ / DDR bis zur Verwaltungsneugliederung im Jahr 1952. 2012.

Band 434 Werner Schubert: Zur Geschichte der Justizverfassung in Schleswig-Holstein im 19. und 20. Jahrhundert. Quellen und Studien. 2012.

Band 435 Stefan Ellenberg: Herrschaft und Reform. Zur Diskussion um die Aktienrechtsreform und den Konzern in der Weimarer Zeit. 2012.

Band 436 Jasmin Sonntag: Gesetzgebung und Verwaltung im Dalbergstaat 1802-1810. 2012.

Band 437 Martin Komusiewicz: Die Diskussion um das Verhältnis von Rechtsanwaltschaft und Notariat seit dem Ende des 18. Jahrhunderts bis zum Erlass der Bundesnotarordnung. 2012.

Band 438 Henriette von Breitenbuch: Karl Neumeyer – Leben und Werk (1869-1941). 2013.

Band 439 Günter Baranowski: Russische Rechtsgeschichte: Texte und Erläuterungen. Teil 1: Von den Anfängen bis 1612/13. 2013.

Band 440 Werner Schubert (Hrsg.): Staatsanwaltschaftsrecht (1934-1982). Quellen zu den Reformprojekten (Organisation – Innerer Dienstbetrieb – Ermittlungsverfahren – Verhältnis der Staatsanwaltschaft zur Polizei) und zur Anordnung über Organisation und Dienstbetrieb der Staatsanwaltschaft (OrgStA). Eingeleitet und herausgegeben von Werner Schubert. 2013.

Band 441 York Zieren: Das Schiedsverfahrensrecht der ZPO (1877-1933) unter Berücksichtigung der Genfer Übereinkommen von 1923 und 1927 sowie der Rechtsprechung des Reichsgerichts. 2013.

Band 442 Stefan Wolf: Das Jenaer Studium der Rechte im Dritten Reich. Zwischen Tradition und nationalsozialistischer Ideologie. 2013.